★ 广东省教育科学规划课题（党的十九大精神研究专项）丛书之
新时代广东高校立德树人工作研究系列 ★

GUANGDONG GAOXIAO WANGLUO YUREN GONGZUO YANJIU

广东高校网络育人工作研究

林伟涛◎编著

广东高等教育出版社
Guangdong Higher Education Press
·广州·

图书在版编目（CIP）数据

广东高校网络育人工作研究/林伟涛编著．—广州：广东高等教育出版社，2020.12

［广东省教育科学规划课题（党的十九大精神研究专项）丛书之新时代广东高校立德树人工作研究系列］

ISBN 978－7－5361－6715－5

Ⅰ．①广…　Ⅱ．①林…　Ⅲ．①互联网络－应用－高等学校－思想政治教育－研究－广东　Ⅳ．①G641－39

中国版本图书馆 CIP 数据核字（2020）第 024437 号

出版发行	广东高等教育出版社 地址：广州市天河区林和西横路 邮政编码：510500　电话：（020）87553335 http://www.gdgjs.com.cn
印　　刷	广州市穗彩印务有限公司
开　　本	787 毫米×1 092 毫米　1/16
印　　张	17
字　　数	265 千
版　　次	2020 年 12 月第 1 版　2020 年 12 月第 1 次印刷
定　　价	52.00 元

总 序

培养什么人、怎样培养人、为谁培养人，这是教育的根本问题。2018 年 5 月 2 日，习近平总书记在北京大学考察时指出：“培养社会主义建设者和接班人，是我们党的教育方针，是我国各级各类学校的共同使命。大学对青年成长成才发挥着重要作用。高校只有抓住培养社会主义建设者和接班人这个根本才能办好，才能办出中国特色世界一流大学。”这一论断既明确了我国教育的根本任务和使命，又指明了中国特色社会主义大学的办学方向和方法。培养社会主义建设者和接班人，关系到“两个一百年”奋斗目标的实现，关系到中国特色社会主义事业的兴衰成败，关系到党的千秋伟业。只有将培养社会主义建设者和接班人置于这样的高度来认识，才能领悟高等教育担负的责任和使命。

国无德不兴，人无德不立。立德才能树人，要培养社会主义建设者和接班人，首先要培养其良好的道德品质和思想政治素养。2016 年 12 月，习近平总书记在全国高校思想政治工作会议上强调：“要坚持把立德树人作为中心环节，把思想政治工作贯穿教育教学全过程，实现全程育人、全方位育人。”这是高校思想政治工作的新理念、新思路、新机制。就学校而言，单靠思想政治理论课、学生工作部门，或单靠思想政治理论课教师、辅导员，难以完成立德树人的任务。完成立德树人的任务，需要专业课教师与思想政治教育工作者、其他管理部门与管理工作者协同配合、互联互通。事实上，学校的每一位教职工都担负着育人的职责，每一个部门都具有育人的功能。2017 年 12 月，中共教育部党组印发的《高校思想政治工作质量提升工程实施纲要》，对构建课程育人、科研育人、实践育人、文化育人、网络育人、心理育人、管理育人、服务育人、资助育人、组织育人的内容、载体、路径和方法进行了顶层设计，建构了新时代全程育人、全方位育人的新格局，拓宽了育人的空间和视野。

广东地处改革开放的前沿，也是意识形态斗争的前沿。一方面，改革开放和市场经济的发展，引发了高校学生思想观念、价值取向、生活方式的变化，全国高校思想政治工作遇到的一些新情况、新问题，广东高校往往首先遇到，如何引导学生，并解决这些问题，需要先行一步进行探索。另一方面，广东毗邻港澳，连通海外，西方社会思潮在中国传播，往往借助广东登陆，广东成为各种社会思潮的集散地、中转站，对高校学生的思想和行为造成较大冲击。如何避免受西方社会思潮的负面影响，抵御西方国家的意识形态渗透，成为广东高校思想政治工作的难点。

改革开放以来，广东高校围绕“立德树人”这篇大文章进行了积极探索，新理念频生，新方法频出，育人方式日益多样化、立体化，既有效化解了广东高校思想政治工作遇到的困难和问题，又为全国高校思想政治工作积累了一定经验。在中共广东省委教育工委、省教育厅的领导下，组织编写“广东省教育科学规划课题（党的十九大精神研究专项）丛书之新时代广东高校立德树人工作研究系列”，旨在立足中国特色社会主义新时代，系统总结广东高校十大育人体系建构的基本理论、具体实践、主要成效与基本经验，以进一步加强和改善新时代广东高校立德树人工作。由于各种育人方式有其特殊性，本系列研究的内容不尽相同，但大体保持了一致的问题域和体例。比如，对各种育人方式的理论基础、目标、内容、资源、方法、平台、机制、保障、评价、队伍建设等方面进行了系统阐释，呈现了广东高校十大育人体系建构的生动实践。

本系列编写过程中，力求实现理论与实践、历史与现实、一般与具体、全国与广东的有机结合，使本系列具有鲜明的特点。

其一，理论与实践相结合。各种育人方式有其独特功能，在社会主义建设者和接班人培养过程中处于不同地位、发挥不同作用，丛书从理论层面对各种育人方式的功能、目标、内容、资源进行了系统分析，诠释了各种育人方式的理论基础。同时，各种育人方式侧重实践操练，本系列对各种育人方式的方法、平台、机制、保障、评价等问题进行了深度阐释，有着十分清晰的实践指引和导向。

其二，历史与现实相结合。各种育人方式的建构经历了从局部试点到全面铺开的过程，是实践中不断探索、不断完善的结果，凝聚了广东高校实践探索的智慧，丛书力求呈现广东高校十大育人体系建构的历史。现实由历史发展而来，梳理历史的目的是为了诠释现实。本系列对广东高校立德树人的研究侧重于各种育人方式现实的把握，力求在摸清现状的基础上，针对各种育人方式存在的问题，提出进一步优化和改进育人方式的对策和举措，以提升新时代立德树人的实效性。

其三，一般与具体相结合。本系列对广东高校十大育人体系的研究，既有一般层面的分析，又有具体案例的呈现。各种育人方式有共性问题，也存在个性差异，不同层次、不同类型、不同地域的高校，其做法并不完全相同，由此使各种育人方式的实践呈现多样性，并形成了一些典型案例。如在《广东高校管理育人工作研究》一书中，作者选择了华南师范大学、汕头大学等高校管理育人的典型案例，既增强了本系列的可读性，又增强了本系列的说服力。

其四，全国与广东相结合。本系列主要聚焦广东高校十大育人体系的建构，具有明显的地域特征。但在诠释广东高校各种育人方式时，能置于全国的大背景下来分析，凸显了广东高校十大育人体系探索的宏观意义。

中国特色社会主义进入新时代，高校思想政治工作迎来了好时机，也对高校思想政治工作提出了新要求。新时代高校思想政治工作要取得实效，需要进一步完善十大育人体系，将十大育人体系有机融合起来，形成新时代立德树人的合力和“大思政”的格局。

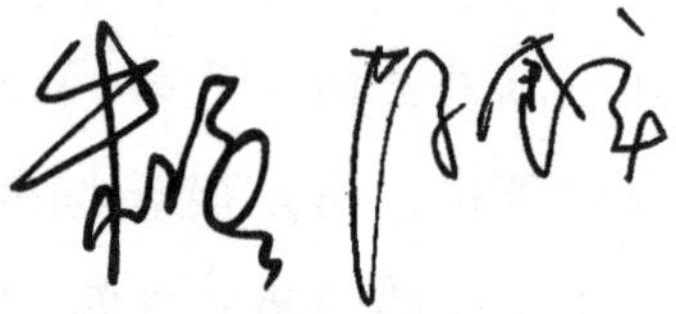

2019 年 7 月 18 日

目 录

第一章
高校网络育人工作的概述

第一节　高校网络育人工作的发展历程

互联网在中国的发展与应用最早可以追溯至20世纪80年代。1986年，北京计算机应用技术研究所与德国高校合作，正式启动了国际互联网项目——中国学术网（Chinese Academic Network，CANET）。1987年9月20日20时55分，北京计算机应用技术研究所通过Internet电子邮件节点向世界发出了第一封电子邮件，标志着中国开始与互联网对接。1990年，中国开始建设自己的国家计算与网络设备中心，该中心于1994年4月开通了与国际互联网的专线连接，并于1994年5月21日完成了我国最高域名CN主服务器的设置，实现了真正的PCP/IP连接，这标志着我国正式步入国际互联网的快车道。1994年以来的20余年间，中国的互联网以惊人的速度发展。1996年年底，中国网民数量仅为10万，截至2000年12月31日，中国上网人数已经达到了2 250万。[①] 根据中国互联网络信息中心（CNNIC）公布的第41次《中国互联网络发展状况统计报告》的数据：截至2017年12月，我国网民规模达7.72亿，普及率达到55.8%，超过全球平均水平

① 谢海光. 互联网与思想政治工作概论［M］. 上海：复旦大学出版社，2000.

(51.7%) 4.1 个百分点，超过亚洲平均水平 (46.7%) 9.1 个百分点。①

随着中国互联网的兴起与发展，网络育人工作已经成为高校思想政治工作的新范式。2016 年 12 月，习近平总书记在全国高校思想政治工作会议上明确指出："做好高校思想政治工作，要因事而化、因时而进、因势而新。"② 在互联网与信息技术广泛应用的时代背景下，高校思想政治工作的方式和方法正在发生着翻天覆地的变化，思想政治工作依托的平台和载体开始从传统的线下模式转换为线上与线下相结合的模式，思想政治工作的内容侧重点也在随着时代的变迁而不断丰富。党和国家高度重视互联网对高校思想政治工作的影响，网络育人工作取得了良好的效果。1994 年至今，网络育人工作经历了初步探索时期、快速发展时期和纵深发展时期三个阶段。

一、初步探索时期

1994—2000 年前后，是高校网络育人工作的初步探索时期，这一时期是中国互联网的起步阶段。总体来看，不同类型高校的互联网建设和发展水平虽然并不均衡，但它们都意识到互联网与信息时代到来将改变高等教育的整体面貌和走向。因此，这一时期国内高校都进入到互联网软硬件设施的初步建设阶段，网络育人工作也伴随着互联网发展应运而生。

一方面，国内大部分高校师生开始接触互联网，借助互联网所提供的海量信息和国际化的交流模式提升个体的学习和认知能力。20 世纪 90 年代中后期，国内许多高校的大学生开始自发组建校内局域网，初步形成校内学生发布和交流信息的平台。1995 年 8 月，水木清华 BBS（Bulletin Board System，简称 BBS）网站开通，这是国内第一个国际互联网上的 BBS 站点，BBS 成为国内高校师生发布和交流信息的重要平台。应该说，在互联网时

---

① 中国互联网络信息中心. 第 41 次《中国互联网络发展状况统计报告》[EB/OL].(2018 - 01 - 31)[2019 - 05 - 05]. http://www.cac.gov.cn/2018 - 01/31/c_1122347026.htm.

② 把思想政治工作贯穿教育教学全过程　开创我国高等教育事业发展新局面[N]. 人民日报，2016 - 12 - 09 (1).

代，“大学生群体在网络使用上表现出一种超前性，他们对互联网具有强烈的好奇心和热情，对其应用价值极为敏感，具有强烈的网络使用意识”①。

另一方面，面对海量的互联网信息，高校师生群体也感受到来自网络信息的多变性、多样性和复杂性，这些信息改变了高校思想政治工作的育人环境，既给高校思想政治工作者提供了新的机遇，也为这一群体带来了强烈的冲击和挑战。总体来看，网络育人工作所面临的挑战具体表现在以下三个方面。

（1）对于互联网这一新兴事物，部分高校思想政治教育者对网络知识和技术了解需要一个过程，短时间内无法具备完善的信息素养，“对于大学生的网络行为和心理特点缺乏足够的认知和准确的判断。”②

（2）由于网络信息的快速传播与信息接收主体间的无序交流模式，使得高校思想教育工作的信息来源权威受到极大的挑战；加之网络监管技术的缺乏，校方对于网络传播的不良信息的有效控制更为困难。

（3）大学生在网络空间中受到来自不同国家和地域文化的影响，社会主义核心价值观作为主流意识形态，无法形成网络引导的合力，最终导致正面宣传教育缺乏吸引力和影响力。

从总体上来看，这一时期我国高校网络育人工作体系和工作机构处于初创阶段，在机构设置、宣传平台、资金保障、人员配备等方面都缺乏系统性的工作布局。与此同时，网络的“负面效应”初露端倪，如何应对网络社会所带来的“负面效应”问题，特别是网络对于大学生政治观念、道德判断、心理行为层面的影响等问题，开始引起党和国家的重视，高校思想政治教育工作者也开始关注这一问题。1997 年 6 月，时任国家教育委员会党组书记的朱开轩在第六次全国高校党建工作会议上所做的报告中指出：计算机互联网络上黄色和反动的内容时有出现，对开放条件下的社会消极、丑恶现象对学校的腐蚀与影响，高校党委一定要高度重视，提高警惕；预防为主，防患于未然；坚决扫除，发现一起，处理一起。要加强计算机网

①② 《思想理论教育》编辑部. 我国高校网络思想教育的十年发展历程：访清华大学高校德育研究中心主任张再兴教授［J］. 思想理论教育导刊，2005（12）：4－8.

络的安全管理，不允许国内外敌对势力制造事端，破坏高校稳定。① 2000年，教育部印发《关于加强高等学校思想政治教育进网络工作的若干意见》，从国家的层面明确了高校网络育人的目标和原则，提出必须“重视网络安全问题、西方意识形态和文化渗透、信息污染问题等，预防网络给大学生带来道德相对主义、自由主义、人际情感疏远、道德规范弱化、道德失范行为和犯罪行为等”②。部分学者呼吁在国家层面建立健全法律规范，建立有害信息控制与审查机制，防止不良信息进入校园网络。同时，高等学校也提出要进一步加强对学生网络行为的管理，对大学生的思想政治教育和行为进行有效控制，依托网络平台开展正面的宣传教育活动。

在网络育人工作的初步探索时期，我国高校在校园网的基础设施建设方面都取得了一定的进展，为网络育人平台的建设奠定了坚实的基础，网络育人工作的总体布局基本形成。同时也应当看到，这一时期网络育人工作的手段还比较单一，虽然各高校制定了一些网络管控措施，希望控制和规范大学生的网络行为，但被动式的网络审查和控制手段无法适应网络环境的特点，从某种程度上削弱了网络育人的效果。

二、快速发展时期

2001—2006 年前后，是高校网络育人的快速发展时期。进入 21 世纪，随着国家对高等教育的投入增加，高校信息网络软硬件建设逐渐成熟，高校网络育人体系逐渐完善，专业化的网络育人机构和人员逐步配备，网络育人的专项资金保障基本到位。多数高校全面推进以服务教学、办公为主体的校园网建设。2004 年，中共中央、国务院印发《关于进一步加强和改进大学生思想政治教育的意见》，明确提出要全面加强校园网的建设，使网络成为弘扬主旋律、开展思想政治教育的重要手段。此后，各高校都将网络思政工作摆在突出位置，不断完善网络管理制度环境，加强网络育人工

① 历次全国高校党的建设工作会议［EB/OL］.（2008-12-22)［2019-05-05］. http://www.jyb.cn/high/xwbj/200812/t20081222_230700.html.

② 《思想理论教育》编辑部. 我国高校网络思想教育的十年发展历程：访清华大学高校德育研究中心主任张再兴教授［J］. 思想理论教育导刊，2005（12）：4-8.

作队伍的培养，深入分析网络思政工作的规律，着力增强高校网络思政工作的实效和感染力，构建高校网络思政工作新体系。这一时期，校园网真正主动地承担起思想政治教育功能，校园内建立起具有半官方性质的各类“红色网站”，形成了以传播马克思主义理论为主要任务的舆论宣传阵地。2004 年 10 月，教育部召开了高校校园网络信息建设与管理工作会议，提出各高校必须着眼全局，进一步加强校园网络信息化建设，研究部署新形势下如何开展高校校园网络信息的建设、管理与服务工作。2004 年 12 月，教育部、共青团中央印发《关于进一步加强高等学校校园网络管理工作的意见》，对进一步加强网络思想政治教育阵地建设提出了三点意见：“一是建设思想政治教育专题网站，构筑高校网络思想政治教育重要阵地；二是建设校园主网站，构筑大学生获取信息、学习知识和交流思想的主流网络平台；三是掌握校园网络，引导网上舆论。”① 各地高校逐步落实教育部《关于进一步加强高等学校校园网络管理工作的意见》，由各高校党委牵头，在组织架构、队伍建设、经费保障等方面逐步形成有效的管理机制。2004 年，“中国大学生在线”正式开通，在教育部的主导下，发挥思想政治工作队伍的优势，利用校内外的各类资源，服务青年大学生的成长成才。在此之后，上海地区的“易班网”、清华大学的“红色网站”、同济大学的“同济方舟”等校园网陆续建立，通过资讯播报、网络课程、风采展示等方式，把教育和管理融入网络平台，以潜移默化的方式实现网络思想教育的目标。

在网络育人的快速发展时期，一方面，各高校的 BBS 成为校园内外信息交流的重要平台，与学生学习和生活相关的信息都活跃在校园 BBS 的专题栏目中，为校内外师生的学习和工作提供了便利，也为高校大学生讨论社会热点问题提供了交流平台。另一方面，由于各高校处于校园网的快速建设与发展阶段。因此，校方对于校园 BBS 管理模式上仍存在“粗放型”的问题。这就导致校方对网络信息的监管存在一些盲点，对网络信息的反馈具有一定的滞后性。在管理实践中，一些虚假信息、不良信息的失序传播，较易造成校园内的群体性事件。随着校园网络建设从高速发展转入稳

① 冯刚. 改革开放以来高校思想政治教育发展史［M］. 北京：人民出版社，2018：273.

定状态后，网络育人的理论不断创新，相应管理实践逐渐进入精细化的新阶段。研究者更加关注网络空间给高校思政工作带来的机遇和挑战，高校思想政治工作队伍开始从过去的管理控制的单一被动的方式，转为主动走上网络、积极回应舆情热点，通过疏导和引导的方式主动开辟网络育人的新阵地。

三、纵深发展时期

2006 年至今，是网络育人的纵深发展时期。这一时期，我国高校的校园网络建设已基本完成并初具规模，校园网络不再仅仅局限于发布信息的功能，网络化、数字化的趋势更为明显。这一时期，随着智能手机的广泛使用，移动互联网使用者成为互联网主体。根据中国互联网络信息中心（CNNIC）公布的第 41 次《中国互联网络发展状况统计报告》的数据，截至 2017 年 12 月，“中国移动互联网用户数量达到 7.53 亿，移动互联网用户比例从 2016 年的 95.1% 上升到 97.5%”①。移动互联网的广泛使用，正在逐渐改变在校大学生的思维方式、交流范式与行为模式。与过去十年相比，高校思想政治工作者面临着前所未有的挑战。

这一时期，高校已经充分认识到互联网发展对于高校育人环境的深刻影响，开始着力建设基于移动互联网背景下的公众网络平台建设，进一步加强和改进大学生思想政治教育，不断适应网络发展的脉络，优化育人环境。以当前广东高校为例，这一时期，广东高校建立了基于移动互联网背景下的官方公众号，成为网络育人的重要载体。根据《2016 年度广东高校新媒体发展白皮书》调查显示，广东高校官方微信公众号数量在 1 ~ 30 个的有 49 所，30 ~ 100 个的有 15 所，100 ~ 300 个的有 5 所；自媒体公众号（含院系和学生社团）数量在 1 ~ 30 个的有 32 所，30 ~ 100 个的有 54 所，100 ~ 300 个的有 8 所，300 ~ 500 个的有 1 所，500 个以上的高校有 1 所。从这一时期网络育人平台的影响力来看，这种新的育人载体正在发挥着更强

---

① 中国互联网络信息中心. 第 41 次《中国互联网络发展状况统计报告》[EB/OL]. (2018 - 01 - 31) [2019 - 05 - 05]. http://www.cac.gov.cn/2018 - 01/31/c_ 1122347026.htm.

的影响效力，但不同高校公众号影响力的差异性较大。根据《2016年度广东高校新媒体发展白皮书》调查显示，广东地区高校官方微信的影响力差异比较明显，这主要反映在推文的阅读量上。官方微信推文平均阅读量均集中在1 000~10 000的高校有56所，平均阅读量在1 000以下的高校有6所，10 000~50 000的高校有3所，50 000以上的高校只有1所。

与此同时，营造良好的校园网络文化环境，积极营造良好的网络舆论环境，成为这一时期网络育人工作的重点内容。2007年1月23日，胡锦涛同志在中共中央政治局第三十八次集体学习中着重强调："加强网络文化建设和管理，充分发挥互联网在我国社会主义文化建设中的重要作用。我们必须以积极的态度、创新的精神，大力发展和传播健康向上的网络文化，切实把互联网建设好、利用好、管理好。"① 这就要求高校必须加强网上舆论阵地建设，依托互联网开展思想政治工作，提高网上引导水平，讲求引导艺术，形成积极向上的网络舆论主流。在此指导下，各高校开始充分丰富网络思想政治教育内容，优化网络思政工作方式，普及辅导员微博，引导网络文化建设，高校网络思政工作不断成熟。

1. 各高校普遍建立了线上与线下育人工作的紧密联系

这一时期，互联网已经成为在校大学生学习和生活的重要组成部分，网络空间与大学生的日常学习、社会工作、人际交往密切联系，网络育人工作开始将网上和网下相结合，通过育人形式和内容的创新，使网络育人工作贴近实际、贴近生活、贴近学生，增强时代意识，拓展和改变传统观念中的工作职能，主动、自觉地深入到网络环境中发挥作用。

2. 形成了基于网络空间下的教育者与受教育者之间更为平等的交流互动方式

快速发展的互联网正在改变着信息传播与人际沟通的方式。一方面，传统社会的单一信息源已经被互联网彻底打破，教育者不再能够以"垄断"的方式掌握知识与信息，传统的说教式、灌输式的思想政治教育方式正在土崩瓦解。教育者与被教育者之间形成了一种全新的交流沟通模式。另一

---

① 胡锦涛. 以创新的精神加强网络文化建设和管理 [EB/OL]. (2007－01－24) [2019－05－05]. http://politics.people.com.cn/GB/1024/5324153.html.

方面，这一时期的在校大学生是伴随着互联网的快速发展成长起来的一代，他们的思维方式、个性心理、行为方式、话语体系等都发生了巨大的变化。因此，作为高校思想政治教育工作者，必须主动地适应网络平台的新特点，在继承传统思政工作优良传统的基础上，创新教育理念和内容、工作体制、机制和手段；转变思政工作的思维方式，转移思想工作的主战场，增强网络思政工作的吸引力、说服力和感染力，增强思政工作的针对性与实效性。

3. 网络空间中的意识形态斗争更为激烈

传统思政工作的意识形态斗争往往采取线下组织与动员的方式。这一时期，校园网络已经成为新时期意识形态斗争的重要阵地，高校意识形态斗争已经形成线上宣传组织动员，线下迅速联动的模式。客观而言，网络平台一方面为大学生提供了海量的信息，使大学生能够在海量信息中享受互联网的“自由”，另一方面，由于网络信息良莠不齐、真伪难辨，部分大学生缺乏辨别能力和价值判断能力，很容易被这些信息误导，从而形成了错误的世界观、人生观和价值观。因此，这一时期网络育人的核心目标就是始终坚持马克思主义在思想意识形态领域中的指导地位，思想政治工作者要更加主动地占领网络阵地，及时回应现实矛盾与问题，纠正网络上的错误思潮，充分运用网络思想政治教育的优势，确保校园意识形态的安全稳定。

第二节　高校网络育人工作的重要意义

一、有助于形成意识形态的网络主导机制

意识形态工作是党和国家工作的重要组成部分，在中国特色社会主义事业全局中具有重要地位。习近平总书记指出：“要牢牢掌握意识形态工作领导权，建设具有强大凝聚力和引领力的社会主义意识形态。”① 互联网的快速发展极大地改变了思想政治教育的环境，在这一环境中，多元价值观

① 中共中央宣传部. 习近平新时代中国特色社会主义思想三十讲［M］. 北京：学习出版社，2018：212.

的存在对于社会主义主流意识形态的塑造产生了或多或少的阻碍作用，影响着大学生的价值判断和价值选择。不可否认的现实是，一直以来，国内外敌对势力不断利用互联网传播所谓的“普世价值观”，企图淡化和消解中国特色社会主义核心价值观，极大地威胁着国家的意识形态安全。2018 年，在全国网络安全和信息化工作会议上，习近平总书记强调，必须加强网上正面宣传，旗帜鲜明坚持正确政治方向、舆论导向、价值取向。同时指出，要推进网上宣传理念、内容、形式、方法、手段等创新，把握好时度效，构建网上网下同心圆。可以说，当前及今后很长一段时间，互联网将成为国内外敌对势力争夺青年、影响青年的新阵地。从某种程度上说，失去网络阵地上的话语权，就失去了对青年价值观的引导权。因此，加强和改进高校网络育人工作有助于形成意识形态的网络主导机制，及时抢占网络舆论引导的阵地，最终确保国家意识形态安全。

一方面，高校思想政治教育工作的核心和关键就是用马克思主义的科学理论来观察、分析和解决意识形态领域的矛盾和问题。高校思想政治教育工作是党的思想政治教育重要组成部分，党的思想政治教育理论影响着高校思想政治教育工作的理论。我国的高校思想政治教育工作的理论始终坚守马克思主义，在不同的历史时期，高校思想政治教育工作理论又是一脉相承的。在思想政治教育的目标上，几代领导人把促进人的全面发展、培养社会主义事业的建设者和接班人作为高校思想政治教育的目标。1957 年，毛泽东同志提出了党的教育方针，即培养德、智、体全面发展，有社会主义觉悟，有文化的劳动者。邓小平同志曾多次重申切实加强和改进高校思想政治教育工作党的教育方针，强调思想政治工作的战略目标就是培养社会主义“四有”新人。以江泽民同志为核心的党中央认为，人的全面发展是思想政治教育的目标，他指出：“学校要坚持正确的政治方向，培养四有新人。”① 胡锦涛同志在党的十八大报告中强调：“把立德树人作为教育

① 中共中央政策研究室. 江泽民论社会主义精神文明建设［M］. 北京：中央文献出版社，1999：23.

的根本任务，培养德智体美全面发展的社会主义建设者和接班人。”[①] 习近平在全国高校思想政治教育工作会议上指出：“我国高等教育肩负着培养德智体美全面发展的社会主义事业建设者和接班人的重大任务。”[②] 在思想政治教育的基本内容上，几代领导人一直强调要对人民群众包含青年学生加强马克思列宁主义基本理论教育。毛泽东认为：“我们的党从它一开始，就是一个以马克思列宁主义的理论为基础的党，这是因为这个主义是全世界无产阶级的最正确最革命的科学思想的结晶。”[③] 1979 年 3 月，邓小平在党中央召开的理论工作务虚会上发表了《坚持四项基本原则》，提出要坚持马列主义、毛泽东思想，强调要以马克思列宁主义、毛泽东思想教育青年。江泽民认为马克思主义是我党的指导思想，学习马克思主义不仅要学习马克思主义的具体内容，也要学会掌握马克思主义的立场、观点和方法。2008 年，胡锦涛在纪念党的十一届三中全会召开 30 周年大会上指出：“马克思主义是我们党立党立国的根本指导思想。坚持和巩固马克思主义指导地位，是党和人民团结一致、始终沿着正确方向前进的根本思想保证。”[④] 2016 年 12 月，习近平总书记在全国高校思想政治教育工作会议上指出：“要坚持不懈传播马克思主义科学理论，抓好马克思主义理论教育，为学生一生成长奠定科学的思想基础。”[⑤]因此，加强和巩固中国特色社会主义意识形态安全是新时代中国特色社会主义事业的重要组成部分，对社会主义政治、经济、文化建设具有重要的现实意义。

另一方面，当前网络信息的传播呈现多变性，必须有效把握其变化规律，才能做好网络育人工作。20 世纪 90 年代以来，随着信息通信技术的快速发展，网络已经成为影响和改变人们思维方式、人际交往方式的重要力

---

① 胡锦涛. 坚定不移沿着中国特色社会主义道路前进　为全面建成小康社会而奋斗：在中国共产党第十八次全国代表大会上的报告 [N]. 人民日报，2012 - 11 - 18 (1).

②⑤ 把思想政治工作贯穿教育教学全过程　开创我国高等教育事业发展新局面 [N]. 人民日报，2016 - 12 - 09 (1).

③ 毛泽东. 毛泽东选集：第 3 卷 [M]. 2 版. 北京：人民出版社，1991：93.

④ 中共中央文献研究室. 十七大以来重要文献选编：上 [M]. 北京：中央文献出版社，2009：796.

量。2010年以来，以手机为载体的移动互联网、微博、微信等新媒体的广泛使用宣告了“移动互联时代”序幕的拉开，各类信息的传播速度更快、传播范围更广，传统模式下数以亿计的信息受众已经迅速转变为信息传播主体，一条信息一旦进入网络空间，就可能会在短时间内以惊人的速度为全球网民所共享。2010年12月，年仅26岁的马克·扎克伯格成为美国《时代周刊》的封面人物，其所缔造的“脸书”（Facebook）社交网络拥有接近6亿的用户，《时代周刊》称其为有史以来最年轻的网络帝国的“国王”。2012年7月，韩国歌手“鸟叔”发布了一首名为《江南Style》（*Gangnam Style*）的单曲，其在YouTube视频网络发布后，在短短2个月内已经有超过5亿人次点播，“鸟叔”的“骑马舞”瞬间成为风靡全球的“时尚”符号。可以说，网络传媒的多变性将思想政治教育推至一个更为开放的环境中。高校开展网络育人工作必须思考如何在不断变迁、纷繁复杂的网络媒体中将极可能被“扭曲”的信息及时“矫正”，如何借助网络媒体增强思想政治教育的实效性，如何有效把握网络媒体变化的规律。

二、有助于营造高品质的校园网络文化氛围

在互联网时代，高校要充分认识到网络文化建设在大学生思想政治教育中所发挥的重要作用，必须加强网上思想文化阵地建设，净化校园网络环境，充分发挥校园网络文化的育人功能。

1. 实现校园网络文化育人功能是加强高校思想政治工作的重要体现

校园网络文化是校园文化在互联网时代的产物，是网络信息技术作用于校园，以微信、微博、论坛等数字化互动媒体为载体，师生员工共同参与，以发送和接收数字化信息为核心内容的文化。怎样把握网络文化的特征，有效地发挥校园网络文化的育人效果，不断提高网络文化育人水准，是当前加强和改进新形势下高校思想政治工作急需解决的重点和难点问题。中共中央、国务院印发的《关于加强和改进新形势下高校思想政治工作的意见》中指出，高校要加强“两微一端”建设，运用大学生喜欢的表达方式开展思想政治教育工作，它要求网络育人工作必须在内容、方式、方法上不断创新，与校园文化相结合增强时代性和针对性，形成以社会主义核

心价值观为主导的积极向上的校园网络文化，增强高校网络文化的传播力、引导力和影响力，形成校园文化与网络文化的合力，提升网络育人的实效。

2. 校园网络文化育人功能是实现高校人才培养目标的重要举措

高校大学生正处于世界观、人生观、价值观形成的关键时期。同时，这一群体也最容易受到各种不良信息的侵袭。因此，加强网络文化建设，维护网络意识形态安全，及时清理不良网络信息，为学生形成正确的世界观、人生观和价值观营造良好的校园文化环境，是当前高校网络思想政治工作的重要任务之一。为了进一步落实中央关于做好校园网络文化建设精神，在教育部思政司的指导下，全国高校思想政治工作网正式开通上线。建设全国高校思政网是教育战线深入贯彻落实党的十九大精神和全国高校思政会精神、全面落实《高校思想政治工作质量提升工程实施纲要》要求，创新网络育人工作的重要举措。其中的立根树魂，占领网络育人“主阵地”项目，借助网站宣传习近平总书记关于网络强国战略思想和加强网络建设管理的一系列重要论述。网站依托省（区、市）高校网络育人中心和大学生在线，建设“高校思政网新媒体矩阵”，开展纪念改革开放40周年系列主题征文和巡讲活动，壮大网上主流思想舆论。

3. 实现校园网络文化育人功能是提高人才培养质量的必然选择

在新时代背景下，高校思想政治工作之根就是坚持正确的办学方向，立足本国国情，扎实办好中国特色社会主义高校，培养社会主义事业的建设者和接班人。习近平总书记在全国高校思想政治工作会议上的讲话，进一步明确了中国特色社会主义高校的办学方向必须坚持以马克思主义为指导，全面贯彻党的教育方针，坚持不懈传播马克思主义科学理论，抓好马克思主义理论教育，为学生一生成长奠定科学的思想基础。高校要坚持办好中国特色社会主义高校，在思想政治教育工作中做好意识形态工作，坚持马克思列宁主义、毛泽东思想和中国特色社会主义体系的指导，保证高校的社会主义发展方向，以培养社会主义事业的建设者和接班人为根本目标。这就要求高校党委进一步加强网络思政工作的全局谋划，充分认识网络文化的育人作用，加强校园网络文化建设。以广东地区高校为例，近年来广东高校依托共青团组织，构建“互联网+”新媒体阵地，开发思想政治工作新空间。高校要走近新时代的青年大学生，充分发挥网络新媒体的作用，把新媒体作为当代大学生思想引领的突破口，牢牢把握网络舆论的领导权和主动权。一是打造红色教育新媒体平台，依托各级团委、党支部等微信公众平台或新创平台，通过设置专栏等方式，定期推送红色教育知识，创新内容与形式，多推出团员青年喜闻乐见的内容。二是组织网络微课、微视频制作和展示活动，既可以呈现思想理论知识教育，也可以主题性地呈现校园文化和社会生活的方方面面，丰富网络文化资源与文化产品，营造积极向上、有青春活力的网络氛围，使网络思政工作更加贴近青年，更加接地气，从而更好地服务青年。

三、有助于形成舆情反馈与危机疏解机制

近年来，党和国家各方面工作取得了重大成就，但随着改革走向深水区，社会发展过程中存在的矛盾和问题日益突出。党的十八大报告用“世情、国情、党情继续发生深刻变化，我们面临的发展机遇和风险挑战前所未有”这句话概括了当前社会发展过程中面临的诸多问题，如“社会矛盾明显增多，教育、就业、社会保障、医疗、住房、生态环境、食品药品安全、安全生产、社会治安、执法司法等关系群众切身利益的问题较多，部分群众生活比较困难”。在社会矛盾多发，各种新情况、新问题层出不穷的时代背景下，部分青年学生在网上发表过于消极的评价，并将一些不满情绪通过自媒体广泛散布，带来了许多不良的社会影响。① 网络环境的传播特点使得舆情信息的传播速度变快，受众在不了解突发舆情事件的真实情况下，就会受到虚假信息误导，网络信息言论中诸多负面信息影响着学生的世界观、人生观与价值观。如果学生对负面信息的鉴别能力不强，将影响主流意识形态建构。这就要求思想政治教育的理论研究和实践工作者能够及时了解社会矛盾产生的源头、客观分析社会矛盾发生的机理，采取积极有效的措施，通过网络载体引导学生正确评价社会矛盾的主次方面，树立社会责任意识。做好网络育人工作，有助于形成良性的舆情反馈和危机疏

① 王鹏. 论思想政治教育新常态：基于五对基本矛盾的分析 [J]. 思想教育研究，2015 (10)：21 - 25.

解机制，避免校园群体事件演变为社会不稳定事件。

2018 年 3 月，在全国学校安全工作电视电话会议上，教育部党组书记、部长陈宝生强调，要认真贯彻落实党中央、国务院关于学校安全工作的决策部署，牢固树立安全发展理念，切实把校园建成最阳光、最安全的地方，确保教育系统的安全稳定和谐。同时指出，必须把安全工作摆在教育强国建设更突出位置，时刻把广大师生生命安全放在第一位。这就要求高校党委认真分析学校安全工作出现的新情况、新特点、新问题，关注新兴安全领域，认清西方意识形态对我国国家主权和政治安全的严重威胁。① 同时，高等教育主管部门要及时掌握教育舆情主动权，引导舆论理性表达，营造良好舆论生态。强化信息化治理，实现网络和信息安全可管可控。同时，校方应当建立预警与应急处置系统，创建科学网络舆情预警、应急处置机制，是网络育人工作的科学内容。为此，必须借助网络平台主动发布信息，引导舆论正确方向，建立突发事件化解机制，构筑良好的舆论氛围。

第三节　广东高校网络育人工作面临的挑战

一、网络育人面临着更为复杂的内外部环境

“立德树人”是教育的根本任务，对于思想政治工作者而言，需要以此为起点探究思想政治教育能否在社会急剧转型过程中继续发挥其政治方向引导、方针政策宣传、理想信念支撑的作用。这就要求思想政治教育牢牢把握主流文化价值的方向，大力弘扬民族精神和时代精神，掌握意识形态工作领导权和主导权，坚持正确导向，提高引导能力，壮大主流思想舆论。② 然而，当前的网络育人工作面临着比过去更为复杂的内外部环境，给网络育人带来了诸多挑战。从国内来看，当前，思想政治教育所面对的现

① 教育部部长陈宝生：把安全工作摆在教育强国建设更突出位置［N］. 中国青年报，2018-03-02（3）.

② 王鹏. 论思想政治教育新常态：基于五对基本矛盾的分析［J］. 思想教育研究，2015（10）：21-25.

实环境具有三个基本特征：①社会矛盾呈现多发性；②文化价值呈现多元性；③网络传媒呈现多变性。从当前国际环境来看，冷战结束后，东西方之间的意识形态对抗并未真正结束，取而代之的是隐藏在科学技术交流和思想文化交流之后的更为激烈的意识形态斗争。在这一背景下，西方敌对势力开始利用互联网对不同制度、不同观念的国家进行意识形态的渗透。笔者认为，面对错综复杂的国内外环境，思想政治教育者必须重视网络育人的内涵，结合时代背景、紧扣时代脉搏、把握时代方向，从而真正使教育围绕着“立德树人”这一根本任务向前推进。

二、网络育人的内容与形式的更新能力不强

互联网的内容与形式决定了网络育人的效果，对新时代高校宣传思想文化工作建设具有重要意义。当前，网络已经成为社会各界了解世界与外部交流的重要途径，特别是已经成为学生主体的“90后”“00后”出生的年轻人更是习惯网络化生活，如果不能及时地跟进年轻人的步伐，容易导致学校与师生校友之间的信息沟通、思想交流、新闻宣传等方面的严重滞后。受传统思维和习惯影响，学校领导层对新媒体发展普遍不太重视，缺乏从学校宏观层面对新媒体发展的顶层设计。近年来，广东地区高校在网络育人的内容与形式方面都做了诸多创新，但也存在各高校网络育人的内容与形式简单重复、更新能力不强的问题。以广东地区高校为例，由于多数高校新媒体管理人员由于缺乏学习和交流，专业知识存在一定的欠缺，新媒体内容存在一定程度的同质性。如红极一时的《南山南》一度唤起人们对民谣乐曲的关注，而各高校新媒体也顺势推出高校版《南山南》，出现了广东女子职业技术学院的《女院版〈南山南〉》，广州商学院《广商版〈南山南〉，把广商唱给你听》，华南理工大学的《华工版〈南山南〉，把华南理工唱给你听》，中山大学的《中大版南山南，吟康乐，梦红楼》，等等。大量标题、内容的同质性，特别是对社会流行事物的不当利用，既容易影响社会对学校水平的质疑，也会降低用户黏度。[①] 如何面对流行事物和社会

① 广东高校新媒体联盟秘书处．2016年度广东高校新媒体发展白皮书［R］．肇庆：广东高校新媒体联盟第三次全体理事大会，2018．

热点话题，体现大学独有的文化特征，实现新媒体创作的创新，是当前广东新媒体亟待提高的重要方面。从传播形式上来看，高校新媒体已经成为社会了解学校各类信息的重要窗口，但是广东高校新媒体的功能较多只停留在单一的新闻宣传和形象宣传之上，在思想文化引领、管理服务等方面的功能则有所欠缺。首先在思想政治工作方面，部分高校未能把握关键或重要时间节点，主动出击，巧妙策划，精心设计，对师生校友进行柔性、润物细无声式的思想政治教育。其次在文化影响上，文化引领作为大学重要的功能，广东高校新媒体并未有效发挥其应有的作用。再次广东高校新媒体对服务信息的整合力度不足，较多满足于新闻发布的层面，对于更广泛的服务师生需求缺乏有效的解决办法。

三、网络育人的人财物后续保障机制不健全

网络育人的软硬件投入对于高校思政工作的持续有效性具有重要的现实意义，但广东地区某些高校在网络软硬件建设、人员培训等方面缺少必要的经费投入，个别高校网络管理人员由职能部门工作人员或院系辅导员兼任，专职网络管理工作人员配备严重不足。[①] 从管理机制来看，一些高校校内新媒体发展基本都是各自独立运行、分散管理，学校开设官方微博、微信公众号，二级学院、各级学生组织开设的微博、微信公众号分别属于不同部门管理，高校新媒体大多缺乏统一管理，发展也缺乏统筹规划，总体上仍然处在一种自发的生长状态。比如，大多高校并没有制定学校统一的新媒体管理制度，在组织领导、责任机制上并不明确，缺乏将新媒体做成品牌的意识，对未来的新媒体发展更缺乏明确的远景规划；从工作人员保障来看，加强新媒体平台建设，人才是保障。网络育人需要新媒体运营者对其运用和性质有深刻的认识，并能有效将传统媒体与网络媒体有机结合。由于新媒体本身就是一个新生事物，新媒体人才较缺乏。高校新媒体运营和管理者都是非专业出身，其本身对新媒体的认识还不足，因此有必要加强对新媒体运营管理人员的培训，建立有效的机制，加强高校新媒体

① 广东高校新媒体联盟秘书处. 2016 年度广东高校新媒体发展白皮书 [R]. 肇庆：广东高校新媒体联盟第三次全体理事大会，2018.

管理者之间的学习和交流，不断提升对新媒体技术的运用能力。同时，学校管理层和二级单位运用新媒体宣传的意识不强，宣传方式老化，新媒体宣传和网络舆情应对能力欠缺。多数高校的新媒体运营都是零经费补贴，管理指导教师较多“身兼数职”，新媒体专业化能力不强。

四、网络育人的平台不够完善

近年来，在互联网的快速发展中，多数高校都建立了服务于本校师生的网络管理平台，高校官方网站、公众号等已经成为发布信息、通知和新闻的重要平台。根据《2016 年度广东高校新媒体发展白皮书》调查显示，目前，广东省高等学校（含独立学院）总数为 143 所，其中，本科高校（含独立学院）59 所，高职高专 83 所。根据调查数据显示，各高校的学校官方新媒体平台（此处主要是指以学校命名代表学校的官方新媒体）主要集中于微信公众平台、微博及新闻网站。其中，有 69 所高校使用微信公众平台，有 53 所高校使用微博平台，有 64 所高校建设了学校新闻网站，有 12 所高校在今日头条等手机客户端开设了账号。此外，还有少数高校使用 QQ 校园、贴吧等作为新媒体平台的宣传途径。然而，对于多数高校而言，网络育人的平台还停留在单向发布信息、基础数据统计、无纸化办公等较为初级的阶段。《2016 年度广东高校新媒体发展白皮书》指出：“广东高校新媒体发展规模越来越大，各高校官方微信公众号数量在增加，自媒体公众号的数量也在上涨。广东高校主流新媒体主要集中在微信公众平台，通过微信公众平台关注校园资讯的人也较多。”从《2016 年度广东高校新媒体发展白皮书》的调查可以看出，广东高校十分重视运用网络媒体开展大学生的思想政治工作，并建立了开展网络育人工作的平台和载体，在实践中取得了一定的效果。但同时也应当看到，目前广东高校的网络育人工作存在着不平衡的情况。从网络育人平台的运行方式来看，许多高校仍然以校园网、主题网站、官方公众号等传统手段开展育人，形式较为单一，内容相对陈旧，缺乏面对青年开展思想政治教育的生动性和感染力。许多高校的网络育人平台缺少自媒体环境下的运行模式，导致大学生不易访问、不愿接受，网络育人平台缺乏有效的运行机制。

第二章
广东高校网络育人的目标

习近平总书记在出席全国高校思想政治工作会议中发表重要讲话，对加强和改进新形势下高校思想政治工作做出重大部署，他强调，高校思想政治工作关系到高校培养什么样的人、如何培养人以及为谁培养人这个根本问题。广东高校要坚持把立德树人作为中心环节，把思想政治工作贯穿教育教学全过程，实现全程育人、全方位育人，努力开创我国高等教育事业发展新局面。这是高校思想政治工作中具有里程碑意义的一件大事。

中宣部、中组部、教育部党组在召开加强和改进高校思想政治工作座谈会中相继指出，要深入贯彻落实习近平总书记在加强和改进高校思想政治工作的重要论述，努力开创新时代高校思想政治工作新局面。与此同时，教育部印发《高校思想政治工作质量提升工程实施纲要》，就如何育人的问题做了详细的规划，聚焦人才培养的短板弱项，着力打造一体化育人体系，确定了以课程、科研、实践等十大育人体系，为育人最后一公里构建顺利的通道。在此基础上，《广东高校思想政治工作质量提升工程实施方案》应运而生，明确提出广东对高校网络育人的具体要求是：加强工作统筹，成立省级高校网络思想政治工作重心，充分发挥广东高校新媒体联盟作用，建设校园网络系媒体矩阵，定期发布高校官微排行榜，展示推广优秀高校官网。强化网络意识，提高建网、用网、管网能力，加强师生网络素养教育，引导师生提升网络安全意识，遵守网络行为规范，养成文明网络生活方式。拓展网络平台，丰富“众智育人”省级易班平台育人功能，分批推广高校易班建设。丰富网络内容，培育高校优秀网络学生社团，打造原创网络宣传优秀作品展示、高校新媒体展示节等网络文化建设活动，推广展示一批“网络名篇名作”。创新评价机制，建立网络文化成果评价认证体系，推动将优秀网络文化成果纳入高校科研成果统计，可作为教师职务职称评聘或师生评奖评优的重要参考。培育网络力量，践行“网络教育名师培育支持计划”“校园好网名培养选树计划”，建设一支政治强、业务精、作风硬的网络工作队伍。这一要求，为具体分析广东高校思想政治工作网络育人目标提供了写作的方向。

第一节　落实立德树人根本目标，深化广东高校思想政治工作内涵

一、坚持把立德树人作为根本任务

加强高校思想政治工作，必须要在办学方向的问题上站稳立场。如若不在大学中坚持立德树人的办学方向，那么大学也就失去了成为大学的根基，失去存在的意义。“立德树人”这一概念有着较为长久的历史演变过程，最初先有“立德”后有“树人”，也就是说先要有高尚的道德情操，再去追求事业的成功。时至今日，特别是党的十八大报告所说的“立德树人”进一步呈现了其崭新的科学意蕴和丰富的理论内涵，“立德”和“树人”均代表着广义的内容。“立德”的“德”指美德，就是要“树立社会主义核心价值体系、社会主义核心价值观和社会主义社会公德、职业道德、家庭美德、个人品德等”①；“树人”指培养人才，即造就一大批高素质劳动者、拔尖人才和创新人才等。“立德树人”是教育的根本任务，也只有把“立德树人”作为“一切教育活动的关键与枢纽，作为协同育人的协同点，教育活

---

① 陈勇，陈蕾，陈旻．立德树人：当代大学生思想政治教育的根本任务［J］．思想理论教育导刊，2013（4）：9－14.

动才能与思想政治教育同向同行，形成共识，产生合力”①。“立德”是通过“树人”的重要道路，“树人”是“立德”的终极目标，“立德”与“树人”体现着理论与现实辩证统一、不可分割，二者互为辩证，共同作用于高校的办学目标与方针。

谈及“立德树人”，必须清楚认识到“德行”是培养人才的重要指向。“德”不仅是指人的内在品德，更体现在对外的规范、规则等。因此，在培育社会主义接班人的重任上，我们要将“立德树人”与“践行社会主义核心价值观”有机结合在一起，要让“德”的培养紧跟时代潮流，回应社会关切，要认识到“德”的培养从来就不只是个人层面上的自我完善，从更高意义上，培育与践行社会主义核心价值观是“立德树人”的重要途径，而将之内化为大学生的思想品德亦是“立德树人”的重要目标。在实践中，我们要准确把握立德树人与加强理想信念教育之间的关系。深刻分析“德”的内在与外延，应注意到“德”不仅仅强调一般意义上的道德品质和道德能力，还包含理想信念、人生价值追求和法律素养等。要认识到“德”是一个人的世界观、人生观、价值观、道德观、法制观的集中反映，是培养人才的指导方向。“教师是人类灵魂的工程师，承担着神圣使命。传道者自己首先要明道、信道。高校教师要坚持教育者先受教育，努力成为先进思想文化的传播者、党执政的坚定支持者，更好担起学生健康成长指导者和引路人的责任。”② 作为高校教师，应当对“立德树人”加以重视，时刻将之作为自己教学教育工作的引路人与目标。

“立德树人”从来都不是凭空捏造脱离社会生活实际的，需要与坚持社会主义办学方向紧密结合。作为高校工作者，首先要坚持正确的政治方向，把握方向与旗帜，这是实现立德树人根本任务的前提条件和根本保证。习近平总书记曾指出：“我国高等教育肩负着培养德智体美全面发展的社会主

① 苏国红，李卫华，吴超. 习近平“立德树人”教育思想的主要内涵及其实践要求［J］. 思想理论教育导刊，2018（3）：39－43.

② 习近平：高校立身之本在于立德树人［EB/OL］.（2016－12－09）［2019－05－05］. http://www.xinhuanet.com/mrdx/2016－12/09/c_ 135892530.htm.

义事业建设者和接班人的重大任务，必须坚持正确政治方向。”① 高校是一个国家思想交锋最为活跃、各种思潮交流交融的文化重镇。作为意识形态的前沿阵地，高校承载着培养社会主义接班人的重任。“立”什么样的“德”，“树”什么样的“人”，归根结底是由社会主义办学方向决定的。高校党委必须竖起大旗，坚持将立德树人的思想引领与我国发展的现实目标与未来方向紧密结合，为中国共产党治国理政服务，体现党的全面领导。其次，坚持社会主义办学方向也是“立德树人”的应有内涵。“办好我们的高校，必须坚持以马克思主义为指导，全面贯彻党的教育方针。要坚持不懈培育和弘扬社会主义核心价值观，引导广大师生做社会主义核心价值观的坚定信仰者、积极传播者、模范践行者。”② 坚持社会主义办学方向，是为了培养德智体美全面发展的社会主义建设者与接班人。习近平总书记说：“青年的价值取向决定了未来整个社会的价值取向”③，因此要将“立德树人”与培养社会主义接班人的根本目的有机结合起来，要认识到习近平总书记“立德树人”的教育思想与马克思人的全面发展理论是一脉相承，认识到德育在教育中占有优先与根本地位，在实践中强调育人为本，德育为先，德才兼备。习近平总书记指出：“不断提高学生思想水平、政治觉悟、道德品质、文化素养，让学生成为德才兼备、全面发展的人才。”立德树人也是新时期实现人的全面发展的现实路径与要求。

“立德树人”作为当代大学生思想政治教育的根本任务是推进新时代广东改革开放新篇章的迫切需要。广东是改革开放的排头兵、先行地、实验区，40 年来广东经济社会发生了翻天覆地的变化，其根本动力就是坚持改革开放。习近平总书记视察广东工作时强调，要高举新时代改革开放旗帜，把改革开放不断推向深入。在习近平总书记的殷切关怀下，广东工作面临着大好形势，这就更需要包括大学生在内的一代又一代有志青年的勤勉奋斗。这就要求高校坚持育人为本、德育为先，引导大学生群体高度树立“四个自信”，坚持个人理想与社会理想相融合，促进他们的德智体美劳全面发展，为新时代广东工作乃至中国特色社会主义伟大建设输送优秀人才，

①②③ 习近平：高校立身之本在于立德树人［EB/OL］.（2016 - 12 - 09）［2019 - 05 - 05］. http://www.xinhuanet.com/mrdx/2016 - 12/09/c_ 135892530.htm.

不断推进改革开放事业前景，努力实现中华民族的伟大复兴。

二、丰富广东高校思想政治工作发展内涵

习近平总书记对广东工作做出重要批示，要求广东在全面建成小康社会、加快建设社会主义现代化新征程上走在前列，“两个走在最前列”涉及广东工作的方方面面，广东高校思想政治工作必须走在最前列，不断以网络育人思想丰富广东高校思想政治工作内涵。具体而言，一要丰富工作理念。正确的工作理念有利于统一思想、明确目标，真正使大学生思想政治工作既能“百花齐放”，又能“形散而神不散”，将高校人才培养目标与人才培养特色相结合，梳理和凝练大学生思想政治工作理念，不断推动工作取得新发展。二要健全工作体制。工作体制机制是大学生思想政治工作有序运行、高效运转的基本保障。要把高校思想政治工作纳入高等教育事业发展大局予以整体布局，必须从更加宏观的视野、更加创新的视角来重新审视和建构大学生思想政治工作体制机制，明确高校各部门、院系以及各类教师的育人职责，积极构建更加科学的大学生思想政治工作机制，促进不同工作机制的有机融合，使大学生思想政治工作职能部门内部及相互之间，思想政治工作队伍内部及不同类队伍之间，分工明确、协作有序、运转顺畅，承担起大学生思想政治教育的专门责任，使学校、家庭、社会、政府之间相互配合、协同育人的外部机制更加合理，形成推进学生思想政治工作的强大合力。三要建立科学的工作模式。工作模式是开展高校思想政治工作的途径、载体和方法，科学的工作模式可以取得“事半功倍”的效果，否则就会“事倍功半”。

当前，构建科学化的大学生思想政治工作模式应坚持“四要”：一要有规律性，遵循三大规律即思想政治工作规律、教书育人规律、学生成长规律。二要有针对性，要因事而化，因时而进、因势而新，根据不同领域、不同时机、不同事项有针对性地开展工作，真正做到解决思想问题和解决实际问题相结合。三要有创新性，要坚持改革创新，搭建新平台、依托新载体、使用新方法。在具体工作中我们既要牢牢把握以思想政治理论课为主渠道，主动构建主导型思想政治工作模式，既“理直气壮”“大张旗鼓”

地向学生进行思想政治教育，又要“充分利用校园文化、网络等日常思想政治教育的主阵地，积极构建融入式思想政治工作模式，实现学生思想政治工作多元化、网络化、科学化”①。四要进行合理的工作评价。科学合理的评价指标体系，可以促进大学生思想政治工作实效性提升。研究建立内容全面、指标合理、方法科学的大学生思想政治工作评价体系，推动思想政治工作制度化。在评价定位上、评价内容、评价主体和评价方式上，充分运用大数据、云计算等“互联网＋”时代的信息技术优势，坚持定性分析和定量分析相结合，确保评价结果的客观、精准。

在经过40多年的改革开放后，我国社会主义现代化建设取得了举世瞩目的成绩，党和国家事业开创了新局面，广东是改革开放的先锋队，更能体现这种变革与发展。广东高校网络育人充实工作理念、体制、模式、评价方面的内容，以此落到当代青年的成长成才培育中。习近平总书记又指出：“学生在高校生活，少则三到四年，多则九到十年，正处在人生成长的关键期，知识体系搭建尚未完成，价值观塑造尚未成型，情感心理尚未成熟，需要加以正确引导。这好比小麦的灌浆期，这个时候阳光水分跟不上，就会耽误一季的庄稼。”② 因此，要深刻把握大学这个培养社会主义人才的窗口期，结合大学生自然成长和社会成长的特点，确保大学生的自我发展与社会化的教育引导同向而行，互动促进。首先，青年学生要通过学习不断完善知识体系，练就过硬本领。“不积跬步，无以至千里”，只有持之以恒的学习，才能获得实现伟大梦想的力量，才能为青春的远航注入动力。要引导学生自主成为终身学习者，从不停下求知的脚步。其次，青年学生要树立正确的世界观、人生观和价值观，用马克思主义中国化的最新成果教育和武装学生，坚定做一个社会主义接班人。在教育中，强调德育为先，并加强对青年学生科学思维方法和思维能力的培养和训练，不断构建批判性思维的能力，要对青年学生进行挫折教育，培养他们要正确看待顺境与

① 韩宪洲. 高校思想政治工作要准确把握“三大规律”的内涵与逻辑［J］. 思想理论教育导刊，2018（4）：128－133.

② 习近平：把思想政治工作贯穿教育教学全过程［EB/OL］.（2016－12－08）［2019－05－05］. http://www.xinhuanet.com/politics/2016－12/08/c_1120082577.htm.

逆境。引导学生“积极参与社会实践，在实践中经历风雨与磨难，锻炼抗压能力、受挫能力，面对一时的成败得失，要拥有积极健康的心态，练就宠辱不惊的心理素质、百折不挠的进取意志和乐观向上的精神状态”①。

青年学生肩负时代赋予的历史使命，是实现中华民族伟大复兴中国梦的源源不断的力量源泉。作为大学生学习生活的重要引路人，高校思想政治工作者应当进一步加强和改进新时代大学生思想政治教育，引导学生积极投入社会主义新时代的建设当中，激励他们为实现“两个一百年”奋斗目标和中华民族伟大复兴的中国梦贡献力量，实现个人梦与中国梦的有机结合。习近平总书记强调，思想政治工作从根本上说是做人的工作，必须围绕学生、关照学生、服务学生。这就要求，要坚持以生为本，坚持一切为了学生、为了一切学生、为了学生一切；加强理论学习，对学生这一时期的成长特点充分掌握，坚持因材施教，变“漫灌”为“滴灌”，在增强针对性的教育下，实现每一个学生的成长成才。

三、全面深化广东高校思想政治工作改革

广东高校网络育人是深化广东高校大学生思想政治工作改革的关键环节。如何继续深化思想政治工作，应该优先开展补短板工作，着力解决“去库存”“优供给”的关键制约因素，创新工作方式方法，深化高校思政工作改革。

所谓短板，是指对大学生思想政治工作全局发展产生制约作用的关键性薄弱环节。只有抓住了短板，才找到了解决问题的突破口和着力点。我们可以以三个参照系为标准，来“找短板”“补短板”：一是以思想政治工作发展规律、方向为参照，尊重规律、顺应趋势，解决现有工作中与思想政治工作规律、趋势相违背的问题；二是以学生的需求为参照，贴近学生、引导学生，解决实际问题与解决思想问题相结合，解决现有工作与学生需求之间的差距问题；三是以其他地区高校好的做法为参照，扎根中国、融通中外，找差距、找不足，从而找准“靶子”。当然，在补齐短板的同时，

① 冯刚，成黎明．改革开放以来高校思想政治工作的实践与理论发展［J］．思想理论教育，2018（10）：13－20.

我们还要注意做好基础性工作，稳固“底板”；也要发挥开展思想政治工作的优势，拓展“长板”，真正做到既整体推进又重点突破。去库存”，着力优化思想政治工作结构。所谓“去库存”，可以理解为做减法，通过做减法来优化思想政治工作队伍结构和内容结构。深化思想政治工作改革，就必须在政策、产品、资源等方面“优供给”，不断提升思想政治工作供给质量，这既是时代的需要也是学生的呼唤。要优化政策供给，出台促进大学生思想政治工作发展的系列精准扶持政策；要优化产品供给，能够生产出高质量的、切实符合学生需求的思想政治教育“产品”；要优化资源供给，加大对学生思想政治工作薄弱性环节、关键性领域的人财物资源投入。

创新思想政治工作方式方法，拓展载体渠道，积极提高供给端质量。“增特色”，着力打造思想政治工作品牌。特色就是优势，特色就是竞争力。“思想政治工作千篇一律，必然没有生气、没有活力；唯有结合自身实际，增强自身特色，才能真正吸引人、感染人。”① 一方面要盘活存量求特色，对已经具有良好基础或形成一定特色的工作进行认真分析研究，进一步总结凝练、完善提升，将每一个项目做成精品、做成品牌。另一方面要创新发展拓空间，通过前瞻性、针对性的设计，打造特色鲜明的品牌项目。要紧紧围绕中华优秀传统文化、革命文化和社会主义先进文化；要紧紧围绕不同地区优势教育资源，打造思想政治教育的“地区特色”品牌，促进地区间教育资源共享；要紧紧围绕学校学科专业、人才培养特色，因校制宜、因院制宜打造思想政治教育的“院校特色”品牌，形成学校工作有特点、学院工作有亮点的整体局面。以此，增进广东高校思政工作的工作特色，丰富工作内涵，以点带面，推进改革工作。

① 闵辉. 贯彻落实全国高校思想政治工作会议精神全面提升大学生思想政治工作质量［J］. 思想教育研究，2017（4）：5－8.

第二节　发挥网络育人功能，促进新时代广东高校人才全面发展

一、发挥网络育人功能

时至今日，随着互联网时代的日益发展，以网络信息技术为载体的校园网络文化发挥着校园文化教育作用，已经贯穿现代社会教育事业的各个方面，成为现代人的主要生活方式。特别是当代高校，教师和学生的学习生活都离不开网络，利用微信、微博和论坛等数字互动媒体发送接收教育信息，在这个过程中不断提高网络文化教育水平是高校思想政治工作亟待解决的关键和难点问题。这种"网络育人"，就是通过"网络平台来育人，使学生在网络生活中受到教育，即发挥网络在育人育德方面的积极作用"①。这种原本存在于校园文化生活的网络育人成为高校育人的重要方面，必然有其存在与发展的必然性。

一方面，运用校园网络文化实现育人目标是加强高校思想政治工作的重要手段。中共中央、国务院印发的《关于加强和改进新形势下高校思想政治工作的意见》中指出，高校要加强"两微一端"微平台建设，运用青年学生喜闻乐见的方式开展思想政治教育。高校育人工作必须接地气，增强针对性和现实性，主动适应新媒体的发展挑战，把握网络带来的机遇，丰富传播积极向上的网络文化，促进思想政治工作的方式完善，提高网络育人的效果，进一步提高校园网络文化营造的引导力和影响力。全国高校思想政治工作网能不能吸引广大师生，能不能感染广大师生，能不能让广大师生真心喜欢、终身受益，最根本的是让师生说了算。要以我们正在做的事情为中心，着眼于马克思主义理论的时代运用，着眼于实践问题的理论思考，着眼于新的实践和新的发展，沿用好办法、改进老办法、探索新办法，更新"配方"、改善"工艺"、美化"包装"，给高校师生以美的享

---

① 刘建军. 论高校思想政治工作的育人格局［J］. 思想理论教育，2017（3）：15－20.

受、美的陶冶、美的满足，使他们在潜移默化中汲取正确的营养、健康的营养。另一方面，运用校园网络文化实现育人目标是高校人才培养的重要措施。大学生正处在成长成才的关键时期，辨别是非的能力还有待加强，因此，加强网络文化建设，完善网络信息服务，维护网络意识形态安全，及时清理校园网络可能出现的不良信息，严密防范和抑制网上意识形态渗透，高校可通过每年举办网络文化节的方式，搭建网络文化竞赛平台，举办微电影、互联网创业、网络产品设计、网络知识竞答等比赛。组织网络典型选树、网络道德巡礼、网络道德讲堂、网络微访谈、网络创新创业楷模评选等，为学生形成正确的世界观、人生观和价值观营造良好的网络育人环境。提出实施“网络育人”目的是为了发挥网络在育人方面的正能量影响，高校要充分认识到这一层面的理论价值与实践意义，针对问题提出解决措施。

网络作为一种高度开放自由的言论空间，充斥国内国外、正面负面、真实虚假的各类信息，不仅仅是学习知识、交流探讨的主阵地，还是意识形态角逐的新战场，与此同时各高校的网络育人工作还存在不平衡性，进一步改进网络育人是高校亟待解决的工作。首先要完善网络育人的平台。在现阶段的高校网络育人中，传统网络平台依旧为主要教育手段，类似移动客户端、微博、微信等这类具有互动性的平台发展较少。如高校可以利用受青年学生欢迎程度较高的微平台建设“思政专栏”，做到内容的丰富性、权威性和理论性相统一，从而让大学生能方便地获得需要的所有资料。当然，积极搭建起来的“红色网络平台”，所推动的热点问题要在网站中得到体现及引导。其次要加大经费保障和人员投入。在新媒体的迅猛发展和网络思想政治教育要求的日益迫切的今天，一些高校在硬件和软件建设等工作方面还需要较大经费投入。很多高校网络专职管理工作人员配备严重不足，除了人员数量上，在工作质量方面兼职工作人员对网络育人的基本目标、工作重点、内容生产把握不到位，对数据信息处理及分析能力较弱，网络意识形态安全意识不够强也是亟须加强培训的现状要求。最后要做好网络安全和舆情应对准备。高校应建立起“及时高效的网络舆情监管机制，重视网络信息的反馈及响应速度，把握舆情应对的最佳时期；对网络舆论的筛选、热点问题的分析和难点问题的解读等方面深入研究及配套的预案，针对舆情的发展提出有效的解决方案，使得负面网络舆情得到及时有效的控制”[①]。网络文化对于高校的育人工作是一把“双刃剑”：网络文化用好了，对于高校育人工作将起着非常大的促进作用，反之，将会对高校的育人工作产生负面的影响。

据此，立足现有实际，高校应着力探索创新网络教育的多种形式和途径，以便更加契合当前时代的诉求和达到更高的教育水平。创新网络育人要有明确的定位，这是一个信息爆炸的时代，只有盯紧目标，才能避免沉沦在繁复的信息的泥潭中；要有统筹全局的意识，要多方考量。高校要加强领导，多部门合作，完善相关的制度建设，成立校级网络文化建设管理领导小组，具体落实领导小组工作部署，宣传部、学生工作部、校团委、信息技术中心等多个职能部门及新闻传播学院、计算机学院等相关院系共同参与，努力打造网络文化建设的大格局。加强网络监管，对发布内容要有严格的审查，按照“谁发布、谁管理、谁负责”的原则，对所有网络用户在网络上的活动进行追责。要做好舆论监督机制，明晰对舆情监控、分析、研判的明细法则以及相应的应对措施。这一部分内容是对网络育人平台的基础性建设，是硬件打造，只有把这部分工作做好了，才能让软件更通畅、更高效地运行起来。

今天意义上的统筹全局，要比以往任何时候都不确定。最重要的是对象的改变。以往我们的任何行动方针所面对的对象，是一个群体，比如教职工、学生，更比如大一的学生、大二的学生。“学生”就是一个没有温度的模糊的概念，这是以往十年互联网“流量思维”，但是现在，我们已经跨入21世纪，那这样的思维，是否太过冰冷了？因此，我们一方面要从流量思维过渡到用户思维，再一步进化到超级用户思维。创新网络育人，要看到每一个用户的诉求，要尊重他们学习的诉求，更尊重他们反馈的诉求、交流的诉求，而在此基础上，而什么是超级用户，就是在个体交流的维度上，会逐渐浮现一些人，他们在自己领域内的知识存量，他们说出或是提

① 王明生，王叶菲. 发挥高校网络文化育人功能［J］. 中国高等教育，2017（13）：10－12.

出的内容，会反过来丰富平台体系，这些就是超级用户。网络育人平台的创设者，切不可再妄想用自己假想中的群体概念去满足这个群体的实际需求。用户思维则要求高校要注重学校主页、二级网站的思想内涵提升和知识信息扩充，增强其吸引力和感染力，打造一批具有时代特色、大学精神、品味高雅的网站。另一方面高校要积极建设多层级的网络微平台。上至学校各职能部门，下至班级全面化开设，加强师生间在知识和情感上的沟通交流，促进校园内信息的多样化传递，丰富高校校园网络文化。高校应通过对新型网络媒介的标准化管理，整合资源、搭建平台，形成网络化集群新格局，促进加强高校宣传合力。与此同时，高校新媒体应大力加强网络文化育人功能，以当代青年的呼声为工作出发点，开展讨论，引导大学生追求卓越、鼓励创新、多出精品，如把握开学季、毕业季等特殊事件节点，鼓励学生打造优秀原创网络文化产品，产品及产品精神文化将在学校各平台进行宣传，真正发挥网络文化作品在传播真理和进步文化等方面的积极作用，实现思想教育价值。最后，协同配合，用专业的队伍建设实现校园网络文化的育人功能。高校要以学校主要领导为队伍总负责，分管至各单位主要领导具体负责，形成一支管理有效、反应迅速的高质量网络管理队伍。在网络文化管理工作中要做到防微杜渐，主动积极解决矛盾问题，为繁荣网络文化不断努力。除了管理方面，还应大力加强青年学生的网络理论学习，学校应建设党建理论学习平台，定期做好线上辅导和答疑，培养青年群体的中坚力量，扩大网络主流思想的引导力和影响力。

此外，高校要多途径进行内容建设，做好“总体联动”和“有效对接”。在学校党委的统一领导下，校内各领导部门和学生工作组织应通力合作，通过线上引导和线下指导相结合的方式，坚持虚拟与现实并举，实现学校官网、学校论坛、微博微信平台等多方发布，“共建健康、理性、有序的校园网络文化环境”①。同时，推动校园网络文化与校园现实生活的交流互动，利用各网络平台的不同特点，进行有侧重地制作各具特色的网络推送作品，以青年学生喜闻乐见的方式发挥网络媒体传播“正能量”的育人

---

① 蒋广学，张勇，徐鹏. 高校网络育人工作的系统思考与实践探索［J］. 思想理论教育导刊，2014（3）：119－123.

功能，培养青年学生树立正确的理想信念。

二、培养全面发展的高校人才

随着时代的发展，高等教育人才培养观也在与时俱进不断完善。“培养全面发展的人才”已不仅仅只是个概念，还承载着悠久的历史渊源积淀和教育文化底蕴。民国时期蔡元培指出大学以教授高深学术，养成“硕学闳材”，应国家需要为宗旨。在他看来，教育出来的人才最终是为了适应社会发展的需要，实现个人价值与社会价值的统一。他所指的“硕学闳材”不仅要求追求塑造健康的体格，还应在知识面、科研力、道德品质、审美鉴赏有一定的综合素养，这点与他提出的“五育并举”教育方针相契合，因此教育根本目的是造就具有完整人格的社会性人才。蔡元培在教育大方向上提出意见，而民国时期另一位教育家梅贻琦则在才能培养上做了更为具体的指导。他认为大学应培养“通识为本，专识为末”的通才，这里的“通才”含义与蔡元培的“硕学闳材”相似，是指具有健康的身体、严谨的科学态度和高尚品德的完整人格的人才。近代以来，教育的发展更多与社会主义相适应，但依旧以培养“全人”为目标，以“五育”为途径，继承民国以来的教育理念。如近代教育家中杨叔子院士认为大学的根本任务是为社会培养全面发展的高级专门人才，以此类人才作为适应发展的社会主义建设者和接班人。根据马克思关于“人的全面发展”学说的理解，培养“全面发展”的大学生应该包含“完整发展”“和谐发展”“多方面发展”“自由发展”[①] 四个方面，“完整发展”是人的各种最基本素质的全面发展；“和谐发展”指人的各种基本素质的协调配合；“多方面发展”指各种基本素质要素和具体能力在主客观条件允许的范围内多方面的发展；“自由发展”即自主且富有个性的发展。“全面发展”即不断追求自身的完善和发展。人的全面发展具有理性因素和非理性因素两个方面，理性因素包括德、智、体、美等修养素质的全面发展，非理性因素包括个性、兴趣、意志、气质等潜移默化的提升，这包含着每个人自主性和多方面性的发展特性，

① 扈中平．“人的全面发展”内涵新析［J］．教育研究，2005（5）：3－8．

是一种相对的概念而不是绝对的定义。

习近平总书记在全国高校思想政治工作会议上的讲话，提出了高校“培养什么样的人、如何培养人、为谁培养人”“办什么样的大学、怎样办好大学”两个根本性问题，为高等教育发展提供新的指导方向，对新形势下如何做好中国特色社会主义高质量人才培养工作具有实践意义。一方面，基础是正思想。习近平总书记指出，我国高等教育担负着培养社会主义事业建设者和接班人的社会使命，必须建立正确的政治思想基础。广东作为高校人才培养的重要教育基地，更要坚持巩固党的领导，培养人才树立正确的政治思想观，牢固确立马克思主义的指导地位，切实把思想和行动统一到中央决策部署上来，把立德树人的核心责任、追求卓越的崇高理想融入到人类进步、民族复兴的时代洪流中去实践，推进从严治校、从严治教、从严治学，以优良党风带校风、正师风、促学风。另一方面，关键是抓质量。习近平总书记强调，思想政治工作从根本上说是做人的工作，做好学生服务工作，培养德才兼备的高素质人才。高校育人工作应切实把以德为先、全面发展作为评价标准，努力培养知识涵养和能力素质俱佳的社会主义新时代人才，真正落实立德树人。最后，核心是强师德。习近平总书记强调，要把思想政治工作贯穿教育教学全过程，实现全程育人、全方位育人。这就要求广大教师爱党敬业，积极承担起明灯指引的责任，用高尚师德为党的教育事业奉献自我，实现以人育人，形成全员、全程、全方位的育人格局。

人才是社会发展的根本动力，处于社会环境中的个人自然也受到外界因素的影响，因此高校在培养人才的过程中，除了关注学生在个人成长中的历练外，更应该培养学生对自身能力和社会需求的协调，真正实现以人为本为核心的高校网络育人工作。

第三节　创新建设高校育人新媒体平台，守好广东意识形态工作前沿阵地

一、广东意识形态前沿阵地

意识形态决定文化前进方向和发展道路。党的十九大报告中明确要求在工作中要“牢牢掌握意识形态工作领导权”。① 这种整体性战略思维彰显出意识形态工作的全局性和根本性特征，贯穿于中办、国办印发的《关于进一步加强和改进新形势下高校思想宣传工作的意见》之中，为做好新形势下高校意识形态工作提供了基本遵循和科学指南。

广东在宣传思想战线方面走在了前列。近年来，全省各级党委始终绷紧意识形态工作这根弦，牢牢抓稳意识形态工作领导权，坚持把做好意识形态工作摆在极端重要位置，并严格要求各高校、国企、媒体等落实好党委（党组）意识形态工作责任制，把任务真正担起来，把工作真正抓起来，始终站稳政治立场，增强政治定力，切实负起政治责任和领导责任。当然，我们还要意识到广东不仅是改革开放的“实验田”，更是意识形态领域斗争的“最前沿”，在意识形态安全上使命特殊、责任重大，需率先学习贯彻习近平总书记关于意识形态工作系列重要讲话精神，练好确保意识形态平稳有序和舆论导向健康向上“两项基本功”，不断提升意识形态工作的能力和水平。要认清高等学校意识形态工作的重要性，把握新时期意识形态的变化环境，不断创新高校育人的新媒体平台，从而守好广东意识形态工作前沿阵地。

1．要以高度的理论自觉、自信来推动广东意识形态工作创新

坚持解释现实与变革现实相统一，彰显新思想的时代意蕴。社会主义意识形态与作为虚假观念的资本主义意识形态不同，它从来都不以遮蔽现

---

① 中共十九大开幕，习近平代表十八届中央委员会作报告（直播全文）[EB/OL]．(2017－10－18)[2019－05－05]．http://www.china.com.cn/cppcc/2017－10/18/content_41752399.htm.

实为目的，而是在科学解释的现实基础之上对现实进行积极的改变和革新。习近平新时代中国特色社会主义思想提出新时代坚持和发展中国特色社会主义八个方面基本路线、十四个方面的基本方略，为广东全面深化改革、进行现代化建设提供了理论指导和行动指南。那种摸着石头过河的自发探索已经成为历史，在新思想的指引下开启新征程是广东全面深化改革的必然选择。新思想对“新时代”“新矛盾”的战略判断，“五位一体”的总体布局和“四个全面”的战略部署，对广东全面深化改革的实践提供了行动指南：必须结合广东的实际工作，学以致用，在现代化建设实践中把握新思想的时代意蕴。

2. 要坚持党性和人民性相统一，揭示新思想的价值立场

社会主义意识形态最大的特点和优势就是党性和人民性从来都是一致的、统一的，这在习近平新时代中国特色社会主义思想中体现得最为明显。“人民”是党的十九大报告中出现频率最高的词语，坚持以人民为中心的发展理念、满足人民日益增长的对于美好生活的愿望是贯穿新思想的价值主线。就广东意识形态工作而言，要坚持解决思想问题和实际问题相统一的原则，始终以满足人民群众的新需要为出发点和落脚点，把学习宣传新思想和解决人民生活中的现实问题紧密结合起来，不断推进“中国梦”的目标整合、社会主义核心价值观的价值整合和新发展理念的利益整合。

3. 要坚持政治话语和文化话语相统一，凸显新思想的话语风格

一定的意识形态总是借用一定的语言和术语来叙述自己。政治话语向文化话语转化是一种普遍趋势，文化话语凸显了理论、思想对于主体精神世界的关照、对精神家园的归属。当前，需要深入探索新思想所蕴含的精神实质及其广东“敢为人先”“开放包容”等精神的契合点，凸显新思想平易近人、通俗易懂的话语风格。在宣传教育过程中用人民群众能够听得懂、听得进的语言进行表达，结合广东实践，推出粤语版的新思想、网络版的新思想、立体化的新思想宣传方式。

4. 要坚持辩证思维和系统思维相统一，推动新思想的入脑入心

作为改革开放的前沿阵地，广东生活节奏较快、思想观念多变，对于新思想、新事物的敏感度较高。因此，新思想的宣传教育要从单一的宣传

教育转变为多层面、多视角、多方式的综合性宣传教育，“注重他教与自教、正面与反面、网上与网下等多种宣传教育手段和资源的综合运用并使之呈现出开放式、信息化的状态，实现从知识传递到价值认同，从灌输强制到对话交流的转变，构建立体、多维、互动的现代化、信息化、网络化的宣传教育模式”[①]。

二、广东高校做好意识形态工作

高等教育领域要尤其深刻领会习近平总书记关于意识形态工作的重要论述和精神内核，其中加强党对高校意识形态工作的领导权和主动权是关键，要增强意识形态自觉与自信，做到“守土有责、守土尽责”，站稳守好高校意识形态工作前沿阵地。历史的经验与教训、高校的特殊地位与作用反映了高校意识形态具有十分重要的意义。

“意识形态是社会与国家稳定的重要思想基础，意识形态工作出现失误会破坏社会稳定和国家稳定”[②]，重视高校意识形态工作成为我们党的优良传统，也是历史要求我们党必须要面对的不争事实，毛泽东同志、邓小平同志等高校意识形态建设方面都有过十分重要的论述。在新的历史时期，我们肩负着实现中华民族伟大复兴的重要历史使命，则更应延续这一传统，强调这一建设。因此，习近平总书记明确指出：“经济建设是党的中心工作，意识形态工作是党的一项极端重要的工作”[③]，这无疑是在为广东继续在高等教育领域走好有中国特色的社会主义道路，在国内建设更多世界“双一流”大学加油打气，点灯引航。加强高校意识形态教育工作对于实现“中国梦”具有重要的意义。“中国梦”即实现中华民族的伟大复兴，它代表着我国在政治、经济、文化、科技等方方面面都变得更好、更强大的愿望，因而，它的实现有赖于包括广大高校大学生在内的全体中国人民在不

① 罗佳. 以高度的理论自觉推动广东意识形态工作创新 [EB/OL]. (2017 - 11 - 22) [2019 - 05 - 05]. http://sp.ycwb.com/2017 - 11/22/content_ 25706557.htm.

② 张建明. 从战略高度认识高校意识形态工作 [J]. 求是，2015 (21)：52 - 53.

③ 意识形态工作是党的一项极端重要的工作 [EB/OL]. (2018 - 08 - 18) [2019 - 05 - 05]. http://www.wenming.cn/xj_ pd/xsxj/201808/t20180818_ 4799382.shtml.

同领域的辛勤劳动和付出。而作为一项以当代大学生为教育主体，以弘扬社会主义核心价值观为主要内容的伟大事业，高校意识形态教育工作对实现“中国梦”而言更是有着非凡的意义。加强高校意识形态教育工作，旨在唤醒当代大学生“为中华之崛起而读书”的远大理想，继而引导他们为实现“中国梦”而努力，以促进全党全社会形成共同的奋斗理想和共同的价值取向，这既是对“四个自信”的体现，也是带动整个社会实现“中国梦”的重要途径。

作为文化、知识、人才密集的“大熔炉”，高校是意识形态工作的“风向标”和“晴雨表”，它有着文化多样性、知识多样性、人才多样性等特征，这往往使它成为我国意识形态工作中最受瞩目的地方，也逐渐成为不同意识形态“争奇斗艳”的焦点。一方面，这里聚集了我国大部分的青年学生群体，他们思想活跃，独立意识较强。但由于成长于改革开放的环境，加之思想观念仍处于形成阶段，其中大部分学生没有对党、国家和民族历史以及中国国情的深入了解，又常常容易在意识形态方面受到其他方面的恶意渗透、误导，从而产生对我国意识形态的误解和抗拒心理。另一方面，近年来高校教师群体逐步年轻化，其中不少青年教师都有海外学习的经历。这些经历固然有助于他们在海外交流学习中开阔国际视野，获得国际上先进的教育理念和科学文化知识。但由于高校相关部门和单位缺少对他们进行我国意识形态方面的引导和教育，以及青年教师自我引导和认同的意识不足，他们当中有不少人不能批判性地认识西方的社会制度和价值观念，容易在日常的教学工作和学术研究中产生与主流意识形态不一致的观点，从而对学生和社会带来严重的负面影响。在这种情况下，加强意识形态工作，坚持立德树人，引导当代大学生树立正确的世界观、人生观、价值观，把青年教师的思想政治教育工作放到更加突出的位置上来，是高校思想政治建设过程中的重要一环。

目前，我国高校意识形态工作虽然总体上处于较为平稳的发展态势，但面对新时期的新挑战，高校意识形态工作还需要进一步加强和改进。文化是民族的，也是世界的。一方面，在全球经济和社会发生深刻变革和调整的时期，思想文化相互渗透、频繁交流交融交锋所带来的文化多样化，以及主流的与非主流文化并存的现象已然是时代发展的必然趋势，但这也带了一些弊端和挑战。首先，人们思想观念愈发开放和独立，随之而来的社会热点问题和矛盾错综复杂，社会思潮翻涌卷席，恣意奔腾。加之一些西方国家存在敌对思想，单方面将中国的逐渐强大视为对资本主义价值观和制度模式的挑战，并以此作为加大对我国高校意识形态进行挑战和恶意渗透的借口，企图解构我国高校师生对社会主义价值观和制度模式认知和认同。其次，互联网的发展促使着传媒领域、舆论生态发生深刻变化，互联网已成为舆论斗争的主战场，而高校师生是其中最活跃和最有影响力的群体，这是高校意识形态工作面对的又一新挑战。另一方面，新问题、新挑战表明高校意识形态工作亟待加强，但高校自身工作的不足也阻碍了意识形态工作的开展。如没有建立健全党政工团齐抓共管、合力宣传思想的意识和机制；对课堂、讲座、社团等思想阵地监管不严；未能牢固掌握网络舆论的主动权和话语权；思想宣传工作队伍观念陈旧，宣传能力缺乏，工作手段落后；等等。这些问题的存在显然不利于高校意识形态工作的可持续开展，甚至还会对整个国家和社会的思想宣传工作带来较大的负面影响。

面对新形势、新任务，高校不仅要强化政治意识和底线意识，在整体上坚持中国特色社会主义正确导向，把意识形态工作摆在更加重要的位置切实予以加强和改进，还要强化责任意识和阵地意识，坚定完成立德树人的根本任务，完善高校思想政治理论课程的设置，改进相关教学方法和模式，与时俱进，使新时代的高校大学生能学有所得。具体来说，就是要在“中国高校的人才培养、科学研究、社会服务、文化传承创新四个职能方面始终把坚持正确的、社会主义的人生观、价值观和道德观作为目标导向，把维护社会主义意识形态的安全稳定作为基本前提”①。

（1）人才培养的职能要求中国高校以“立德树人”为根本任务，加强高校意识形态工作，发挥高校马克思主义理论学科和人才优势，让当代大学生成为有知识、有能力去践行社会主义核心价值观的社会主义优秀公民。

---

① 张九波. 高校意识形态工作框架体系研究［J］. 邢台学院学报，2018，33（4）：152－153.

这在很大程度上决定和影响党的意识形态工作的成效。

（2）在科学研究方面，科学无国界、学术研究无禁区不意味着科学研究中毫不存在价值渗透以及科学伦理问题。首先，科技实力往往代表了一个国家的软实力，其中必然蕴含着国家情感和价值观念。其次，科学研究还讲求伦理道德，违背科学伦理的科学研究不仅会损害科学本身的意义和价值，其对人类社会和文明的进步和发展也将带来灾难性的后果，更不论其对一个国家政治、经济和文化等方面能有所贡献。因此，社会主义大学的科学研究要始终坚守科学伦理的底线，坚持走中国特色社会主义科研道路，推动社会主义国家的稳定和有序发展，加速“中国梦”的实现。与此同时，高校的科学研究还应关注人本身，使科学研究最终回归人文关怀。

（3）从社会服务的角度来说，教育除了要培养有利于社会发展的公民以外，还应当生产更多反映人们需求的文化产品，从而营造健康有序和谐的思想文化氛围。同时还要坚守产学研结合方面底线，研发改善人们生活的科学技术，加速我国对人民日益增长的美好生活需要和不平衡不充分的发展之间这一主要社会矛盾的解决。

（4）文化传承创新的职能则要求我国的高校通过多种形式传播和创新中华民族的优秀传统文化，弘扬社会主义先进文化，高举中国特色社会主义伟大旗帜，唱响主旋律，培育和践行社会主义核心价值观，从而唤起和增强高校师生乃至全社会对中华民族优秀文化的认同感和信心，最终提升民族自信、民族自觉和民族自强的情感。

总而言之，中国大学的社会属性决定其必须要捍卫社会主义国家的利益。广东不断加强高校意识形态建设，既坚定了党对高校的绝对领导，对于巩固马克思主义在我国意识形态领域的指导地位，巩固党和国家、人民团结奋斗的共同思想基础，具有十分重要而深远的意义。同时也使得党的教育方针得以全面贯彻，从而为实现中华民族的伟大复兴输送源源不断的人才，最终服务于我国在政治、经济、文化等方面的发展。

三、搭建高校育人新媒体平台

互联网络和数字技术迅猛发展的时代，媒体格局早已发生深刻变革，传统媒体对信息的主导和垄断也已经被打破。以微博、微信等为代表的互联网新媒体是目前当代大学生们获取信息的主渠道，当代大学生的学习生活几乎离不开网络，网络空间与传统校园媒体共同构成了他们重要的思想文化生活场域。例如学生通过教务系统进行选课，学习的部分课程来自于慕课等网络课程资源；学生通过微信、支付宝等支付软件缴纳生活和学习的费用等。网络媒体打破了大学生传统的生活和学习方式，有效地打通了校园环境与外界环境的隔膜，成为大学生成长成才的重要思想舆论阵地，网络也因此成为意识形态工作的主战场。新媒体时代下，高校思想政治工作面临着前所未有的新情况和新问题，对更好地开展高校思想政治工作挑战与机遇并存。一方面，它使得“思想政治教育的社会环境、文化环境变得更加复杂，工作对象、模式、队伍受到冲击，大学生的生活、学习、心理和价值观都带来了重大影响和严峻挑战”①，新媒体环境下的社会环境出现空间无间隔、同质化及负面信息膨胀等问题，文化环境出现了网络语言盛行和青年亚文化现象等，技术环境呈现人际关系虚拟化趋势。另一方面，由于新媒体技术在信息的收集、内容与形式、传播渠道等方面的重大变革，对大学生的思想政治素质、价值取向和道德观念的形成有着积极的影响作用。现今的新媒体时代对高校思想政治教育工作者提出了新的更高挑战。

新媒体时代，高校育人工作所面临的困境是客观存在且极其复杂的，需要我们转换工作思维方式，以搭建新媒体平台的视角探讨教育的方式方法，推动广东高校网络育人的全方位转变。因此，如何掌握网络空间的主导权、话语权，是新形势下高校做好意识形态工作的重中之重。但部分高校缺乏开放意识和创新意识，未能及时开发网络空间资源和对网络空间进行有效的监管，网络空间的意识形态工作还存在较多的不足之处。目前，我国新兴媒体运用良好、大学生参与度高的高校为数不多，因而需要更多

---

① 季海菊. 新媒体时代高校思想政治教育研究［D］. 南京：南京师范大学，2013.

的高校提高网络空间的驾驭能力，掌握网络空间的主导权和话语权，以对抗网络空间纷繁复杂的情况和喧闹嘈杂的声音，这样才能真正地扭转意识形态教育薄弱甚至缺乏的状态。一方面，高校要把握网络信息技术和新媒介的创新发展趋势，积极推进新媒体和新技术的开发与应用，掌握高校思想宣传工作的主动权、话语权。掌握网络空间话语权是“巩固宣传思想文化阵地、提高意识形态教育实效性的重要手段。高校必须与时俱进，主动更新观念，通力支持宣传部门组建高质量团队，迎接网络空间迅猛的技术大变革所带来的各种挑战”①。另一方面，要增强阵地意识，主动融入大学生群体，和学生“打成一片”，以直观、真实地把握青年的思想脉搏，从而牢牢把握高校网络思想宣传工作的主导权。当前，微信朋友圈、微博、抖音、快手等网络平台是当代大学生行使舆论权利、表达话语和思想的主要途径，广东各高校应当及时关注这一变化，适应这一潮流，理直气壮地加强主流意识形态的高势位引领。例如不少高校建立自己的公众平台，以学生喜闻乐见的、感兴趣的方式进行意识形态方面的教育。因此，各高校一方面要利用网络了解大学生思想、心理、语言以及行为上的发展变化，另一方面又要以合理的方式和内容引导他们正确发挥主动性和创新性，在集体教育和个别教育相结合的德育中有所进步，从而增强高校网络思想宣传工作的实效性。此外，各高校要将意识形态理论结合生活实际，建立可靠的理论体系来应对社会发展中的现实困境，不断研究新情况，解决新问题。

与此同时，高校要加强思想宣传工作队伍的高质量建设。高校的思想宣传不仅仅是宣传部门工作人员的职责，它贯穿在高校的多个工作层面，因而也属于高校思想政治理论课教师、党政工团干部等群体，尤其是教师群体。党中央不断强调教育“立德树人”的根本任务，教书育人是教师的天职，教师是学校德育的主要执行者，这意味着广大高校教师是高校社会主义意识形态传播的主力军。为此，高校应特别重视建立健全师德建设长效机制，发动更广大的高校教师积极参与，发挥师德榜样的作用，提高和发挥教师的个人魅力、师德魅力、学术魅力和思想魅力，促进大学生形成

---

① 陈爱梅，薛翔宇. 高校意识形态工作必须掌握网络空间话语权 [J]. 红旗文稿，2015 (15)：31－32.

良好的世界观、人生观和价值观，营造优良的校风、教风、学风。此外，高校还应注意规范和监管高校教师的网络行为，使广大高校教师能够以高度的社会责任感和自觉性，以及意识形态教育的主动性、科学性、规范性和创新性，使其通过充分利用网络空间的载体和资源，积极参与社会主义意识形态的网络传播和教育。高校教师唯有以灵活多变、润物无声的方式和与时俱进的观念、眼光和手段，才能培养高质量、高品质的社会人才，使广东高校能牢牢握住网络空间的主动权和话语权，广泛培养全面发展的高素质人才，为推进改革开放伟大进程和中华民族的伟大复兴输送新鲜血液。

第三章
广东高校网络育人的内容

广东高校运用“互联网思维”开展网络育人工作，做了大量的实践探索。按照教育内容侧重点和目的性的区别，广东高校网络育人的内容包括网络思想政治教育、网络道德与网络法治教育、网络心理教育和网络素质教育。

第一节　网络思想政治教育

互联网的发展影响和改变了当代大学生的思维习惯和行为模式，也开辟了思想政治教育的新环境、新途径、新模式。借助日益发达的网络信息技术，广东高校主动抢占网络阵地开展网络思想政治教育，主要内容是利用网络向大学生宣传党的理论、路线、方针和政策，引导大学生树立正确的政治立场和马克思主义人生观、世界观、价值观。

一、网络思想政治教育的概述

随着大数据时代的到来和新媒体的迅猛发展，各种基于计算机、互联网、智能手机终端的新媒体传播媒介不断涌现，深刻改变着各种思想舆论的传播方式和态势。网络已成为继陆地、海洋、天空、外太空之外的“第五空间”，对高校意识形态产生了巨大的影响。首先，借助互联网，社会主义意识形态的传播获得了新的技术载体、新的传播渠道和新的言论空间，但同时，西方发达的网络技术手段和强势的文化输出对高校意识形态的传播和防御能力构成了极大的挑战，网络的开放性、多元性和交互性也加大了高校意识形态的控制难度。其次，当代大学生成长于网络环境中，“每天醒来时第一件事是拿起手机，睡觉前最后一件事是放下手机”，现实感很弱：在虚拟的世界体会到真实感，在真实的世界里有虚拟感。他们思维活跃，接受新事物的能力强、速度快，渴望表达和展现自我，对新兴事物有着天然的好奇心和敏锐的洞察力，这决定了大学生常常成为各种新媒体最早和最重要的使用群体，同时也是网络意识形态的快速接收方和主动获取者。

传统模式的理想信念教育和爱国主义教育主要通过第一课堂和第二课堂进行，容易偏离学生实际和日常，很难吸引青年学生主动学习。而网络的交互性、即时性、生动性，有效弥补了传统模式的缺点。互联网与思想政治教育的深度融合是思想政治工作发展的必然趋势，更是思想政治教育工作焕发活力的重要生长点。[①] 互联网阵地的潜力价值和社会主义核心价值观、实现中华民族伟大复兴的中国梦教育是网络思想政治教育的重点。“把社会主义核心价值观融入社会发展各方面，转化为人们的情感认同和行为习惯”[②] 是党的十九大提出的具体要求。价值引领不能空喊口号，而是要落到实处、融入生活，使其像空气一样无所不在、无时不有。因此，在课室、宿舍、社团、实践四个传统发展空间的基础上，互联网成为广东高校大学生发展的“第五空间”。这个空间不是虚拟、假想的，而是真实、活跃的发展平台，如党建网络论坛、线上“组织生活会”、手机网络直播、思政工作者与大学生的网络交流等。“互联网 +”思想政治教育活动不受时空限制，切实地服务于学生的成长成才，转移了大学生对不良网络信息的注意力，引领大学生在潜移默化中培育核心价值观，凝聚大学生的共同价值追求。

---

① 学者探讨网络思想政治教育新路径新方法［EB/OL］.（2017 - 11 - 17）［2019 - 05 - 05］. http://theory.people.com.cn/n1/2017/1117/c40534 - 29653308.html.

② 习近平. 决胜全面建成小康社会　夺取新时代中国特色社会主义伟大胜利：在中国共产党第十九次全国代表大会上的报告［EB/OL］.（2017 - 10 - 27）［2019 - 05 - 05］. http://www.xinhuanet.com/politics/19cpcnc/2017 - 10/27/c_ 1121867529.htm.

在互联网时代，广东高校建立健全学校信息化领导小组，统一规划校园网的建设和管理，把思想政治教育进网络纳入校园网络建设的总体规划，主动完成意识形态教育工作从传统向信息化时代的转型，在互联网上向大学生讲好中国故事，传播好中国声音，牢固掌握网络话语权，让网络成为学生发展的“第五空间”，让大学生在网络上有更多获得感。近年来，广东高校依托思政课教师、辅导员、班主任、党政干部和学术大师、教学名师、优秀导师等师资力量和教育信息、计算机等技术力量，充分整合教育教学资源，在网络开设思政专栏、精品微课、思政课程直播平台、党的十九大宣讲专栏等，构建了生动高效的网络思政移动模式，用网络推进马克思主义中国化、时代化、大众化，用网络加强主流意识形态的吸引力、凝聚力，提高主流意识形态对网络文化的控制力和引导力。①

二、社会主义先进文化

社会主义先进文化以马克思主义为指导，植根于中华优秀传统文化，彰显社会主义核心价值观，既立足于中国实际，又吸收国外文化有益成果，是通过不断改革创新而形成的先进文化，对各种社会思潮具有引领和纠偏的重要作用。② 先进文化是人类文明进步的结晶和旗帜，社会主义核心价值是社会主义先进文化的精髓，决定着中国的发展方向以及中国新青年的前进方向。在网络文化泛滥和西方文化渗透的今天，抢占网络阵地，用青年人喜闻乐见的方式宣传社会主义先进文化，发挥社会主义先进文化在网络育人中的作用，对于健康、积极、向上的校园文化氛围的培育和大学生的成长极其重要。

广东高校利用先进的网络技术手段，将社会主义文化思想融入高校网络思政教育中，围绕思政课、党的创新理论成果和实践要求，从大学生的视角出发，从语言风格、视听习惯、专业特点等方面考虑，持续开发和建

---

① 徐弘飞，孙婷，鲁一思. 图书馆助推青少年矫正价值观探索研究［J］. 传播力研究，2018（17）：253－254.

② 李博. 坚定文化自信是高等教育的重要任务［EB/OL］.（2016－11－18）［2019－05－05］. http://theory.people.com.cn/n1/2016/1118/c40531－28877904.html.

设大批精品课程和网络再生性学习资源，在网络上策划出贴近实际、贴近学生、贴近生活的选题，讲述共产主义信仰和中国梦，帮助学生深入学习领会习近平总书记系列讲话精神，抢占传递主流价值观的新阵地，以内容优势赢得发展优势。

中山大学用网络媒体直播该校师生原创红色音乐话剧《笃行》，并用《这部大制作明天首演！18 名中大演员 C 位出道》《中大人出演 + 专业班底！继〈中山情〉后又一力作，即将震撼首演》《抢票〈笃行〉在路上：解码中大人的 DNA》等多篇公众号推文进行广泛宣传，巧妙地将演出票务工作融入网络宣传工作中，让革命时期中山大学师生坚持读书报国、不断追求伟大理想的革命故事深入人心，进一步弘扬了共产主义伟大理想和读书报国的家国情怀。华南师范大学成立了“青网工作坊”，针对大学生日常生活中大量“碎片化”时间，围绕思政课、党的创新理论成果和实践要求，探索“互联网 +”思政教育模式，主动融入学生的学习和生活，达到“育人细无声”的效果，中央电视台《焦点访谈》栏目进行了专题报道；该校经济与管理学院研究生黄梓阳就是“青网工作坊”的网络文明志愿者，他和小伙伴利用空余时间自主开发的吉祥物、表情包、主题漫画、微视频等互联网产品，频频刷爆“朋友圈”，传播主流价值观。他说：“我的职责就是用青年语言发出青年好声音。”①

三、中华优秀传统文化

中华民族五千多年文明所孕育的中华优秀传统文化，是中华民族宝贵的精神财富，具有强大的生命力，也是生发社会主义核心价值观的价值基础和文化根基。社会主义核心价值观要入耳入脑入心，敦化为民风民俗民德，一条重要的途径，是必须与中华文化的根本相融通。② 在就业压力日益

---

① 探索“互联网 + 思政教育”新路径［EB/OL］.（2016 - 12 - 08）［2019 - 05 - 05］. http://www.gd.gov.cn/ywdt/bmdt/201612/t20161208_ 244261.htm.

② 黄一玲. 以优秀传统文化教育推进高校核心价值观认同［EB/OL］.（2017 - 08 - 22）［2019 - 05 - 05］. http://theory.people.com.cn/n1/2017/0822/c40531 - 29486364.html.

增大的今天，高校大学生出现了“重技能轻思想”“重实践轻文化”的现象，认为传统文化的学习对自己的个人成长没有益处，从而直接忽略了对人文素养的学习；而高校传统文化课程也被大量的专业课程、技能课程、实训课程所替代，现有的课程方式大多局限于课室内和传统的“一对多”的授课模式，难以吸引学生的兴趣、调动学生的学习热情。

当今世界是一个全球化、信息化、互动式的世界，随着网络的高速发展，大学生往往是最快接受国内外各类文化信息的“网民”，尤其是西方文化随着圣诞节、万圣节等西方节日市场化的大规模渗透，导致大学生们越来越少接触本土优秀文化，反而热衷于过西方节日并对西方文化产生浓厚兴趣。在“互联网+”的新形势下，广东高校顺势而为，趁势而上，以传承和弘扬中华优秀传统文化为主题，利用网络平台和各学生社团组织掀起“读中华文化”的热潮，创作了一批校园视频公开课和微电影，充分发挥社团组织和校园领袖人物的网络引领能力，引导大学生熟悉、阅读、欣赏和热爱中华文化的经典，深化中国文化的根基意识。

2018年，暨南大学开展了“坚定文化自信传播时代新声”文艺名家中华优秀传统文化大讲堂。该活动由团中央网络影视中心主办，党委研究生工作部、“青年之声”网络文化服务联盟、暨南大学研究生会、中青视讯手机台承办，中国青年网、未来网协办，腾讯互动娱乐、“王者荣耀”项目给予特别支持，运用新媒体掀起了中华优秀传统文化学习的热潮，吸引了包括外国留学生和港澳台学生在内的广大学生的自觉参与。广州中医药大学承办“感知中国·感受中医”文化体验营①，以中医药文化体验为主线，吸引了来自25个国家的93位海外留学生参加，该校官方公众号跟踪报道了活动全过程，如《外国留学生体验传统中医，这表情亮了》，让更多人感受到了中医药文化的独特魅力和中华优秀传统文化的博大精深。华南师范大学与凤凰卫视集团联合开发移动学习新应用“凤凰微课”，面向全球传播中华优秀传统文化和社会主义核心价值观；还以“讲好中国故事、传播好中国声音”为主题开展网络直播活动，从事汉语国际教育的教授及来校学习汉

① 感受中医，感知中国［N/OL］. 中国中医药报，2018－11－09［2019－05－05］. http://www.gzucm.edu.cn/info/1173/12884.htm.

语的留学生代表一起畅谈汉语国际教育及中华文化海外传播，用网络宣扬中国文化，用网络讲好中国故事，联结世界与中国，促进民族与民族和谐交流。

第二节　网络道德与网络法治教育

网络道德是大数据时代和互联网时代的产物，是社会道德规范在网络环境中的延伸。网络道德与法治教育是依据社会道德规范和法律法规，从认识、情感、意志、信念、行动等方面进行网络实践指导，引导大学生增强识别能力和自律能力，明辨是非，规范行为，守住底线，拒绝堕落。

一、网络道德教育

广东地处改革开放的前沿地区，高校的道德教育面临前所未有的复杂环境，大学生更是接受着不同文化、不同价值取向的道德观念的冲击，其道德标准和道德价值取向呈现出多样化的态势，道德发展的自主性也不断增强。[①] 在新媒体环境下成长的大学生，是“手机不离身”的“低头族”，也是“万事靠百度”的“隐形人”，更是“无网不社交”的“网络人”，呈现出明显的网络人格特征。网络信息的良莠不齐直接影响到青年大学生的道德认知和道德行动，网络的匿名性和隐身性让大学生容易在网络上对某些问题形成偏激看法，如以道德和正义的名义对某些事件或人物进行暴力舆论攻击。如何引领青年大学生健全网络人格和保持良好的道德修养，是高校网络育人的重要内容。

广东高校贯彻《公民道德建设实施纲要》，运用网络进行公民道德素质教育，以为人民服务为核心、以集体主义为原则、以诚实守信为重点，广泛开展社会公德、职业道德和家庭美德教育，引导大学生自觉遵守爱国守法、明礼诚信、团结友善、勤俭自强、敬业奉献的基本道德规范。[②] 校园道

① 蔡莹. 高校网络德育资源的开发与利用研究［D］. 重庆：西南大学，2015.

② 中共中央宣传部宣传教育局.《公民道德建设实施纲要》学习读本［M］. 北京：学习出版社，2001.

德教育不能停留在概念化、形式化的理论灌输层面。因此，各高校利用班会、级会、思政课、校园网络活动等载体，找准网络和大学生之间的共鸣点和利益交汇处，面向大学生定期、持续、集中开展网络道德教育和理性爱国教育，引导大学生自觉践行《全国青少年网络文明公约》，树立网络责任意识和道德意识，引导学生正确对待网络虚拟世界，合理使用互联网和手机，提高对黄色网站、暴力和淫秽色情信息、不良网络游戏等危害性的认识，增强对不良信息的辨别能力，主动拒绝不良信息，[①] 不浏览、不制作、不传播不良信息，不登录不健康网站，不玩不良网络游戏，防止网络沉迷和受到不良影响，努力在校园内和学生中形成自觉抵制网络不良信息的风气。

近年来，广东高校坚持知行统一，积极开展志愿服务、社会实践、公益活动等道德实践活动，把道德实践活动融入大学生学习生活之中，引导大学生从身边的事情做起，从具体的事情做起，着力培养良好的道德品质和文明行为。[②] 2017 年，广东省精神文明建设委员会办公室、广东省民政厅、共青团广东省委员会和广东省志愿者联合会联合下发《关于统一全省志愿服务信息系统实现数据互联互通的通知》，要求全省统一推广“i 志愿”系统及“注册志愿者证”，高校青年志愿者协会、青年志愿者均在平台上注册并登记服务情况，拥有了专属的网络公民身份，借力网络规范了广东志愿服务管理，实现志愿服务网络化，整合提供保险、金融、交通和爱心商家、专属优惠等嘉许回馈服务，充分借助网络条件增强了德育效果，把传统的灌输教育转变化自主参与式教育，鼓励更多大学生加入志愿服务活动等德育实践活动，亲身体验，促进德育内化。以华南师范大学为例，该校专门建立了“华南师范大学研究生支教团”公众号，将研究生志愿者们在贵州支教的生活点滴、所思所感整理成文字、图像、视频发布在网上，还通过公众号开展了“筑梦悦读计划”山区少年读书行动，三年来募集图书

---

① 戴育滨，周艳华. 网络对大学生全面发展的影响［J］. 教育评论，2010（6）：76－79.

② 曾凡旭，史春薇，孙丽娇. 新媒体环境下面向农村大学生的党建培养贡献度研究［J］. 新农业，2018（1）：47－49.

24 000余册，为贵州多所中小学建立图书室9座，开展“童书同行”特别活动2期，为册亨县浪田小学、红旗小学送去800余封来自远方的书信。①

二、网络法治教育

习近平总书记在党的十九大报告中多处提及互联网、网络强国和网络安全，说明网络安全教育的重要性。发达的网络拓宽了高校学生的视野，也带来了各种复杂思潮，拜金主义、享乐主义、功利主义、个人主义等不良风气通过网络这个“没有围墙的花园”不断渗透进入高校。当代大学生的人生观、价值观更加多元；受腐朽思想影响，大学生在法治观念和安全观念方面容易出现懈怠，如过于注重追求利己、利益和金钱、忽略了社会公正、公平、正义。因而，高校作为知识和理想汇聚的“象牙塔”，本该是稳定、和谐、理想之地，但近年来高校发生的违法犯罪案件并不鲜见；尤其很多是通过网络被骗或犯罪，影响了高校的正常秩序，也给社会产生了不稳定的隐患，给高校网络育人工作敲响了警钟。

苏霍姆林斯基说：“高校将一个无知（犯罪）的人送到社会，就是给社会增加一个危险分子。”培养大学生的法律意识，就是要把遵纪守法的观念镌刻到大学生头脑当中，把法律深化为大学生的精神信仰和心灵追求。② 法治与安全教育是广东高校网络德育的重要内容，因为大学生的人生观、价值观和思维方式还未真正成熟，遇事易冲动，需要长期、动态、持续地关注和教育。广东高校在新生入学教育、毕业教育以及国家安全教育日、国际禁毒日等关键节点，均利用网络新媒体进行校纪校规、法律知识、消费观金钱观的教育和学习，对当前社会或校园里发生的热点法律案件开展网络普及活动，全面推进大学生法制教育进网络，让法律知识通过具体的实践案例被学生理解和吸收，培养大学生树立社会主义法律意识，增强法制观念，培养知法、守法的合格公民。

广东高校针对法治和安全方面的网络教育形式多样，既有面向异常学

① 我校研究生支教团儿童节特别活动：筑梦悦读　童书同行［EB/OL］.（2018－06－07）［2019－05－05］. http://news.scnu.edu.cn/18798.

② 魏胜强. 论新形势下的大学生法制教育创新［J］. 行政与法，2013（2）：36－43.

生、异常群体有针对性的“点”的教育，又有以网络微课集中科普的“线”的教育，还有融合校园文化活动、实践教学活动以及网络新媒体为一体的“面”的教育。国防安全、宪法知识、消防安全、禁毒宣传、诈骗案例、校园安全、交通安全、网络信息安全等各类资源，通过广东校园安全管理平台、各高校校园网络平台、新媒体平台传送到每位大学生的手机上，通过网络普法、讲法、学法、懂法，充分实现了“指尖上的安全教育”。如华南师范大学自2017年开始，依托学校自主开发的网络直播平台，在新生进校前就开展安全教育网络直播，由学校保卫处和学生工作部相关老师分别开讲，从盗、抢、骗等方面切入，提醒同学们注意人身财产安全，并贴心准备防骗小提示。

第三节　网络心理教育

一方面，网络对大学生心理产生了直接影响，其中不乏负面影响，如网瘾、角色冲突等。另一方面，网络也给大学生心理健康教育提供了新的空间，带来了全新的人机互动模式、朋辈辅导模式和自我教育方式。

一、心理健康知识普及

在突飞猛进的社会发展中，正处于急速成长过渡期的大学生面临“新与旧”“理想与现实”“共性与个性”的冲突，在心理、行为、思想上呈现出更为复杂的新问题，情绪困扰和情感问题较之以往大学生更为突出，需要通过心理健康教育及时解决，进而提升辨别能力、调适能力和情商水平。心理健康知识的普及是广东高校网络育人不可缺失的重要内容，如关于情绪调节、亲密关系等内容的网络宣传，激发学生进行积极向上的情感体验，引导学生提升情绪调控能力，形成科学稳定的情感观，培育健康高尚的情感情操，帮助学生健全人格，健康成长。

二、心理测试与排查

网络的高度自由打破了时空限制，大学生们往往将大量时间花在虚拟的网络时间，热衷于虚拟世界的自我满足感，如沉迷网络游戏、网络交友、网络购物、网络恋爱、追剧追星等，减少了在现实中与家人、朋友、同学、师长面对面交流的时间和机会，淡化了现实交往的主动性和意识，弱化了现实生活的感受。长此以往，直接影响高校人才培养的质量。近年来，跳楼、卧轨、自残、报复伤害等高校极端事件，不少源于情绪、心理的不稳定。为此，广东高校坚持在新生入学时进行心理测试与排查，为学生建立心理档案。通过采用心理测量工具对全体学生的心理健康状况进行测试，采用统计软件进行统计和分析，从而获得学生总体健康水平信息，筛查出心理指标偏常的学生进行再测试或一对一约谈，记录其心理动态；对心理偏常个体进行单独建档记录。①

三、心理危机识别与干预

心理危机是由心理冲突引起的一种内部心理状态或生理反应，是指当事人遭遇超过其承受能力的紧张刺激而陷于极度焦虑、抑郁、失去控制、不能自拔的状态。② 大学生们习惯于在微信、微博等网络新媒体上宣泄和表达愤怒、苦恼、伤心等情绪，如学业成绩不理想、班团干部竞选失败、家庭遭遇突发情况、失恋、宿舍矛盾等。基于此，广东高校注重师生网络互动，利用网络传递正能量，关注言行异常的学生，预防各种意外，降低事件的恶性影响、比较事件传染和扩散。华南师范大学等高校建立了“心理咨询”相关公众号，一方面定期通过公众号推文进行心理干预，另一方面通过公众号等网络媒体开辟了心理危机识别渠道，通过留言、评论，更好地掌握学生心理动态，有针对性地进行识别和干预。

---

① 魏则胜．高校辅导员工作目标、任务与方法［M］．广州：广东高等教育出版社，2018：41.

② 魏则胜．高校辅导员工作目标、任务与方法［M］．广州：广东高等教育出版社，2018：46.

第四节　网络素质教育

一、网络学风建设

习近平总书记在全国高校思想政治工作会议上发表重要讲话时指出，“要坚持把立德树人作为中心环节，把思想政治工作贯穿教育教学全过程，实现全程育人、全方位育人，努力开创我国高等教育事业发展新局面”[①]。这对高校智育提出来明确的方向。随着社会物质水平的提升，高校大学生的特点也随之发生变化。学习目标缺失、学习动力不足、重个人轻集体、过度依赖手机、“快餐”文化泛滥、注意力涣散、实用主义和功利主义等现象却较为普遍，学习氛围较为浮躁，是高校学生管理和学风建设面临的直接挑战。学风建设是高校人才培养的基础工程和永恒主题，如何保持校园中的学习常态是高校必须思考的问题。优良学风的营造，不能依靠口号式或强压式教育，也不能仅仅依靠第一课堂上专业老师的课堂组织，得从大学生的特点和需求出发，探究“互联网+”时代下提升学生学习积极性和主动性的新路径，将学风建设贯穿于大学生的日常。

由于网络技术的不断革新，各类交际平台与网络软件不断换代升级，年青一代对于新技术、新信息的敏感度与接受度往往超出“教育者”，传统意义上的“教育者对知识的独享或先享”“单向度的高位教育者向低位受教育者进行道德灌输”已经不复存在；传统意义上的“受教育者”也不再仅仅需要从“教育者”那儿获取信息或知识，教师、学生、家长以及社会人士均可跻身。[②] 基于此，广东高校将学风建议与网络思想政治教育有机融合，通过富有地方特色和各校特色的网络活动和网络平台，如榜样人物榜

① 把思想政治工作贯穿教育教学全过程，开创我国高等教育事业发展新局面［EB/OL］.（2016－12－08）［2019－05－05］. http://www.moe.gov.cn/jyb_xwfb/s6052/moe_838/201612/t20161208_291306.html.

② 金家新，王云兰. 自媒体时代高校德育危机及其整体性引导［J］. 长江师范学院学报，2018（4）：109－113.

样网络宣传、学生主讲的网络微课、网络互动学习平台，自主研发手机直播课堂、微信学习等移动教育新应用，让学风建设走出保守、固化的态势，让知识学习变得平等、开放、生动、自主，实现了师生之间、生生之间"互动、互教、互学"进行多维度、多向度的联动。

网络的便捷与发达在一定程度上也削弱了大学生的自主思考能力，遇到问题就"上知乎""搜百度""发朋友圈"直接获取信息，成了大学生学习的"新常态"；依赖功能强大、无处不在、信息丰富的互联网搜索引擎和各类新媒体工具，大学生可以"不劳而获"即可获取到解决问题的方法和结果，但缺失了搜集资料、广泛阅读、分析整理、深度思考等重要的学习步骤，直接影响着大学生的学习主动性和学习效果。为此，广东高校"将其道用之其道"，充分挖掘网络新媒体、新技术的优势，有效拓展学风建设的空间和渠道。以华南师范大学为例，聘请了一线的名校长、名园长、名师，以"网络导师"的身份入驻华师手机教师网、华师实习工作坊，通过远程指导的方式，将"面对面"变成了"键对键"，校内外导师交叉辅导、合力指导，学生通过手机端，随时随地都可以开展自学，有效将学风建议无缝隙覆盖于学生的日常和生活中。

二、网络生涯教育

职业生涯教育是一种专业化、技术性的研究和教学领域，其通过心理学和教育学从人的特质、认知、环境、情感、能力等视角研究人的职业行为，同时也通过管理学、经济学、社会学等学科领域从不同的视角研究人的职业行为及其相关因素与影响效果。①

由于中学缺失职业生涯教育，很多学生在高中阶段填报志愿时，对大学专业的所学内容和发展前景一无所知、对自己的兴趣也缺乏挖掘和培育，以至于大学阶段选择了或被调剂到不感兴趣或不适合自己的专业，给职业发展和人生成长带来困惑。因此，大学生作为"准社会人"，需要在大学期间通过生涯教育更好地认清自我、设计未来，明确奋斗目标，并为之持续

---

① 项炳池．我国高校职业生涯教育的发展基础及当代转向［J］．高校教育管理，2017（3）：105－111．

努力。同时，高校教育与市场之间的联系越来越紧密，来自市场经济中的拜金主义和利益诱惑也逐渐渗透到校园之中，大学生职业生涯规划日益呈现出价值观缺失、功利化现象严重的倾向。[①] 广东高校的网络生涯教育坚持从社会主义核心价值观教育入手，旨在纠正大学生价值观功利化倾向，引导大学生从大学生涯和实践开始，认识国情、社情、民情，了解自己、职业和行业，树立远大理想和奋斗目标，在国家发展和社会发展的大前提和大背景之下，努力实现自身的全面发展，成为对国家、对社会的栋梁之材。

随着网络技术的日益发展，新媒体打开了高校生涯教育的新世界。团省委、省人社厅、省教育厅等多个部门先后组织开展了职业生涯规划设计网络评比、综合能力网络测试、“展翅计划”广东大学生就业创业能力提升行动等项目，引领大学生认识自我、认识职业、认识社会、制订生涯发展计划，提高人生选择中的理性程度和准确程度。其中“展翅网”是中国率先发起实名认证的优质大学生求职平台，为大学生提供海量的实习、校招及兼职信息，并提供一系列的就业技能培训，提升大学生的就业能力，使大学生毕业前就能把握职业航向；同时“展翅网”还承办校园大型招聘会和宣讲会，具有精准简历搜索、人才快速推荐等人才招聘功能，为企业与大学生搭建高效的双向沟通平台。展翅实习 app 是“展翅网”移动客户端，除了提供海量的岗位，还为大学生提供职业规划、技能学习和精准求职等方面的跟踪服务，其中“我是小白”功能帮助大学生量身定制合理的职业发展规划、“公司圈”板块为大学生提供全面准确的公司资讯；“牛人圈”板块则帮助大学生树立行业榜样，学习标杆。

广东高校也各发奇招，如微信直播课、企业直播，将互联网与职业生涯教育巧妙融合，学生在手机上即可享受优质学习资源，还可在手机上进行生涯咨询获得个性化的生涯指导。华南农业大学在其官方公众号开辟了“生涯教育”专栏，进行“生涯设想视频”网络展播；广东药科大学运用网络进行“未来有约”生涯人物访谈报道；华南师范大学开辟生涯咨询网络预约功能，让学生们通过手机即能获取生涯指导。

---

① 韩强．创新大学生职业生涯规划教育［N］．中国教育报，2016－08－04（3）．

三、网络创新教育

创新是引领发展的第一动力，创新教育是高校重点工作。如何引导学生立足专业，培养良好的创新能力、创业精神、探索意识，是广东高校一直在探索的育人方向。在“互联网+”时代，广东高校迅速占据网络阵地，充分利用广大学生青睐的新媒体，创新丰富的网络创新教育资源，例如在校园网、官方微博、官方微信公众号开设专栏，进行相关政策、相关案例学习。借助日益发达的网络技术，广东高校突破了校园“创业大咖”“学术大咖”供不应求的局限，将企业、社会、其他名校的优质资源引入创新教育体系，打破传统的人才培养方案，为大学生们提供“专业化、模块化、立体化、信息化”的创新教育课程，将课堂由封闭式走向开放式、互动式，唤起大学生们对于创新创业的兴趣和关注。

互联网也为大学生创造了丰富的创新实践机会和空间。当代大学生头脑灵活、思想前卫、知识面广、勇于尝试新鲜事物，学习能力强，网络沟通能力和网络实践能力突出，拥有巨大的网络创新潜力，不少大学生的科研项目、创业项目均和互联网有关。如在广州中医药大学王锐旭开发的“兼职猫”app网络产品在各类创业大赛中屡获佳绩，公司的估值已经过亿元；再如华南师范大学陈晓鹏，利用在电子器件方面积累的知识，助力传统食堂向“互联网+”的转变，利用大数据指导传统食堂的采购、销售等，提高传统食堂的劳动力利用率，促进传统饮食行业的转型，获得多个创业大赛大奖。广东高校“互联网+”创新教育推动赛事成果转化和产学研用紧密结合，促进“互联网+”新业态形成。

创新教育不能孤立于学科教育之外，否则就会出现闭门造车的现象。广东高校网络创新教育以“慕课”和“微课”为主要在线学习载体，注重与各学科、各专业的融合，与学生学习和生活的融合，与本校文化、本校教师工作事业的融合，将思想教育、价值观教育贯穿全过程，形成由学校主导，政府、企业多方参与，校内校外、线上线下、课上课下相结合的立体化、网格式的教育模式，充分激发了大学生的创新意识、创业热情。大学生创新创意识的培育，并不是要求每个大学生都去创业，而是要充分发挥他们的创造性思维、转变就业观念、树立创业意识，在此基础上对其进行相关理论知识和实践能力的培养。①

四、网络校本文化

高校校园文化面临“泛娱乐化”“低俗化”的困境，部分学生组织、学生社团、学生干部将“喧哗”定义为“热闹”、将“粗俗”定义为“有趣”，为了“搞笑”而“搞笑”，把个人的娱乐需求放到集体活动中，不少校园活动是现实版本的“网络游戏”再现，弱化思想政治教育效果、钝化学生理性思考能力。如何发挥网络育人优势，创造优质校本文化熏陶和引领学生，是广东高校一直在践行的方向。

广东高校建立社会主义核心价值体系为主导的网络校园文化，贴近青年人话语体系，整合学校历史故事、各类仪式典礼、文化艺术活动、优秀师生案例等传统思想政治教育资源，转换开发为网络视频、卡通动漫、“微课”等网络文化产品。② 如吉祥物、表情包、主题漫画、微视频等，将面向新时代青年的教育内容，运用网络资源转化为接地气、生动形象、亲和力强的校本文化产品，用时尚的、易于被青年接受的方式推广主流价值，丰富了校园文化和网络文化。

广东高校新媒体成果展示节是广东高校品牌活动，各大高校的微信公众号各有特点，名称、栏目、标题等均呈现强烈的校本文化特点，避免趋同和低俗。华南师范大学的官方公众号“晚安华师”，以原创、接地气的报道内容和新颖、创新的形式，全面鲜活地展示学校形象，获得师生校友、兄弟院校及社会媒体的广泛关注，圈粉无数，荣获2017—2018年度中国大学官微五十强、全国高校排名第14名、广东高校第1名。

---

① 郝风平，方志伟，陈璐. 基于“互联网+”的大学生创新创业意识培育研究[J]. 无线互联科技，2018（17）：83-85.

② 探索“互联网+思政教育”新路径[EB/OL].（2016-12-21）[2019-05-05]. http://www.jyb.cn/zggdjy/bqgz/201612/t20161221_690417.html.

五、网络群体教育

（一）网络意见领袖

意见领袖是指在人际传播网络中经常为他人提供信息、意见、评论，对他人施加影响的活跃分子。[①] 一方面，培育一批导向正确、影响力广的网络名师，温和有效地做好网络舆情引导，使之成为大学生网络空间的良师益友和引路人；另一方面，着眼校园网络舆论场，从校内BBS论坛、QQ群、微信群中培育学生网络意见领袖，实时关注各种消极信息、虚假信息，在网络上传播正能量信息，推出热门话题，发表独特观点，引导舆论导向。

目前，广东高校已形成了一支强有力的高校网络意见领袖。优秀辅导员、社团组织学生骨干、思政教师、高校官方媒体账号等，都在不同的网络领域扮演着意见领袖的角色，吸引着众多大学生自动、自觉、自发关注，对大学生产生潜移默化的积极影响。华南农业大学辅导员鲍金勇通过开通“生命中有很多感动”新浪博客和“鲍来问题，点石成金”新浪微博，撰写了300多篇原创博文，其中多篇博文被各大网站转载，拥有众多大学生粉丝。

（二）网络群体行为

网络媒体开放程度高，信息复杂，良莠不齐，鱼龙混杂，未经甄别与过滤的信息往往包含着非理性的道德判断，特别是突发性事件与热点事件经由不同的网络版本解读后，伴随着“随手一转、随意点赞、随心评论、随便推送”的快捷方式，群体交互某些负面道德能量在短时间内可能呈几何级的迅速集聚并蔓延，[②] 得到的往往不是道德共识而是产生更多的迷茫和分歧。因此，对于网络群体行为的研判有助于及时掌握大学生的思想状态，并做出相应的预测或预警。

在新媒体时代，一方面，密切关注网络舆论，利用新媒体实现与大学生群体的交流和沟通，增进与学生的感情，提高其认同感；面对色情、暴

---

① 蔡莹. 高校网络德育资源的开发与利用研究［D］. 重庆：西南大学，2015.

② 金家新，王云兰. 自媒体时代高校德育危机及其整体性引导［J］. 长江师范学院学报，2018（4）：109－113.

力、谣言、低俗等不良内容，必须及时进行干预，以清除与封锁等各种方式，切断不良内容的传播渠道，不给不良信息留下生存的机会。[①] 另一方面，对于社会焦点话题，以疏导为主，讲求线上互动的方式与方法，即要对大学生的观点与想法加以引导，更要对大学生的行为给予引导，及时公布官方信息，及时解除舆论危机。

（三）网络社群建构

目前，广东高校各社团、班级均建立了相应的 QQ 群、微信群等网络社群。以华南师范大学为例，校团委、校学生会、校社团联合会、校青年者志愿者协会、校红十字会、院系学生组织、各班级均有相应的微信公众号。而不同的学生组织又根据工作需求，分别建立了微媒体联系群。可以说，当代大学生是离不开手机的一群人，因为工作和日常交流均通过网络媒介进行。各类网络社群也成了大学生的手机“标配”，大家通过网络社群结交朋友、交流工作、生活分享，网络社群在一定程度上削弱了现实社群的力量，但也对大学生人际交往、自我学习等方面产生了积极的作用。

广东高校精准把握社交媒体上的即时互动、即时共享等现实社群较难实现的功能，为不同专业和有共同兴趣爱好的学生团体构建不同的实名交流圈，并邀请相应的教师、学者、官方用户和管理员入驻，形成一个系统完整的、沟通性较强、纯净度较高的虚拟社交圈。[②] 网络社群以资讯分享和互动交流为重点，强调师生、生生双向互动，营造有序、高质的网络交流空间，避免聊天式的“水群”泛滥。以华南师范大学地理科学学院 2015 级为例，该年级自大一起就创建了“创业正当时”微信群，创新创业的指导教师、分管学生工作的院系领导、辅导员、对创新创业感兴趣的同学们以及往届创新创业学生代表均加入此群，通过各类资讯的分享以及对某些问题的网络交流，让“面对面”到“键对键”，实现了高质量创新创业信息的有效分享，推动了年级的创新创业教育工作。再如广东省依托佛山科学技术学院成立了广东易班发展中心，分批次推进易班建设试点工作，打造示

---

① 吴翔．新媒体环境下增强高校德育实效性研究［D］．石家庄：河北科技大学，2017.

② 蔡莹．高校网络德育资源的开发与利用研究［D］．重庆：西南大学，2015.

范性网络互动社区，在完善易班机制、拓展易班平台、优化网络文化、彰显本土特色方面做了大量工作，有效构建了青年大学生的网络社群。易班是一套服务高校师生的互联网应用系统，是高校师生的实名互动平台，网站融合了论坛、社交、博客等主流的 Web 2.0 应用，加入了为在校师生定制的教育信息化一站式服务功能，集成了“思想教育、教务教学、生活服务、文化娱乐”四大功能。①

① 杨妍艳．基于易班开展大学生学风建设策略研究［J］．中国教育信息化，2018（7）：59－62.

第四章
广东高校网络育人的资源

第一节　网络育人资源的概述

一、网络育人资源的概念

一般地，广义的教育资源是指在开发教育对象的创造潜质，作用于经济社会发展和社会进步的物力和人力的优化组合，涵盖的范围非常广泛，不仅包括非生命的各类实物，还包括具有能动性的有生命的人力资源。[①]《教育大辞典》对“教育资源”的解释为：“教育资源亦称教育条件，通常指保证教育活动正常进行而使用的人力、物力、财力的总和。”而本书所讨论的高校网络教育资源，指的是蕴含了大量的教育信息，能创造出一定的思想政治教育价值，并以数字化的形式在计算机网络上进行传输的信息资源。[②] 此种信息资源，专门为教学目的而设计，或被用于为教学目的服务。通常说，高校网络育人资源，是指以高等学校为主要建设主体，存在于互联网特别是校园网中，针对教师和学生的有利于实施思想政治教育活动并

①② 余彪. 网络教育资源管理的知识管理模式［J］. 中国电子教育，2011（1）：40－43.

实现思想政治教育目的各个要素的总和①，是网络思想政治教育活动的条件和产物。它不同于表征自然界物质运动及其属性的自然信息，而是具有能动性的、有生命力的人力资源及蕴含着大量教育信息的信息资源。

二、高校网络育人资源的分类

依据不同的逻辑范畴，高校网络育人资源可从以下视角进行分类。

（1）从物质与精神视角，高校网络育人资源可分为物质类教育资源和精神类教育资源。前者指的是高校中以实物形式表现的资源，如科技创新成果等，后者指的是一切能够转化为社会文明状态或成果的社会格调，如校风校训、校园文化等。

（2）从发生作用的方式视角，高校网络育人资源可分为显性教育资源和隐性教育资源。课程资源、活动资源等这些可让大学生直接感观感知的教育资源属于显性教育资源；校园文化、教风学风等不能让大学生直接感观感知教育资源属于隐性教育资源。

（3）从构成属性视角，高校网络育人资源可分为教学资源、管理资源、文化资源、活动资源等。教学资源指的是高校教师以教学为目的，采用翻转课堂或混合学习等方式，以口头语言、知识讲解、系统阐述等正面说服教育为主来实施网络育人工作获取教育效果的媒介与形态。

管理资源是指高校为实现思想教育目的，运用管理手段将网络育人的内容与信息融入管理活动中。文化资源是指高校在长期教学科研、实践育人中形成的校园独特的育人理念及其校园精神、文化氛围与校园环境等校园文化，借助于网络媒体而传播的资源。活动资源，是指高校为实现一定的教育目标，有计划、有组织地开展各类网络育人活动，使大学生在潜移默化中受到思想教育与思想影响。

---

① 李晓娟．新时代高校思想政治教育网络育人的现实思考［J］．长江师范学院学报，2018（2）：118－123.

第二节　网络育人资源的目的与特性

一、高校网络育人资源的目的

随着高校信息化基础设施建设的推进和完善，开展网络育人工作已成为当前智慧校园建设的重要内容。加快网络育人资源的开发和共享平台的建设，推进综合门户类、主题教育类、专业学术类、互动社区类和“两微一端”等网络平台的构建，推动校园新媒体联盟建设，利用互联网技术实现各类教育资源数字化，已成为当前高校提高思想政治教育工作质量的重大需求。

推动新媒体新技术与思想政治教育工作的深度融合，大力建设各种优质网络育人教学资源，充分挖掘矩阵聚合效应实现多路径符合传播，较之于传统思想政治教育，学生可以在自由、共享、广阔的网络教育环境中，对具有交互、虚拟和非线性特点的网络教育资源进行浏览和学习，打破时空限制，有助于增强学习过程的交互性和实时性，实现优质网络教育内容的有效供需结合，形成引领学生青年成长、独具特色的“高校网络育人模式”。同时，构建新媒体育人网络生态系统，品牌联动，打造品牌效应，有助于推动网络思政育人的可持续、原生性、内涵式发展，鼓励每一位师生参与品牌建设工作，让每个人成为新媒体人的主体，让更多青年学生在新媒体平台中受到潜移默化的教育和影响。

二、高校网络育人资源的特性

（一）承载性与传导性

高校网络育人资源的承载性是指其蕴含与承载着高校网络育人的内容和信息、社会所要求的思想理念、政治观点和道德规范等信息。通过高校网络育人资源载体的承载，将不同的教育资源呈现于大学生眼前，为学生们感知，被学生们吸收，对他们产生影响。而传导性指的是高校网络育人资源充当着网络育人理念和思想的传输载体，具有思想政治教育信息输入和输出功能。高校网络育人是一个以网络信息技术为载体传递思想政治教育内容与信息的过程。

（二）中介性与可控性

高校网络育人资源是将高校网络育人中具有思想有情感的主体与客体连接在一起、将育人的思想内容与教育形式融合到一起的媒介。高校网络育人资源包含着丰富的教育内容，为高校网络育人的主客体提供相互作用的平台与阵地，发挥了承载教育内容与信息交流互通的平台与渠道作用。高校网络育人资源的可控性，指的是教育资源能被教育主体所操作和控制。高校网络育人资源能够外显和可被感知，能被人们认识和把握，思想信息在传播的过程中发生增值，使其进入可操作层面，为人所控制和运用。该种资源多种多样，如传媒、网络、文化、活动、管理等，教育者需根据实际情况选择多种教育资源进行有机融合，以获取最佳教育效果。

（三）有序性与整体性

有序性指的是高校网络育人资源之间所表现出的顺序性和序列性，一方面，资源的产生、形成和发展呈现出从简单到复杂、从低级到高级、从一般感性具体到逐步理性抽象的发展过程；另一方面，资源的产生、形成和发展有时间先后和继承发展的关系，同时也呈现出空间并存的状态，即能够在时间和空间上进行归类和排列。而整体性是指不同形态的高校网络育人资源互相联系、互相作用形成了有机整体。在高校网络育人系统中，每一种资源相互独立，都有其各自的特点、功能和适用范围，但在教育过程中它们之间又相互渗透、相互补充，共同为网络育人工作服务。

（四）实践性与发展性

高校网络育人工作具有社会性，既在社会实践中开展与深化，又受限于社会实践的条件，其教育效果也需接受实践的检验。高校网络育人资源是高校在实施网络育人过程中产生的成果，随着实践不断发展与丰富，具有强烈的时代特征与要求。高校网络育人教育资源的形态在实践中呈现出从少到多、由浅入深、日益丰富的发展态势，其教育内涵也在实践中不断得到丰富和发展。

第三节　网络育人资源开发的工具与技术

一、网络育人资源的获取

网络是个巨大的信息海洋，站点和网页增加的数量惊人，如何在无数个网站中快速、有效地查找到需要得到的资源信息呢？此时便要借助于搜索引擎的作用了。用户将需要查找的信息输入搜索引擎，搜索引擎通过关键字、分类目录查询等高效地为用户提供相应的资源信息。目前较常使用的搜索引擎有谷歌、百度、必应、搜狗等。

大多数搜索引擎都是基于文本的逻辑匹配方式进行检索，如何在海量的网络信息中进行有效的分类与索引，从中找出有针对性的有用信息，往往检索耗费量大、检索效率较低，同时也难以对非文体性的内容进行检索。因此，除了使用搜索引擎获取高校网络育人资源外，还可以使用基于 Agent 技术的智能检索、基于 XML（Extensible Markup Language，可扩展标记语言）的检索、多媒体信息的检索（图像信息检索技术、视频信息检索技术）等。

二、网络育人资源的准备与开发

很多时候，我们无法在网络海洋中搜索到刚好合适的媒体资源，此时便需要我们去开发了。

多媒体素材是网络信息资源建设的基础，高校网络育人资源建设首先就要做好多媒体素材的开发与建设。多媒体素材的开发与建设要依据不同素材的特点，运用相应的开发工具与采集方法，才能开发出符合网络育人需求的、规范的多媒体素材。

（一）文本素材

文本素材是网络信息资源的基础，是多媒体资源开发的基本素材。文本素材的处理可以通过传统的键盘、手写板识别等输入，也可以通过扫描识别、语音识别等高效输入。各种多媒体资源编辑软件支持与兼容的文件格式不一，在文本素材的开发过程中，一定要注意选择相应的格式，如 Microsoft Office Word 格式（DOC/DOCX）、Rich Text Format 格式（RTF，富文本）等文档能被大多数程序识别，TXT 纯文本格式文档几乎可被任何文本编程程序兼容。

（二）图形/图像素材

图形/图像素材的采集可通过扫描完成，现在流行的智能手机、相机为图像的采集带来了极大的方便，而且成本极低。图形/图像素材还可以通过抓图软件或截图工具等获取，再利用图形图像编辑软件（如 Photoshop、CorelDraw、Illustrator 等）做进一步的创作。图形/图像素材可以通过软件原始创作、数字化扫描设备扫描、数码拍摄设备拍摄、截图工具捕捉等方式取得。

（三）音频素材

音频素材主要通过以下几种方式进行采集和制作。

（1）通过音频采集设备，直接采集语音制作音频素材，如解说语音的制作。

（2）通过网络下载音乐等素材，再利用声音编辑软件（如 Cool Edit Pro、Adobe Audition 等）对生源素材进行剪辑、合成，最终生成所需的声音文件。

（3）MP3、VQF 等其他高压缩比格式的声音文件，可以采用专门软件对各种声音文件进行格式转换，如格式工厂等。

（四）视频素材

视频素材具有画面生动形象、表意直观明了，具有静态图形图像难以比拟的优势，可以高效地最大限度地传达教育内容与视觉信息，是网络育人资源中使用最多的素材之一。视频素材主要是通过数码摄录设备进行采集，视频编辑设备进行后期加工与编辑。常见的视频编辑软件（如 Adobe Premiere、会声会影等）可对得到的 AVI 文件或 MPG 文件进行合成或编辑。

（五）动画素材

二维动画、三维动画是目前动画制作的主流，用动画可以将一些抽象的、微观的、宏观的知识与特殊过程流程，生动地展示给学习者，既增强了学习者的兴趣，同时也帮助学习者更好地认识与理解。随着流媒体技术、网络技术的不断发展，动画在互联网的信息传播与交流中发挥着重要的作用，常用的动画制作软件有 Flash、3D Studio Max、Maya 等。

（六）其他素材（如 H5 等）

除以上所述媒体素材，当前还流行其他的素材资源，如 H5。H5 是基于移动互联网特点开发，可以很好地将图文、音频、视频融合并具有一定的交互性，它的开源简洁可以让开发者直接就在网页上进行设计、调试与修改。目前 H5 技术已实现跨平台、跨终端使用，实现从二维到三维的效果；随着 H5 相关技术的发展与迭代，将极大地推动与丰富网络多媒体资源的开发与建设。

三、网络育人资源的开发与集成

高校网络育人资源的开发和集成，指的是通过多媒体集成创作软件将采集处理后的文本、图形/图像、视频、音频、动画等元素有机组合在一起，并赋予其交互和信息传递功能，成为一套逻辑结构相对完整的多媒体资源。①

（一）多媒体素材集成组织方式

各种开发工具都是顺应其开发需要而产生的，都基于特定的需求与应用范畴，开发工具自身的开发策略不一，其整合的素材类型与格式等也不一，对多媒体素材集成的组织方式呈现出多种多样。当前比较主流的多媒体素材集成组织方式主要有：基于流程图标的方式（如 Authorware）、基于时间轴的方式（如 Director）、基于关键帧的方式（如 Flash）和混合方式（如 Visual Basic、Delphi 等）。

（二）基于专业多媒体集成工具的多媒体资源开发与集成

专业的多媒体素材集成工具有很多，如 Director、Authorware、PPT 等。Authorware 是以流程图标方式采用面向对象的设计思想结合其他多种开发工具共同实现多媒体功能，操作简单，程序简洁明了，能够制作丰富的交互，并具有较好的开放性等。

① 叶新东. 未来课堂环境下的可视化教学研究［D］. 上海：华东师范大学，2014.

（三）基于网页开发工具的开发与集成

人们从网络上获取资源往往离不开网页的浏览，网页成为集成与承载信息资源的载体。常用的网页开发工具有 FrontPage、Firework、Dreamweaver等。通过这些网页开发工具可以对网页的页面进行框架化、模块化与模板化、网页格式化，使以文本素材为主的网络资源的开发格式统一、美观高效，如以文字为主的新闻公告、文献资源等。

第四节　网络育人资源的形态与策略

一、网络育人资源的形态

（一）综合性门户网站资源

《当代汉语新词词典》中的门户网站定义为：指具有较强搜索引擎功能、为用户提供上网快捷路径的网站。门户网站早期的定义便是人们上网的入口，而经过数十年的发展，其成为通向某类综合性互联网信息资源并提供有关信息服务的应用系统，主要提供新闻信息、搜索引擎、个人通信服务、虚拟社区等功能。而综合门户网站是指没有群体目标，期望能将用户"一网打尽"，提供新闻、搜索引擎、免费邮箱、影音资讯、热门网站筛选、网络社区、网络游戏、免费网页等服务的网站。目前国内最主要的综合性网站主要有腾讯、新浪、网易、搜狐等，它们凭借着自身的核心竞争力，用各自或大或小的影响力在激烈的网络竞争环境中获取一席之地。

在高校网络育人工作中，综合性门户网站资源主要以各高校智慧校园（数字校园）建设项目为代表，如数字华师等。智慧校园（数字校园）是以物联网为基础、以感知或挖掘的信息相关性为核心的信息化应用模式，实现了在计算机和网络技术上建立对教学、科研、管理、技术服务、生活服务等校园信息的收集、处理、整合、存储、传输和应用，以人为本，深度融合，实现学校信息化工作与学校各项常规工作在机制与机构等层面的融合、信息化平台资源的融合与集约化利用、信息化业务流程与消息数据的融合、信息化基于所有校园活动以及与外部环境（如智慧城市）的融合。①

随着技术的日益提升和发展，云计算、大数据、移动计算、人工智能、物联网与社会网络等技术的深入研究推广和应用，为智慧校园（数字校园）的实施打下了坚实的基础，同时也为学生的学习模式翻开了崭新的一页。以智慧校园（数字校园）为核心的校园综合性门户网站资源，为学生提供了基于科技“黑箱”的学习、整合数字技术的合作学习、借助数字平台的探究学习、超限学习、翻转课堂和混合学习等。②

（二）主题性教育网站资源

主题性教育活动是指把具有一定特征的某种思想理念作为核心内容，并在活动中使其得到充分体现的一系列思想政治教育活动。③ 主题性教育内容体系的构建要素主要包括确立以人为本的理念、以尊重学生主体地位为学生全面发展的前提、以增强知识学习为学生全面发展的基础、以培养创新能力为学生全面发展的核心、以塑造完整人格为学生全面发展的目标。主题性教育网站应围绕着学生的发展需求，以成长教育为主线，以成才教育为主导，以成功教育为主旨，为学生的成长发展提供生涯规划辅导、信仰认知教育、心理素质教育、社会实践、科研创新实践、榜样示范、健康个性教育等方面的资源。

（三）专业性学术网站资源

专业性学术网站是某一门学科领域重要的学术交流平台，其对科研创新和学术成果的具有交流共享与积累承载特性，这一信息积累承载特性为科学研究、学术发展、理论创新发挥出重要的作用；而学生可以利用专业性学术网站就某一专业/专题所积累承载的信息资源支持开展自主学习、合作学习与探究学习等，完成知识重构和作品创作。

当前比较受欢迎的专业性学术网站主要有 Sci-Hub、Library Genesis、

① 廖顺金，陈义吉. 教育信息化的发展转型：从“数字校园”到“智慧校园”[J]. 新教育时代电子杂志（教师版），2016（40）：56.

② 唐盛昌. 数字校园引发教学重构 [J]. 中国电化教育，2013（5）：91－98.

③ 陶珊，刘凯. “三因理念”在主题教育活动中的应用：以环保主题教育活动“净心”为例 [J]. 文教资料，2018（18）：147－148.

PubMed Central（PMC）、Public Library of Science（PLoS）、中国知网（CNKI）等，此类学术网站为学生提供了海量的专业学术资源，对学生具有学术激励、学术规范、学术引领、提供学术平台等育人功能。

在专业性学术网站资源中，比较有代表性的是专题学习网站。谢幼如教授将专题学习网站定义为：专题学习网站是指在互联网络环境下，围绕某门课程与多门课程密切相关的某一项或多项学习专题进行较为广泛深入研究的资源学习型网站。它围绕特定的专题内容，在资源建设时注重内容与专题的关联度，综合性强；强调基于专题资源研究的自主性协作学习，该网站为学生提供了在线自主学习、协作学习的虚拟空间，注重师生的共享共建，实现资源建设与教学实践相互融合，同时培养学生的创新精神和实践能力。

（四）学生网络互动社区资源

网络互动社区是由具有共同兴趣和目的的学生在互联网上使用信息技术支持的网络空间，社区内容由学生、教师和学校之间的交流互动产生，在交流互动过程中，学生和教师与学校之间将建立起一定的社会关系。①

随着网络信息技术的发展，高等教育信息化的不断提升，高等院校与学生依托不同的社交网络工具与平台产生不同形态的网络互动社区。

学生网络互动社区已成为校园文化建设的重要组成部分，学生在其中学习分享、协同协作、感情交流、休闲娱乐等。目前，学生通过QQ、微信、微博等网络互动工具实时在线交流互动，通过校园BBS、微信公众号、QQ空间、QQ/微信群、社交网络平台、智慧校园平台等进行网络互动社区活动。网络互动社区（资源）也是智慧校园的重要组成部分，在线课程网络平台与社交网络服务网站等的网络互动社区将学生、教师与机构这三者构建到同一网络互动空间（平台）中，将动态信息和交流内容聚合到一起，学生在其中交流沟通、互相帮助与自我管理，如华南师大的“砺儒云课堂”、学者网等。

---

① 孙鸿飞，季瑞芳，齐坤. 远程教育院校学生网络互动社区设计与运行机制研究：以国家开放大学为例［J］. 广播电视大学学报（哲学社会科学版），2018（1）：119－125.

网络互动社区具有社交网络特性，在网络社区中有个体角色，也可以设置群组，网络社区成员可以根据实际进行一对一交流，也可以在群组平台/空间进行群内交流互动。

除此以外，学生网络互动社区提供了论坛、微博、邮件等多种信息工具，支持多样化的实时与非实时交流。

总体而言，学生网络互动社区聚合了学生所需的各类信息，通过互帮互助解决学生的困难和问题，建设良好的网络校园文化氛围，提供多样化的网络支持服务。

在大数据、云计算、物联网等信息技术支持与带动下，高等学校主动将思想政治教育融入与贯穿到网络资源中，增强高校的网络话语权与社会影响力，构建了高校网络育人的新态势。

（五）移动性“两微一端”新媒体资源

两微一端，指的是微博、微信和客户端。随着移动互联网的迅猛发展，极大地改变了信息的传播方式，也深刻地影响着教育事业的整体格局和舆论生态。面对移动互联网的冲击，众多高校先后开通“两微一端”，形成学生与学校、教师间基于新媒体的互动状态。当前，广东高校“两微一端”新媒体资源发展规模越来越大，各高校官方微信公众号也在持续增加，自媒体公众号的数量也在不断上涨，并呈现出着力品牌建设、注重内容原创、融媒体发展态势明显、发挥舆情引导功能、成立校园新媒体联盟、紧跟信息技术发展提升信息服务能力等发展趋势。

整体而言，各高校根据不同媒体的不同特点，对不同平台资源的处理侧重点也有所不同。例如，校报、期刊侧重以文字为主的深度报道，广播则以声音呈现为主，电视突出视频和画面感，校园网以消息和快讯报道为主。而微博、微信和客户端等以资讯的快速传播见长，但也各有特色，其中微博侧重新闻报道和互动，微信深耕话题，视频和直播则更鲜活生动，不同媒体、不同平台之间相互补充，形成合力。

二、网络育人资源的策略

（一）互联互通：推动校园网络平台融合发展

当前，各高校普遍建成了综合性门户网站、主题性教育网站、专业性学术网站、学生网络互动社区和移动性“两微一端”等网络平台。① 积极推动高校各网站平台和网络教育资源的深度融合，注重积累，加强沟通和协调，多平台融合发展，聚合一批社群化、矩阵式、多样性的媒体资源，形成网络舆论和校园网络文化强势，用扎实的阵地建设实现校园网络文化的育人功能。据《广东高校新媒体发展报告》调研显示，100%的广东高校已开通官方微信公众号，79%的高校已开通官方微博，96%的高校建设了新闻网站，还有部分高校开通了今日头条号、南方+、网易号等手机客户端，81%的高校投入经费建设新媒体。

在平台建设中，高校需继续推动校园新媒体联盟建设，要以占领和开拓网络文化建设阵地为主要任务，注重积累，融合发展，充分开发网络资源，以思想引领、需求服务为导向形成技术先进、形式新颖、形态多样的大流量用户的校园新型媒体，构建立体交叉、深度融合的网络育人体系。例如，广东省于2016年成立了全国首家省级高校新媒体联盟——广东高校新媒体联盟，聚合全省高校官网官微力量，建立高校官方新媒体矩阵。该联盟目前已拥有97家高校会员单位，共同新媒体优质内容资源的共享平台、网络正面舆论的宣传平台、全省高校新媒体的交流平台，构建出广东高校新媒体融合联动的宣传工作新格局。从学校层面来看，各所高校也纷纷建设网络育人新媒体教育矩阵，例如华南师范大学团委设立了青年文化中心，广东外语外贸大学、广东药科大学、北京师范大学珠海分校、电子科技大学中山学院、广东工程职业技术学院、广州工商学院、阳江职业技术学院、广州南洋理工职业学院等学校也成立了校园新媒体联盟，着力推动增强校园网站的思想性、教育性、服务性、互动性，加强综合性门户网站、主题性教育网站、专业性学术网站和移动性“两微一端”的融合发展②，有效聚合校内各单位新媒体宣传资源，形成立体化交叉覆盖的全媒体阵地，推动高校新媒体网络育人教育互联互通、高效发展。

---

① 张文斌. 网络育人：着力构建网络育人质量提升体系［J］. 中国高等教育，2017（13）：4－6.

② 仝泽民，陈烨琳，魏金婷. 新形势下加强和改进高校网络文化建设的路径［J］. 中国石油大学学报（社会科学版），2017（5）：97－101.

同时，目前综合性门户网站、主题性教育网站、专业性学术网站、学生网络互动社区和移动性“两微一端”等网络平台还呈现出优化网络平台用户体验、强化网络平台有效管理等特点。随着自媒体时代的发展，网络平台服务接地气的需求高涨不下。广东大部分高校都主动策划紧扣校本特色和青年人需求的内容，在新媒体平台上以更加接地气的方式传播，扩大学校知名度和影响力。据悉，13.4%广东高校新媒体发布的全部为原创内容，80.6%发布的大部分是原创的，只有6%高校新媒体大部分内容非原创。高校在推进网络平台建设中，要满足受众更高层次的心理和情感需求，提升各平台的视觉体验和互动体验，体现受众需求与互动原则，遵循信息传播规律、网络传播规律与新媒体发展规律。据统计，86.6%的广东高校选择校内生活、服务类信息；77.6%选择学校重大新闻；58.2%选择学生组织、社团等开展的校内文体活动；68.7%选择校园人物；73.1%选择结合热点的轻松话题。比如招新话题：广东财经大学的《广财理科投档线超一本！最高分603，超一本95分!》阅读量超过85 000次；校庆话题：中山大学的《校庆！中山大学92周岁生日快乐!》阅读量超过100 000次，暨南大学的《首发！暨大110周年官方宣传片!》阅读量超过100 000次，华南师范大学的《华师，83岁生日快乐!》阅读量超过100 000次。

广东高校正积极推动新媒体与传统媒体、新传媒平台与传统平台的高度融合，融媒体发展态势明显。从融合方式来看，主要有两大渠道：一种主要是平台的融合，比如华南农业大学的党委宣传部指导下的媒体团队，既有运营校报的专业团队，也有运营新媒体的新媒体中心工作团队，两支队伍相对独立。2014年9月，学校官方网站以“微网站”的形式嵌入学校官方微信公众平台。2015年1月，开通了基于微信公众号的广播和校报系统，将校园广播和校报等传统校园媒体与微信等新媒体进行融合创新，突破了传统校园媒体信息传播的时空限制，使得收听校园广播和阅读校报变得更加便捷，传统校园媒体在新媒体的融合创新中得到了发展。华农官微将学校新闻网、校报、校园广播等传统媒体整合进官方微信公众平台，开通了“微通华农”“便捷华农”“报考华农”等菜单服务功能，致力于将官微打造成为立体化的新媒体信息服务平台。另一种主要是团队的融合，比如华南师范大学党委宣传部成立新闻中心，将原来的校报编辑部和新媒体团队充分整合，聚集了强大的采编力量和优质的内容资源渠道，进行统一策划和统一的内容生产，再根据《华南师大报》、华师广播台、华南师大校园网、“晚安华师”微信公众平台、“@华南师范大学”新浪微博和华师今日头条、华师南方+、华师网易号等客户端不同平台进行差异化编辑和发布，实现媒体资源共享、优势互补、共同策划、互相借力，为真正实现融合发展提供了基础。

此外，高校对自身建设与运维的各类网络平台有开发运维、舆情监控、信息安全与网络研究等责任与义务。各网络平台的运营管理主体要对平台的内容进行及时准确的更新，学校应对网站内容更新情况进行监测，及时排查校园网站及各二级单位网站的安全隐患，健全各网站运行与维护的保障机制。

（二）共建共享：促进校园网络文化繁荣发展

平台共建，内容共享，注重综合性门户网站、主题性教育网站、专业性学术网站、学生网络互动社区和移动性“两微一端”等网络平台的思想内涵提升和知识信息扩充，增强其吸引力和感染力，鼓励引导广大师生积极参与网络文化作品创作生产，弘扬主旋律，传播正能量，促进校园网络文化的繁荣发展。①

互联网和新媒体改变了文艺体态，在网络校园文化作品创作过程中，搭建品台，创建机制，积极推进网络文明建设，教育引导广大师生开展“大学生网络文化节”等网络文化建设活动，倡议在网络文化作品的创作与传播过程中，要使用文明的网络话语、遵守基本的网络规范，学习必备的防护技能，丰富网络文化产品的供给。例如，华南师范大学开展“木铎金声”华师传媒论坛、广东医科大学开展公众号设计大赛、阳江职业技术学院开展大学生新媒体作品（微电影）网络大赛、广东工程职业技术学院开展微视频采访《高职说》、广州工商学院开展新媒体文化节（其中包括微视频、摄影、H5 比赛、微情书等）、北京理工大学珠海学院开展珠海新媒体

---

① 张文斌. 网络育人：着力构建网络育人质量提升体系［J］. 中国高等教育，2017（13）：4－6.

论坛等，发挥新媒体在学校品牌传播、典型宣传的最大作用，实现宣传的“蝴蝶效应”。

同时，在内容创作中，结合青年学生的思维特点、网络语言特点、网络传播特点等应时而作、应需而作，用青年学生喜爱的传播形式深度融入学生的网络生活，学会应用视频、音频、图解等文化传播形式，如影视、音乐作品、网络文学、网络游戏等，把握社会动向，反映时代特征，积极出标题凝练、内容丰富、语言深刻、阅读便捷的新时代校园文化内容。例如，在网络育人资源创作时，动态了解当前网络文化传播特点，主动迎合当下碎片化阅读和轻阅读的阅读习惯，利用更加灵活、更具亲和力和吸引力的话语体系，以其图文并茂、活泼而有亲和力的网络语言、生动的叙事风格，让教育资源入心入脑。华南师范大学在介绍获奖教授事迹时，发表推文《为华师男神打 call！赵淦森当选世界广府人十大杰青》，更加接地气，广受学生的关注。华南理工大学在毕业季推出《华南理工 2018 届毕业生亲，您有一份廉洁从业倡议书待查收》，用淘宝体“亲”拉近与学生之间的距离。又如，广东财经大学的《大广财今天的朋友圈是这样的》阅读量超过 78 000 次，广东创新科技职业学院的《猛料！创新毕业照惊现求婚，浪漫爆棚!》阅读量超过 34 000 次。

视频化也成为广东高校新媒体发展的另一个风口，部分高校积极开发手机直播技术，在学生开学和毕业典礼、志愿服务、实习、校运会等校园生活的各个方面广泛开展直播活动。或者通过建设移动视频和南方 + 、网易、触电等直播平台，除了实现主播与受众之间的互动，还能让师生用户在某个主题下寻找到兴趣、爱好甚至价值观相同的人群，实现受众与虚拟社区之间的良好互动。

最后，定时推选优秀网络文化作品和汇集优秀工作案例，对引起社会关注的思想理论热点与各种思潮观点及时阐释，推陈出新，不断发展。在优秀作品和案例甄选中，注重受众认同，在长期的新媒体工作实践发现“点赞”“转发”即意味着青年学生的认同和肯定，并总结出以下规律：一是讲好典型人物故事，将社会主义核心价值观等通过人物故事细节娓娓道来，增强思想政治教育的实效性；二是讲好身边故事，和母校相关的话题和素材，更能引发广大师生的共鸣、共情和认同；如暨南大学迎来110周年大庆，陆续跟进推送校庆活动最新进展，借助专题网站、微博、微信平台寄托师生校友对校园的真切祝福，引发受众强烈关注；其他高校如中大、华工、华师也在校庆期间推出主题宣传，获得校友广泛传播，创下本校微信年度阅读峰值；三是讲好大学故事，在潜移默化中发挥大学校史校训、使命成就等的滋养作用。例如中山大学的《中大版南山南，吟康乐，梦红楼》，阅读量超过10万次；华南理工大学的《华南理工，从你的全世界路过》阅读量超过10万次、《华工版〈南山南〉，把华南理工唱给你听》阅读量超过7万次等。

第五节　广东省网络育人资源的案例

一、综合性门户网站资源——易班

易班是在中央网信办、教育部大力支持下，为师生提供在线交流互动平台，将思想教育、教育教学、生活服务和文化娱乐整合为一体的实名制综合性学生网络互动社区。截至2018年8月，易班已经覆盖上海、福建等32个省（区、市），包括有复旦大学、厦门大学、中山大学等30余所部属高校在内的942所全国高校开展共建，注册用户数达到1 000万。广东省为加强高校易班推广建设工作，基于佛山科学技术学院在全省率先建设易班的经验和主动服务全省高校易班建设的意愿与能力，广东省教育厅决定依托该校设立广东高校易班发展中心，利用易班提供的服务和技术支持，开展广东高校易班中心平台建设、开发和运行工作。

1. 内容

开设易班学堂，进行网上培训、辅修、考证等，鼓励专业教师以课程为单位，建立个性化课程空间（教学班），与大学生开展教学互动，为大学生提供课件共享、在线答疑等服务，使学生随时随地享受到教学服务。积极开展学校网上视频公开课的实践，形成对网上视频公开课的建设、使用和推广范例。通过二级学院推荐、邀请专家录制、网友自发上传等形式，不断积累学校原创的、适合学校教学需要的课程精品视频、校园报告等视频资源，逐渐建成学校的视频资源库，供大学生在线学习和讨论。每年从中评选出大学生喜爱的视频和专业教师予以表彰。

易班党团校，打造党建与思想政治教育园地。学校党委、二级学院党委和团组织开通微博和微信公众号，培育一批政治立场坚定、师德高尚、学养深厚、熟悉网络新媒体特点、影响力广的网络名师，建设一支以青年教师骨干和学生党员为主体的网络党建工作队伍，引导青年学生传递网络正能量，抵制网络谣言，营造健康网络空间。开设易班党校，建设和维护一批方向正确、主题鲜明、内容丰富、形式活泼、特色明显的党课课件、视频及党校各类宣传教育活动等；建立易班红色园地，通过党团日活动、党支部特色活动、优秀党员风采展示等加强学校党建与思想政治工作。开设易班党校，建立易班红色园地，通过党团日活动、党支部特色活动、优秀党员风采展示等加强学校党建与思想政治工作。

易班文化娱乐圈，通过易班开展丰富多彩的校园文艺体育竞赛、科技创新大赛、创业大赛等活动，培养学生健康的身心。

易班创业学院，开发易班创业协同育人信息平台，设立创业政策、创业联盟、创业基地、创业基金、创业项目、创业指导、创业竞赛、创业实例等模块，打造政府、高校、企业、行业的互通、互利、互惠协同创业、创新平台，培育大学生的创业意识，培养大学生创业能力，播下大学生创业的种子，鼓励和扶持大学生成功创业。

个性化易班，通过易班开放平台，建设特色易班，鼓励大学生通过博文、帖文、微博等形式记录校园生活、彰显自我个性、交流思想情感，建设精品社区和各类服务应用，形成特色个性化易班，使易班成为“一站式”师生服务平台，成为展示学校校园文化的对外窗口。

易班资讯中心，收集校内外教育教学、校园文化、生活服务和文化娱乐等方面的资讯，建设资讯信息库，方便师生的学习、工作和生活。打造一个移动的综合资讯平台，将与学生密切相关的学习、生活、娱乐等信息在移动端进行推送，建设与学生和老师密切相关的移动应用app，建立以课程为单位的移动学习资源，如网络课程或微课程资源库，实现校园的移动学习与生活。

2. 特色

拓展应用，丰富思想文化供给。围绕落实立德树人根本任务，大力推进中国特色社会主义理论和中国梦网上弘扬传播，引导高校师生自觉培育和践行社会主义核心价值观，丰富高校师生网上精神文化生活。依托“易班”网和中国大学生在线，发挥全国高校校园网站联盟资源聚合、力量整合、协同配合优势，搭建高校网络思想政治教育优质资源互联互通平台、数字资源服务平台，大力引进精品视频公开课、精品资源共享课等教学资源。开设网络思想政治理论课，建设辅导员网络培训课程体系，推进思想政治工作队伍网络培训。构建高校网络文化研究示范平台，集聚大学生网络文化工作室成果，搭建学生创新创业网络载体，促进学生创业实践能力培育。

扩大覆盖，筑牢网络育人阵地。以应用服务输出、运行模式输出、管理方法输出为重点，争取教育部直属高校和20个左右省（区、市）所属高校加入“易班”，探索形成可复制、可推广、可辐射的网络互动社区建设模式。建立中国大学生在线与高校网站内容共建机制，争取共建高校达到1 000所，注册用户覆盖大部分高校大学生，打造全国大学生思想教育类网站“旗舰”。发挥集聚效应，提升育人效果，促进校校合作、地校合作、地地合作，实现“易班”网、中国大学生在线与各地各校校园网络有序衔接、有机结合、有效运行。以“易班”网、中国大学生在线为主干，支撑建设全国高校校园网站联盟网络活动平台，形成各地各校网络活动联办、网络服务共享的格局。组建成立“易班”辅导员联盟和学生站长联盟、中国大学生在线校园网络通讯社，面向全国高校学生提供思想教育、教育教学、文化娱乐、信息咨询等一站式服务。开展网络名编名师、名站名栏、名作名篇评选活动，探索建立网络期刊名篇索引。

引领示范，促进校园网站建设。发挥“易班”网和中国大学生在线引领示范作用，有效推动高校校园网站建设，着力增强校园网站的思想性、教育性、服务性、互动性，打造一批示范性学生网络互动社区、主题教育网站和思想理论教育资源网站。推进辅导员博客、思想政治理论教师博客、校务微博、班级微博、校园微信公众号等网络新媒体建设，扩大校园网络文化的育人覆盖面和社会服务面。以弘扬主旋律、传播正能量为主旨，积极构建重大理论学习、重要时间节点、重要舆情应对时高校统一联动、集体发声、一呼百应的网络宣传工作机制。在“易班”网、中国大学生在线上开设专栏专题，把握时、度、效，主动设置议题，占领舆论制高点，疏导师生思想情绪。汇聚高校专家学者、辅导员、学生骨干等群体，选拔组建网络评论队伍，组织开展网评骨干培训，探索建立网评队伍作用发挥机制，提升网络评论的针对性实效性。①

3. 成效

在易班上，汇集近8 000多部优质的视频课程，资料库内容达3 140万，网上的贴文数超过2 670万，日均页面浏览量超过1 000万次，app日均活跃用户超过20万，每年开展的线上线下主题活动5 000余场。易班已经成为广受青年学生欢迎的新型网络阵地，在全国探索创新网络思政工作方面正在发挥着越来越重要的作用，中央高度肯定了易班的模式，在《关于加强和改进新形势下高校思想政治工作的意见》（中发〔2016〕31号）中明确提出要加强互联网思想政治工作载体建设，深入实施“易班”等新应用推广行动计划。易班作为高校网络思政的主阵地，为学生提供量身定做的教育教学、生活服务和文化娱乐等全方位的校园服务，实现潜移默化的思想引领。

二、主题性教育网站资源——青年之声

“青年之声”志愿服务联盟经团中央批准，由团中央网络影视中心联合中国青年志愿者协会共同发起，秘书处设在团中央网络影视中心。“青年之声”志愿服务联盟以构建联系与服务青年开展非营利契约式公益性战略合作模式，以自愿参加为原则，接受有志于青少年公益事业的单位与个人申

① 教育部办公厅　国家互联网信息办公室秘书局关于印发《“易班”推广行动计划和中国大学生在线引领工程实施方案的通知》[EB/OL].(2015-02-09)[2019-05-05].http://www.moe.edu.cn/jyb_xxgk/moe_1777/moe_1779/201502/t20150209_185743.html.

请。“青年之声”是共青团面对新形势的有效创举，借助互联网新媒体技术，搭建了青年和团组织交流的畅通渠道，打通了共青团和青年的联系，增强了团组织对青年的吸引力。“青年之声”志愿服务联盟将按照团中央书记处的总体部署，大力弘扬志愿服务精神，服务好社会，服务好志愿者，为青年办好实事。

1. 内容

（1）实时评价。青年用户可对自己在平台参与的活动、求助的案例、接受的服务进行评分，对各组织、专家的回答进行评价。所有的评分和评价会汇总加权计算成为入驻平台的每一个团组织的青年评议标准分，作为共青团深化改革引入青年评议组织和干部的重要依据，由此进一步推动广东各级团组织和团干部眼睛向下、聚焦普通青年，提供实实在在的青年服务，做真真正正的青年之友，使整个青年工作提质。

（2）用户监督。平台上开通了虚假活动等的举报功能、设置了问答差评按钮、设立了求助信息和线下服务真实度的监督机制，青年参与后觉得不喜欢的活动还可以打“负分”，甚至在平台最显眼的地方设置了“吐槽我们”专属通道。

（3）平台影响力 QII 指数。QII 指数设立“独立访客有效访问量”指标，采集独立访客点击进入具体帖子的次数，且每天不重复计算，杜绝了人为刷量的可能，而组织在平台上发布的活动若没有用户报名参加、或活动结束后没有上传现场照片，将不计入考核，防止为了考核批量上传低质量活动的行为。设立了“团组织参与解答问题数”和“帮扶青年实际困难成效”两项高权重指标，并规定当“帮扶成效”单项获得高分值时，QII 总分值做同比例加权计算。

（4）“发现线下”及“在线预约”。“发现线下”及“在线预约”模块实现了“青年之声”与“青年之家”的全面融合，提供了全省 921 个“青年之家”服务地图查询、服务在线预约、服务内容咨询、服务满意度评价等功能，同步优化、梳理、公布全省“青年之家”的服务供给、服务时段、服务承载能力等，同时还要求“青年之家”管理员在工作时间需 1 小时内反馈用户在线预约申请等。在广州市北京路的“青年之声—青年之家”省市线下服务总站和南沙裕兴社区的“标配站”，因为服务案例和关注人数较多而显示在了“人气服务站点”推荐栏里。

（5）广东青年大数据交互系统。广东“青年之声”还通过“广东青年大数据交互系统”，逐步打通公益志愿、就业实习、创新创业、社会教育、婚恋交友等全省各青少年服务互联网平台底层数据，通过数据抓取、挖掘与碰撞，为“青年之声”平台功能拓展提供支撑，形成涵盖青少年成长核心需求的在线服务生态链，吸引更多的青年社会组织进驻平台，更多的企业资源投放到平台、更多的青少年用户有黏度地使用平台。①

2. 特色

（1）供需对接的志愿服务效率工具，按照“统筹协调、分类分级管理”的原则，汇聚人员、组织、活动和资源等志愿服务要素，实现供需实时有效对接，帮助公益志愿组织和志愿者高效组织和参与志愿服务活动。

（2）规范透明的志愿服务管理体系，精准记录、真实反映组织及个人的志愿服务情况，促进志愿服务的制度体系和管理规范的健全，重点完善注册邀请、培训考勤、激励嘉许等规范流程，促使志愿服务评价工作更加透明公正。

（3）社会运作的志愿服务发展模式，通过社会化的方式逐步引入公共服务和其他爱心资源，以志愿积分兑换等方式，创新建立志愿服务回馈制度，实现社会爱心“双向循环”，并逐步实现平台的自我造血运营。

3. 成效

“青年之声”平台已经积累了实名注册个人用户 125. 7 万、组织用户 1 664 个，每月活跃用户 9. 8 万、问答数 10. 4 万、活动发布数 992 个。广东“青年之声”微信公众号已收获粉丝 126 万，2016 年篇均推文的阅读数高达 30. 2 万，在全网绝大部分微信公众号还在为自己第一个“10 万 +”阅读数的推文而奋斗时，广东“青年之声”依托为青年提供有诚意的服务，已悄然完成了团属新媒体社会影响力瓶颈的突破。2017 年以来，“创青春创新创业大赛”、产业工人上大学“圆梦计划”、最美南粤少年评选、“益苗计划”

① 探索“三条路径”强化“三个特色”：广东“青年之声”建设取得阶段性成果[J]. 中国共青团，2017（9）：59 – 61.

志愿服务项目大赛、环保设计大赛、“青年文明号”评选等重大项目均使用平台进行发布、推广、报名、投票及在线咨询、评议等工作。仅这些项目就累计吸引3 600多个青年团队、82万余人参与。此外，广东“青年之声”还通过“广东青年大数据交互系统”，逐步打通公益志愿、就业实习、创新创业、社会教育、婚恋交友等全省各青少年服务互联网平台底层数据，通过数据抓取、挖掘与碰撞，为“青年之声”平台功能拓展提供支撑，形成涵盖青少年成长核心需求的在线服务生态链，吸引更多的青年社会组织进驻平台，更多的企业资源投放到平台、更多的青少年用户有黏度地使用平台。①

三、专业性学术网站资源——学者网

学者网是一个学术社交网络服务网站，旨在推动科研工作者的交流合作，提供学术信息管理、文献检索、学术网盘、教学课程管理以及学者交流等服务。

1. 内容

在学者网上，学者们可以轻松构建个人、团队学术主页，并通过学术社区发现具有相同研究兴趣的学者，互相分享学术成果。通过学术搜索引擎，自动获取学术信息，建立个人主页，更好地展示用户的学术成果。拥有功能丰富的个人空间，包括个人信息管理、学术网盘、学术邮箱、学术交流等。创建学术团队和教学课程主页，更好地组织交流学术工作。

2. 特色

学者网提供协同教学平台、学术交流平台与科研协作平台等特色服务。

学者网+协同教学平台是以高校师生和科研人员为主要用户群体的，具有学术社交基因的网络教学平台。高智能地帮助用户管理教学资源，搭建师生互动平台。目前，只要注册学者网就可以创建课程、加入课程，轻松带领学生走进互联网下的智慧课堂。平台能为师生提供通用的网络课堂服务，帮助师生突破时空限制，进行教学资源分析和互动交流；还赋予师

① 广东“青年之声”倒逼共青团改革落地［N］. 中国青年报，2017-01-09（5）.

生学术设计能力，为教师和优秀学子提供科研交流和构建科研团队的服务。课程平台提供丰富的课程管理功能，教师与学生可以使用此平台进行互动交流、在线考勤、发布公告、提交作业等日常教学工作，更为方便的是，学者网为每门课提供统计服务，可以实时查看各位同学的登录、活跃统计图与统计表。

学者网学术交流平台的学术社交功能，立足于教学过程，着眼于科研协作，建立自己的学术圈，更有效地通信和交流，为用户提供良好的互动场景和便利功能：在课堂内外为师生提供交流互动功能，为研究者之间的协作提供在线学术互动功能。此外，平台的智能化推荐功能，将向用户推荐与其教学或研究兴趣一致的其他用户或研究团队/动态/成果等，从而有利于研究者了解更多领域相关研究进展，推动可能的科研协作。

学者网科研协作平台提供的构建科研团队功能，是面向科研实体开展科研活动、记录科研过程和成果的需求而提供的服务。具有一定资质的用户可以创建团队，并对团队人员、团队资源、团队科研动态等进行管理，每个科研团队都有独立的域名和页面，能满足该团队展示科研过程和实力、提高影响力、加强与领域内其他团队联系等需求；平台提供的构建党建班级功能，支持党支部创建自己的党支部团队，并对党支部组织活动进行宣传；平台提供的班级管理功能，支持教师或辅导员创建自己班级或年级的管理团队，班级成员可以在平台查看教师或其他成员发布的通知公告，并支持班级管理其他事物的在线交流。无论是专业学会、研究中心、实验室等学术机构，还是个性化的兴趣小组等开放团队，都可以使用学者网平台创建自己的团队，更加便捷地进行团队管理和团队展示。

3. 成效

学者网+课程平台在网络强国、数字中国、智慧社会的背景下，因连接教学与科研，服务师生课堂与学术的创新服务模式和鲜明的学术社交特色，始终秉持公益服务原则，受到广大用户的欢迎。平台注册用户已实现“985 高校”全部覆盖，“211 高校”覆盖 102 所，大部分国内知名高校均有注册用户；国外用户单位超过 40 家，其中超过 20 所世界百强学校。学者网受到越来越广泛的关注和肯定，在谷歌、百度、好搜和必应等主流搜索引擎搜索“学者”时，学者网均被首屏收录。同时，通过搜索引擎优化，学者网能够帮助学者的主页公开信息被各大搜索引擎及时收录，提高个人的业界知名度和学术影响力。部分用户已经习惯将学者网的个人主页作为学术交流的名片，他们通过发布学者主页链接以代替传统的交换纸质名片方式，达到了传统方式无法比拟的展示效果。2018 年 4 月“学者网 +”教育大数据应用实践获“粤治—治理现代化”2017—2018 年“大数据与公共服务”优秀案例奖项。

四、学生网络互动社区资源——汕头大学互助学习中心①

汕头大学互助学习中心（以下简称 SLC）创办于 2004 年 10 月，是中国内地高校首家提供大学生学业上朋辈互助的机构。中心的创办借鉴了十余所北美和英国高校较成熟同类型服务机构的经验，并结合了中国高校和汕头大学的实际情况。

1. 内容

(1) 学业问询。成绩优秀的高年级本科生（以下简称导生）为学业上遇到疑问或者想进一步提高学习成绩和改善学习方法的同学提供免费的指导，形式包括分享专业学科的知识、解释难点、习题解答、分享学习方法、对专业学习的引导和建议等。开设数学公共课/英语/专业课等学业问询课程，由导生进行指导学习，SLC 开设的所有课程面向全校本科生，不限于专业内的交流，可以与不同专业的导生共同探讨问题。如果想从零基础学习某一课程，可以与 SLC 导生一起制订学习计划，或预约导生进行一对一辅导。服务分固定和预约两种。固定课程，指有需要的同学只需按照课程安排直接到 SLC 问询，无须预约，可在前台咨询课程时间和研讨室。预约课程，指固定学业问询课程与学生上课时间出现冲突，或希望有一对一的辅导。SLC 暂没有开设的课程，若学习上遇到困难，可在 SLC 网站下载“一对一辅导申请表”或“新增学业问询课程服务申请表”，填写后发到 SLC 邮箱，SLC 会尽量帮助解决学生的学习困难。

---

① 汕头大学互助学习中心服务项目［EB/OL］.（2018－10－30）［2019－05－05］. https://slc.stu.edu.cn/Info.aspx?InfoID=1501281130.

（2）学业辅导。为在专业学习上遇到较大困难的同学（主要指有不及格成绩同学）提供“一对一”或“一对N”学业辅导，帮助同学提高成绩。大学适应性学习辅导班主要针对新生开设，根据学生在大学新环境中遇到的学习问题而推出的一系列辅导课程，协助新生更快地适应大学学习生活。帮助新生了解选课流程、规则及选课技巧，协助他们制订本科期间的学习计划；介绍各学科的专业基础知识及专业发展方向；帮助新生转变高中的应试学习方法，推荐各学科专业知识的学习方法和心得，协助他们找到更适合自己的大学学习方法。

（3）小组讨论。师生间和同学间的课堂外学术交流或者小组学习提供场地，如小组项目讨论、案例分析、英语等课程作业的讨论、班级学习小组活动等。学生可以使用校园账号登录预约研讨室。如需长期固定时间使用研讨室，可在SLC网站下载“固定研讨室申请表”，填写后发到SLC邮箱，SLC会尽量满足需求。

（4）学习班。每学期开设多媒体、计算机基础软件入门等课程学习班，由导生指导学生自学多媒体软件。

（5）学习交流活动。定期邀请老师或优秀学生，对学生的大学学习做专题讲座或经验交流。

（6）自修。SLC内暂未安排其他服务的研讨室可供学生自修。不设预约，先到先得。

2. 特色

（1）深入联系基础年级的同学，以“互助式学习”为桥梁；为广大学子提供了一个可以开展广泛交流的大平台；拉近学生间的距离。

（2）促进学生全面健康发展，为学生的交际和领导能力提供锻炼的机会。促进学生之间的学习交流，形成互助互进学习的风气。

（3）汕大本科生提供一个免费的学业朋辈互助支持平台。

（4）为帮助学生提高学业表现，解决学生在学习上遇到的困难，推动学生形成更积极主动的学习习惯。

3. 成效

为更好地营造学习环境，汕头大学新近成立了学生互助学习中心，为在校本科生提供一个免费的、朋辈互助的学习支持网络，提供最切合同学需要的服务。中心现有13个学习室，共可容纳98人，开放时间是下午2点到晚上10点。目前，中心主要提供“来访询问”“小组讨论”“搭配学习伙伴”三项服务。据悉，这是全国高校第一家为学生提供以上服务的场所进互助学习中心，一幢三层的小楼布置得清雅别致，房间整洁明亮，共有13个学习室，可供100人同时使用。据中心管理员介绍，SLC目前提供“来访询问”“小组讨论”“搭配学习同伴”等免费服务，“来访询问”会固定安排某些课程，如果你对该课程存在疑虑，那么在指定服务时间来到SLC，会有一位导生等着接受你的询问。导生均是已修读完其服务的课程，且成绩优秀的高年级师兄师姐，该中心现有80位导生，来自全校各个学院。导生们将自己的学习心得经验贴在SLC网站上，让同学们自由浏览；导生唯一不能做的事情，就是代替来访的同学做作业。汕头大学互助学习中心发展完善，已成为汕头大学学生工作的重要负责地，集教务教学、生活服务、咨询等一体的全国性大学生网络互动示范社区。

五、移动性“两微一端”新媒体资源——晚安华师

“晚安华师”作为学校官方微信公众号，不仅是学校党委宣传部、新闻中心的工作平台，也是学校的整体展示平台，是全校宣传思想教育工作的抓手。其突破官方微信以资讯、服务性信息为主的思路，微信内容以原创性深度新闻为主，做有内容丰富立体、有温度、有人文关怀的微信公众号，多角度聚焦关切校园热点话题，充分发挥校园文化积淀深厚的传统，将思想政治教育与校本文化传承相结合，润物细无声，人文化成，加强思想引领，丰富校园文化，弘扬社会主义核心价值观。

1. 内容

(1) 思想引领。及时发声，善于发声。生动活泼地宣传时事政治、党的方针政策。利用新媒体的交互性，提高师生对话题的参与度，增强思想教育的效度。如开辟专栏聚焦党的十九大精神的学习贯彻，营造好学习宣传贯彻党的十九大精神的良好氛围，从多角度、多视角反映师生学习宣传贯彻党的十九大精神的情况；校党委书记、校长给学生上思政第一课，备

课前一周在“晚安华师”推出一期网络问卷调查，了解学生对思政课的内容预期以及思想政治状况，大大提高了课堂内容的针对性、互动性、实效性；课后及时推出宣传报道，扩大思政课的影响力。

（2）舆论引导。关注热点，解读政策；迅速回应突发事件，公布真实、准确、权威的信息。利用后台收集师生意见，发挥舆情预警作用，并及时将问题转达学院职能部门关注与跟进，及时主动公布各类师生关注的信息，主动对社会重大热点问题进行解读和引导，提升宣传教育效果。采访并发布了教师资格证改革、暴雨导致的校园水患、学生宿舍空调安装等师生高度关心的信息。2015 年 7 月，针对“华师失联女生柯文婷”的媒体舆论关注热潮，校内调查完成后及时发布《失联女生柯文婷非华师学生的情况说明》，澄清事实，以正视听。

（3）文化建设。将思想政治教育工作与校本文化传承相结合，构建具有积极意义和充满正能量的校园文化。“晚安华师”致力于讲好华师人的故事，及时多方位报道一线师生的教学科研、创新创业成果。近年来，策划采访了多位校园新闻人物，包括广东民俗专家潘剑明、美术批评家皮道坚、国内云计算专家赵淦森、生科院教授温兆清、金文研究专家张桂光等；五四青年节专题《华师人的青春，你属于哪一种》被人民网转载，并以图片头条的形式被中国大学生在线网站报道；2018 年华南师范大学校庆 85 周年的 15 条有关校庆主题的推送，得到师生校友和社会各界的密切关注，“晚安华师”微信后台总共收到各类留言和信息近万条，校友们纷纷表达对母校的怀念之情，对母校近年来所取得的成就充满自豪感。得知港珠澳大桥管理局党委副书记、行政总监韦东庆，原来是 1988 届科学哲学专业硕士研究生，“晚安华师”便立即策划一期推送《港珠澳大桥建好了！2 993 天以来，这位华师人只做了这件事》，介绍了韦庆东校友参与港珠澳大桥建设的感人事迹。推送一经发布，便引起师生校友的广泛关注，韦庆东校友的故事也被搬上了《榜样华师》纪念大会上。

（4）服务办学。宣传报道学校各方面多层次的发展动态，加强校内信息沟通，汇聚校内共识及力量，推动构建大宣传格局，促进管理服务、办学水平的提高，为高水平大学建设提供强大精神动力和文化支撑。以客观真实、贴近师生的新闻视角，生动活泼的大众话语，主动公开、及时发布学校教育改革发展、重要政策、重大成果、工作动态等信息。围绕高水平大学建设、省部共建、大学章程、大学城建设10周年、省“挑战杯”、省大运会、港澳办学30周年、招生、迎新、毕业季等学校重点工作，推出图文、视频、广播全媒体报道。

2. 特色

把握传播规律，以受众需求为导向，转变宣传思想工作的内容及方式，注重受众体验，做用户喜闻乐见的宣传产品。

（1）内容立体。丰富的栏目设置，突出师生视角。“晚安华师”突出师生视角，把服务师生校友同教育引导结合起来，宣传报道一线师生员工的奋斗经历，宣传典型人物、典型事迹。以“爱生活、爱思考”作为办刊口号，设置丰富的栏目满足不同受众群体的需求。“人物·对话”“即时新闻”“图闻”“数读”“发现华师”等新闻资讯类栏目吸引众多关注；“玩乐”“资讯”等生活服务类栏目受到师生热捧，“来扯”等互动性栏目吸引用户参与，“小晚电台”“华师话事”两个视听栏目突破了一般公众号纯粹图文的呈现形式，开拓网络电台、网络视频全媒体视听栏目。此外还专门开设专栏，刊登师生校友的优秀文学作品。

（2）改变文风。从官方话语走向大众话语的转型。“晚安华师”从生硬的讲道理方式转向适合大众喜闻乐见的讲故事的话语方式转变，熟练运用网言网语，做师生爱看的新闻。报道内容与师生的生活实际紧密联系，以同辈人的角度叙事说理，使社会主义核心价值体系内化为大学生的思想意识，并真正被其所认同和掌握。

3. 成效

“晚安华师”不断受到校内外师生校友的关注，日益成为校内外具有重要影响力的宣传阵地。“晚安华师”2017年在“校媒·全国高校新媒体评选”中荣获十佳视觉设计奖、广东省高校官方微信十佳推文。仅2018年上半年，“晚安华师”单条推送阅读量超过10万次的有3条，总阅读量超过300万次，在每月的广东官方微信排行榜中稳居前二；在2018年3月，在武汉大学、腾讯公司联合举办“络+盛典”“中国互联网+校园媒体创新力峰会”上，“晚安华师”凭借2017年的传播力与创新力，荣登“2017中国互联网+校园媒体创新力”排行榜南部地区明星榜；在2018年7月，由团中央机关报《中国青年报》公布的2017—2018年“中国大学官微百强”奖中，“晚安华师”名列前30名。

第五章
广东高校网络育人的方法

习近平总书记在全国高校思想政治工作会议上强调，“做好高校思想政治工作，要因事而化、因时而进、因势而新”，“要运用新媒体信息技术使工作活起来，推动思想政治工作传统优势同信息技术高度融合，增强时代感和吸引力”。

广东地处改革开放和意识形态斗争“两个前沿”，不仅是改革开放的“实验田”，更是意识形态领域斗争的“最前沿”。作为广东高校教育者，应该把意识形态工作摆在极端重要位置，不断探索网络育人的新方法，把网络育人作为广东高校开展思想政治教育的有力抓手。

第一节　高校网络育人方法的概述

一、高校网络育人方法的内涵

方法，就是人们在认识世界和改造世界的过程中，为达到预期目的所采用的手段或方式。人们要认识世界和改造世界，必须从事一系列思维和实践活动，这些活动所采用的各种方式，包括步骤、程序、格式等，统称为方法。① 方法的制定来源于对象的内容，来自于对象自身的运动规律，具有客观性。高校网络育人的方法是指根据网络以及大学生在互联网虚拟空间思想与行为的特点，为实现网络教育目标、传播教育内容，完成教育任务所采用的方式、程序和手段的总和。高校网络育人的方法是在高校网络教育活动中逐步形成和发展起来的，是为了一定教育的目的和任务服务的，它不是指一种方法抑或几种方法，而是一个方法体系，其中所属的方法各有其实用范围，并从属于不同层次，各方法之间相互作用、相互转化却不可相互替代，高层次方法对低层次方法起着指导作用，低层次方法是高层次方法的实际应用。

发挥规范和指导的作用。对高校网络育人方法的内涵，需要从以下几个方面加以认识。

从形式上看，高校网络育人的方法、内容和目的这三者之间有完全不同的存在形式。教育目的和内容是以观念和知识的形式存在的，而高校网络育人的方法则是以网络育人的实现方式、活动形式、措施手段、程序步骤、工具方法等实践操作途径为存在形式的。利用这些方法，教育主体能够了解大学生的实际思想状况，从而展开以网络为载体的教育活动。因此，高校网络育人的方法是高校教育主体进行教育活动必需的操作性要素及工具性要素。

从性质上看，高校网络育人的方法可视为一种中介因素，旨在消除教育者与教育对象在网络条件下的矛盾与差异。在思想政治教育工作中，主客体之间的差异与矛盾主要表现在两个方面：一是教育者按人才培养要求对大学生进行的社会主导意识形态和道德教育；二是教育对象的个体意识在实践中形成的自己的思想意识，并不一定与社会主导意识形态相符合。因此，解决教育者与教育对象之间的差异与矛盾，高校网络育人的方法是沟通教育主客体之间的桥梁。

教育主体要运用网络教育方法了解大学生的思想、行为特点，引导他们学会用习近平新时代中国特色社会主义思想武装头脑，自觉践行社会主

① 汪淼，汪先平. 高校辅导员生活化思想政治教育工作探析 [J]. 湖北经济学院学报（人文社会科学版），2015（6）：145－146.

义核心价值观，增强“四个意识”，坚定“四个自信”。

从形成过程看，高校网络育人的方法与网络教育实践活动相生相伴。网络教育实践活动需要借助方法才能发展与实施。同时，其实践活动也应不断发展，方法也需不断完善。随着社会现代化的发展，高校教育与社会整体的发展，社会各门学科的融合成为必然的趋势，只有主动适应新情况，不断探索新方式、新手段和新机制，才会有说服力、感召力、凝聚力，才能贴近实际、贴近生活、贴近学生。当大学生的学习、生活因科技而改变时，其相应的教育方法也应与时俱进。高校网络育人的方法需要主动吸纳现代信息网络技术发展的新成果，积极构建网络育人的方法体系，不断提升教育的科学和技术含量，提高教育的成效，从而推动高校网络育人方法的现代化，这个过程既有现实依据，也有客观要求。

二、高校网络育人方法的特点

高校网络育人的方法是运用网络开展教育活动所运用的方法总和。网络教育的方法，包括基本方法、特殊方法以及在这两者基础上的探索创新，都是在遵循科学性和价值性以及符合思想形成与发展的规律和教育规律的基础上，为完成一定教育任务和目标服务的。在互联网和信息技术快速发展的时代，将网络与教育相结合是应对新时代发展，探索在网络信息环境中构建稳定有序的网络秩序、达到塑造完善网络人格的要求，是现实教育方法中所不具有的特点。再者，高校网络育人的方法是依托于网络技术的出现和进步而形成和发展的，因此，其特点和功能在很大程度上是由网络的特点决定的。与传统的教育相比，高校网络育人的方法具有以下特点。

（一）与网络信息技术的高度融合性

高校网络育人的方法是依托于高速发展的网络信息技术，因而不能忽视教育主体对网络信息技术掌握的重要性。高校网络育人方法的主要特点是与网络信息技术的高度融合性，也是高校网络育人方法区别于传统的、现实的教育方法最显著的特点。传统的教育方法都是在课堂、教室由教育主体向教育对象直接地传递教育信息，或者借助于书籍、报刊等向教育对象传递诸如思想政治方面的教育信息，网络育人的方法则是教育主体借助网络这一种新型载体来开展教育活动的手段，它的出现离不开网络信息技术的应用，依托于网络信息技术的发展而发展。

（二）教育活动空间的虚拟性

虚拟性指互联网无实体的存在形式，是通过文字、图像、声音等数字化形式存在。随着科技的发展，互联网中的三维动画等多种虚拟技术，可以为我们创造模拟出用于实际教育的虚拟现实环境。互联网产生的虚拟空间联结了现实中的用户，为用户提供多种娱乐或学习活动的载体，如用户可在互联网上购物、学习、玩游戏等。高校网络育人的方法就是利用网络来进行大学生教育，其相对于现实的教育活动而言具有虚拟的特点。传统的教育活动的开展需要实体空间，例如教育基地、教室、礼堂等，也需要教育主客体在同一空间交流，而在网络空间，通过数字化的信息传播，教师与学生不需要在有讲台、黑板的现实教室存在，可通过数字媒体符号为载体实现教学内容的传授。

（三）信息传递的即时性和便捷性

即时性指用户可以通过互联网在第一时间获得网络媒体发布的信息。快捷性指互联网用户获得信息渠道的方便程度。互联网以秒计算的信息传播速度带来的即时性，可以使人们随时了解世界各地发生的大事，其快速与便利也利于用户进行思想交流、问题讨论，从而提高信息资源的利用效率。而在传统教育方法中，教育信息的传递方式主要有两种：一是教师搜集整合信息，再传递给学生；二是学生通过书籍、报刊、广播电台等方式获取信息。这两种渠道的传播相对于网络传播效率都较低，并且由于印刷、运输等中间因素限制，互联网传播信息的优势更为明显。也就是说，教育主体可以利用网络即时传递诸如思想政治等方面的教育信息，教育对象无论身在何地，只要通过端口连接了互联网，都可以随时获取到这些教育信息，既方便又快捷。

（四）信息交流的跨时空和多媒体性

信息交流的跨时空性，是指互联网可以打破时空界限，使信息交流双方实现不同时空的沟通，体现了信息交流在时间上的灵活与空间上的扩展。所谓多媒体性，一是指在信息处理方面，可利用网络对两个或两个以上不同类型的信息媒体同时进行采集、编辑、存储等处理方式；二是在处理的媒体类型上，包括对文字、声音、图像等多种媒体的处理。在传统教育活动中，教师与学生需要在同一空间存在，信息传递的时效性与快捷性低，课堂交流相对受限制，从而导致信息的时间灵活性与空间扩展性较低、不能满足学生对信息的需要。利用互联网进行网络教育，可以很好地弥补这一缺陷，实现教育主客体之间高效的信息交流。另外，传统的“一支笔，一块板，一本书”的教育模式，知识呈现形式单一，容易造成教学模式固化乏味，不利于提高学生兴趣。而利用互联网的多媒体性，可以实现多种形式的教育活动，增加学习的趣味性，容易被大学生接受。

（五）思想和感情交流的互动性

传统教育方法中，不管是以教师为主体直接传递信息，还是使用传统媒体，其方向都是单向的，不能体现学生的主动性。同时，教师也不能及时获得学生的反馈信息。教师与学生之间进行思想情感交流有利于教育目标的实现，有助于学生对教育内容在思想上的内化，而在传统的教育方法中，课堂时间受限，信息交流的单向性导致师生之间思想交流匮乏。在利用互联网多样化、趣味化的教育方法中，师生之间可以实现不受时空限制的双向互动，达到思想的沟通、情感的交流，实现我们育人的目的。现代互联网为大学生提供了多种师生互动的平台，如一对多、一对一的“网络论坛”，利用AI技术预先设计专题实现的人机对话。师生也可以利用电子邮件等即时性聊天工具实现信息的相互传递和思想的沟通。网络教育方法的运用彻底改变了大学传统教育的局面，学生由单向被动地接受知识转向了与教师平等自由的双向沟通模式，达到思想的碰撞与交流。网络教育方法的运用彻底改变了大学生传统教育的局面，使大学生由传统的被动接受、“灌输”教育变为主动参与、交流思想，形成教育主体与教育对象互动，在思想碰撞中潜移默化地使教育对象接受引导。

三、高校网络育人方法的原则

高校网络育人的原则，既体现网络育人的规律，也是网络育人实践活动的经验总结，对高校网络育人的全过程起指导作用。在网络教育方法的体系中，原则规定着方法的方向、准则和要求，起着导向和规范的作用。构建与创新高校网络育人的方法，必须反映网络特征、时代特征、技术属性以及人在网络虚拟社会中思想形成与发展的规律，贯彻落实全国教育大会、全国宣传思想工作会议精神。新形势下高校发挥网络育人的作用必须坚持把立德树人作为根本任务，把服务中华民族的伟大复兴作为重要使命，结合网络的虚拟性与现实性、开放性与隐蔽性、分散性与脆弱性的特点，以及人在网络虚拟社会中交往即时互动性和平等民主性等特点构建高校网络育人方法的原则。① 当代高校网络育人方法的原则包括以下几个方面。

（一）坚持科学性与政治性相统一的原则

高校网络育人方法的科学性，意味着高校网络育人的方法应立足基本国情，遵循教育发展的规律性、大学生成长的规律性、互联网虚拟社会发展及大学生在互联网虚拟社会思想行为的规律性，避免盲目性与随意性。网络科技的发展，促使各网络信息平台成为人们思想文化交流与碰撞的新天地与信息舆论的放大镜，各类社会意识形态的争锋交错，极易影响大学生的思想意识形态和人生价值观的形成。高校网络育人方法具有政治性，其体现在抵制和批判各种不正确的思潮涌现于公众网络，坚持以马克思主义为指导，以社会主义为方向，主导网络阵地。高校网络育人方法坚持以马克思主义为指导，以社会主义为方向，其本身就体现了高校网络育人的本质要求和基本规律，这是高校网络育人科学性和政治性相统一的表现。具体而言，高校网络育人方法利用科学的理论指导实践，是其科学性的体现，否则，难以了解学生在网络上的思想行为，难以掌握学生思想发展的方向，那么保证政治性也就无从说起。同样，如果在高校网络育人方法实践中放弃坚持社会主义的政治方向，就会迷失方向，难以与互联网上各种错误的社会思潮划清界限，高校的意识形态工作也将在无序的状态下面临巨大挑战，高校网络育人也就失去了科学性的基础。

坚持遵循科学规律，确保政治方向正确。第一，要求在网络育人方法虚拟实践活动过程中始终坚持党对意识形态工作的领导权，开展各种宣传

① 曾令辉. 网络思想政治教育方法研究：论网络思想政治教育方法内涵及其体系构建［J］. 广西师范学院学报（哲学社会科学版），2011（2）：85－88.

国家政策，党的政治主张，治国理政的理念、方针、路线，等等。第二，把坚定正确的政治方向放在网络育人的首位，在互联网中绝不允许散布和传播对党和国家不利的各种社会思潮，把政治性要求贯穿在高校网络育人的全过程和具体活动中，体现出社会主义网络育人的价值选择，避免网络泛自由化以及西方后现代化思潮的影响，引领学生紧密团结在党中央的周围，营造风清气正的网络空间。第三，在网络育人的实践中，尊重学生的个性差异的同时，不能忽视社会主义意识形态引领网络阵地的原则，以及如何运用科学的方法，达到对学生进行思想教育质与量的把握，提升学生的思想道德。

（二）坚持虚拟性与现实性相统一的原则

虚拟性既是互联网的本质特性，也是高校网络育人的本质体现。在互联网虚拟空间中，网络教育是以知识、信息、声音、图像、文字等二进制数字化符号的形式存在的。因此，高校网络育人的虚拟性决定了其方法的虚拟性。现实性，也是网络育人的本质体现，是现实高校教育在网络技术创造的虚拟空间中的反映与延伸，网络育人的发生具有历史的必然性，是现实教育向网络教育发展的现实需要，这是不可逆性的表现。客观性是指大学生的虚拟实践活动所创造的网络文化，赋予了网络空间的人文和社会意义，使网络教育作为一种相对独立的文化子系统得以真正产生和发展，这是客观存在的。[①] 作为教育客体的大学生，他们都是生活在现实社会中的现实的具体的个人，是现实社会的主体，大学生在互联网虚拟社会表现出的思想行为是现实社会存在的反映，其也是客观存在的。互联网具有丰富且开放的信息资源，信息能在互联网上实现超时空、快捷的传输，互联网用户能以匿名的身份进行即时的交互。这些特点满足了人们现实生产、交往、学习、发展的需要。互联网虚拟社会虽然是现实社会的延伸和反映，但不是现实社会的简单映射，更不等于现实世界，它具有自身的复杂性以及规律和特点。所以，高校网络育人的方法必须坚持虚拟性与现实性相统一的原则。

---

① 曾令辉．网络思想政治教育方法研究：论网络思想政治教育方法内涵及其体系构建［J］．广西师范学院学报（哲学社会科学版），2011，32（2）：85－88.

（三）坚持主体性与平等性相结合的原则

主体性是相对于客体性而言，主体性是指人作为活动主体的本质规定性。高校网络教育主体性是高校网络教育者主体性、大学生受众主体性和网络教育活动主体性有机构成的整体。高校教育工作者和大学生的主体性是在网络教育活动中产生和发展的，而网络教育活动的主体性依赖和根源于网络教育者和大学生的主体性，是教育者和大学生主体性的整合。对于网络教育而言，网络教育活动是在开放的互联网环境下运用网络信息技术，通过网络虚拟空间及时传递有关思想政治教育等虚拟数字信息，积极实施有效的虚拟行为来进行教育疏导活动。虽然网络育人虚拟化的是数字化信息的交互，但其背后却是教育者与教育对象现实性和主体性的反映。网络空间对人们的意识形态的建设不同于传统媒体具有强制性，促使教育对象对社会主导思想意识形态的认同，是实现网络育人健康发展的要点。所以，坚持学生的主体性原则，以学生为本，才能有效利用网络实施育人的目的。坚持以人为本就是要求在虚拟空间实施教育的过程确定和尊重大学生的主体地位，尊重大学生在选择教育信息中的独立性、自主性、自为性，促进人的全面发展，而坚持包容认同，就是要尊重并认同大学生之间的多样性与差异性，谅解少数大学生对教育引导的不理解、不配合、不支持甚至排斥等。①

平等性是指教育者和教育对象在地位平等的基础上，通过平等的方式进行思想交流，正如教育学家雅斯贝尔斯曾说，“教育就是一棵树摇动另一棵树，一朵云推动另一朵云，一个灵魂唤醒另一个灵魂”，教育是一个相互启发，平等沟通，从而达致思想情感共鸣的过程。高校网络育人必须尊重和利用主客体平等互动的关系，进行互动共进与疏通引导。互动共进，强调的是以平等为前提，以互动为手段，形成共进状态，以促进不同主体之间角色的交互。而要进行有效的疏通引导，同样也必须要建立起平等的主客体关系，以引导的方式推动互动交流的进程。

网络育人的主体性与平等性密切联系，主体性是有效发挥网络育人平

---

① 曾令辉. 网络思想政治教育方法研究：论网络思想政治教育方法内涵及其体系构建［J］. 广西师范学院学报（哲学社会科学版），2011（2）：85－88.

等性的前提和基础，而网络育人的平等性是网络育人主体性实现和发展的基本保证，坚持网络育人主体性与平等性相结合的原则，就是要在坚持充分尊重和发挥网络育人主体性原则下，注重互动共进关系的建设，通过疏通引导唱响网络教育主旋律，发挥网络育人在网络意识形态领域中的统领的作用。

（四）坚持主动引导与选择过滤相结合的原则

网络具有开放复杂性、即时动态性、信息资源无限丰富与多样性，其发展无疑已经成为一个思想文化阵地和思想政治斗争阵地，先进的社会意识形态和文化不去占领，各种落后腐朽的非主流的社会思潮就必然去占领。因此，高校教育工作者须发挥自身强烈的主观能动性，积极作为，坚持主动引导和选择过滤相结合，根据互联网的特点和大学生身心发展需要，积极创建良好的网络社会意识文化，引导学生形成正确的、有利于人类发展的先进意识形态，抵制各种不利于社会发展的非主流意识形态、垃圾信息、黄色信息的传播，为学生提供积极健康的网络文化环境。

主动引导，要求教育者密切关注网上动态，全面了解网络信息内容，对网络舆情进行理性批判的分析，积极引导舆论导向，有针对性地传播信息。一是为了有效吸引广大学生积极投身于传播正面积极的主流社会意识形态和思想，需要建立一批具有一定影响力的思政类别的门户网站和主题网站，以此扩大思想宣传的覆盖范围；二是要有意识地、积极主动地抢占各综合类网站信息交流与传播的网络阵地，以此为基础广泛而有效地对健康积极向上的思想文化进行传播，从而使主流意识形态的主导作用得以更好地发挥。

选择过滤，即让广大学生在海量的网络信息中自觉地选择有益或有用的信息，并自主地完成内化及外化的转变。一方面，由于互联网上的信息是良莠不齐的，且具有多元化和多样性的特征，加之此类信息往往又相互错综交杂，给大学生自主选择吸纳有效有益的信息造成一定的难度。另一方面，大学生选择网络信息又具备自主性及匿名性，对于信息的选择权在于大学生而不在于教育者，大学生的现实需要和思想价值观点取向决定了他们选择或拒绝何种信息，由此可见，对于大学生的信息选择，网络教育者对其具有不可控性。这就决定了网络教育无法像现实思想政治教育一样，使教育者与受教育者面对面地直接进行实际的硬性传授（此处经过重新改写），而只能是由教育者对大学生进行柔性引导选择，这就要求在网络舆情的研判基础上，透过大学生的虚拟言行看思想变化，透过网络虚拟现象看本质，透过网络虚拟个体看虚拟群体，把准网络舆情，通过管理和技术等手段对网络信息进行筛选和过滤，运用隐性渗透性的方法引导大学生进行有效的选择吸收网络信息，促进自身的发展。

第二节　高校网络育人的基本方法

一、运用技术，“堵”“疏”双管齐下

“堵截”即拦截，从广义上来说，是指在通过网络管理和网络技术等措施，加强对互联网信息传播的管制和监督，一方面是开发网络拦截软、硬件，限制网民对有害信息源网站的访问，另一方面是出台相应法律法规，对传播有害信息的行为和组织进行制约。从狭义上来说，堵截就是运用技术手段，构筑内、外网之间的信息监控系统，使所有内连外接的网络信息都要强制性地接受系统检查和过滤，从而堵截有害信息进通道，达到净化网络空间的目的。大学生还处于成长发育时期，思想还不够成熟，辨别能力还不强，自控能力较弱，容易受到有害信息的侵害。因此，运用技术对网络有害信息进行堵截是高校网络德育的常用方法。

网上有害信息可具体概况为网络政治性有害信息、网络社会性有害信息和网络有害私信息三类。①

1. 网络政治性有害信息

指涉嫌危害国家政局稳定、国家统一、国家秘密、意识形态安全、国家荣誉等国家利益的网络信息。国际上一些推行霸权主义和强权政治的西方大国和反对祖国统一的敌对分子是此类信息发布的主体。以美国为首的

---

① 尹建国. 我国网络有害信息的范围判定［J］. 政治与法律，2015（4）：102－113.

西方大国，利用其信息控制权和影响力，通过国际互联网极力向世界、特别是仍坚持社会主义道路的中国灌输西方资产阶级的意识形态、政治制度、文化思想，进行“文化扩张、文化侵略”，实现其“不战而胜”的政治图谋。特别是近些年来，美国等国不断在网上抨击我国，以此煽动我国人民对共产党和国家的不满，目的在于扰乱我国社会政治经济秩序、破坏安定团结的局面，因而它所造成的不良影响和危害极大。对此，我们必须保持清醒的头脑和高度的警惕。

2. 网络社会性有害信息

指涉嫌危害社会公共利益的网络信息，其处于网络政治性有害信息与网络有害私信息之间，与两者均有重合之处。根据信息内容及危害程度之不同，可将网络社会性有害信息区分为两类：一是涉嫌危害公序良俗的网络社会性信息，其主要指危害社会公德、文化传统、民族风俗、习惯的信息等。二是含有其他立法明文禁止内容的网络社会性信息，其包括煽动非法集会、结社、游行、示威，聚众扰乱社会秩序，破坏宗教政策、宣扬邪教和封建迷信，散布谣言、扰乱社会秩序、破坏社会稳定的信息等。高校大学生因自控力较差或出于猎奇心理，容易受到此类信息的影响。如网络上的各种负载暴力文化特质的影片和游戏软件很容易误导青少年在生活中因为一些微不足道的挫折或哥们义气大打出手，做出各种暴力行为。此外，据有关专家调查，网络上非学术性信息中17%与色情有关，这类易使一些自控力较弱的大学生出于好奇和冲动沉浸其中，乃至遭受“黄毒”侵害，甚至走上堕落和犯罪的道路。而像一些迷信的、虚假的、故意扰乱人们思想的、吸引人们观看的恶作剧信息则很容易激化人们的情绪，涣散人心，引发社会的动荡，其危害也是严重的。

3. 网络有害私信息

网络有害私信息指涉嫌侵犯名誉权、隐私权、商业秘密、知识产权等私益的网络侵权、诽谤、造谣等信息，这类信息最大特点是，其侵犯的是相对明确对象之权益而非抽象的国家利益、社会利益。正因如此，这类信息的“有害性”理应以有被侵权人提出异议为前提。其有害性需由居超然的中立地位有权机关予以事后判定后方才有效。

通过建立技术防火墙和安装专门的技术软件是对网上有害信息进行堵截的常用技术方法，但受技术水平和网络管理水平的制约，堵截只能是相对的，不可能把一切有害信息都堵截住，所以，还要将堵截与疏导有机地结合起来，才可能收到较好的效果。

“疏导”就是疏通和引导，原意是开通渠道，使水顺畅地流向目的地。思想政治教育中的疏导，就是指疏通思想并向正确的方向引导。具体地说，就是广开言路、集思广益、循循善诱，把各种不同的思想、言论引导到积极的、正确的、健康的轨道上来。疏是导的基础与手段，导是疏的目的与升华，二者辩证统一、相互联系、不可分离。疏而不导，各种错误思想就会放任自流；导而不疏，不了解学生的思想动态，这种引导便无的放矢、空洞乏力。

网络疏导教育是指高校思想政治教育工作者，通过疏通和引导的方式，解决学生在网络行为中出现的问题，引导学生向正确的方向发展的一种教育方式。网络时代大学生面临着多元的价值取向的信息选择，自身也喜欢追求个性和潮流新思想，但其思想尚未成熟，对于劣质信息如反动信息缺乏抵抗力，易被引入思想迷途，不利于其身心健康发展。而思想教育工作者若一味采取只对不良舆论信息进行“堵、截”的处理方法，有可能造成学生逆反心理的产生，从而与原本的教育目的背道而驰。在思想政治教育方法中重要的一条守则就是正面引导，以理服人，柔性地引导学生形成面对不良思想的态度，比硬性的“一刀切”方式更有效。

对大学生的网络行为进行引导，需要注意两个方面的问题。一是网络空间的思想引导不宜一味进行长篇大论的灌输，讲大道理，而应结合不同的具体事件，一事一议，就事论事，有理有据、生动翔实；二是要注意网络引导的时效性，网络事件舆论发酵很快，若不能及时对不良思想观念进行引导纠正，不良网络舆情一旦形成，便很难再对学生进行思想引导。

因此，思政工作者在工作中要充分利用现有网络媒介，结合时事热点，通过网上聊天、公众号发帖等多种方式开展引导式教育，在交流中发表自己对特定事件的理性看法，因势利导，及时将正确的思想观念有效地渗透到学生心中。同时要懂得借助互联网第一时间发布权威真实信息，把握网络舆情引导的黄金时间，例如及时转发官方消息，充分利用网络合理引导，及时捕捉学生新思想、新动态，并及时加以引导。

运用技术，“堵”“疏”双管齐下，开展网络育人工作的过程中，要求思想工作者运用互联网技术对不良信息进行堵截以及对大学生的网络思想进行引领的同时，要正确处理疏导与堵塞的关系。首先，要坚持以教育引导为主，要借助一定的目标、理想或价值观，对大学生进行启发，将学生导向既定方向目标，同时综合运用行政、法律法规等手段对不良信息进行堵截，防止错误思想观念的滋生与蔓延。其次，也要清楚在网络思想政治教育过程中，堵塞不是目的，堵塞和疏导一样，最终也是为了引导。形式主义的堵塞不仅不能从根本上解决问题，一旦错误思想回潮，反而影响更大。因此，在思想引领的过程中，要允许学生有不同意见的表达，甚至将错误观点表达出来，这样才能使解决问题具有一定的基础，疏导教育也才能更有针对性。堵塞是引导的特殊手段，堵塞不是压制民主，相反是对民主疏导的必要保障。

二、强化管理，安全“防患于未然”

我们在享受互联网快速发展带来的好处之时，不能忘记互联网高新技术本身的缺陷和不足。据中国互联网络信息中心于 2018 年 1 月发布的《中国互联网络发展状况统计报告》中有关调查表明，2017 年我国网络安全整体保持平稳态势，但用户信息泄露、网络黑客勒索和通讯信息诈骗等问题仍频繁出现。其中，遭遇个人信息泄露问题占比最高，达到 27.1%。网上诈骗问题次之，占比高达 26.6%，主要类型包括虚拟中奖信息诈骗、冒充好友诈骗、网络兼职诈骗、网络购物诈骗、利用虚假招工信息诈骗以及钓鱼网站诈骗等。①

近年来随着信息技术不断进步，我们运用防火墙技术、防毒软件，堵住了大量不安全的缺口，网络安全系数也逐年上升，但网上信息盗窃、诈骗、犯罪等案例仍屡屡曝光，层出不穷。由此可见，技术“堵截”法并不

① 曹彦波．新时期大学生网络安全教育问题及策略探析［J］．现代职业教育，2018（9）：124－125．

是灵丹妙药，它不能“防”所有有害信息和犯罪行为。因此，我们在运用技术法进行堵截的同时，还要建立“法律防火墙”，通过网络立法，发挥法律的规范作用，积极防范网络主体失范行为。

2017 年 6 月 1 日《中华人民共和国网络安全法》正式颁布实施，为保障网络安全，维护网络空间主权和国家安全、社会公共利益，保护公民、法人和其他组织的合法权益，促进经济社会信息化健康发展提供了制度保障。此外，《电信和互联网用户个人信息保护规定》（工业和信息部令第 24 号）、《计算机信息网络国际联网管理暂行规定》、《互联网信息服务管理办法》、《计算机信息网络国际联网安全保护管理办法》等一系列的网络法规，这些法规对网站和个人的网络行为的法律责任做了具体的规定。广东省也出台了如《广东省计算机信息系统安全保护条例》、《广东省计算机信息系统安全保护管理规定实施细则》（试行）、《广东省计算机信息网络国际联网保密管理暂行规定》等法律法规。

但在网络管理和规范方面，不仅需要国家和政府的法律法规，还需要各级单位、组织有各自网站的具体管理条例。在这方面，高等院校更应有所作为，根据相关法律法规，建立和健全自身网络安全管理体制，如校园网管理制度、网络舆情监测制度、岗位管理责任制度等，规范完善网络管理，引领约束青年大学生的网络行为，防止不法行为的发生。

据《2016 年度广东高校新媒体发展白皮书》，广东高校在官方新媒体的内部管理上，有 40 所高校有固定的选题会，51 所高校有例会与总结制度，44 所高校有值班制度，41 所高校有奖惩制度。例如，中山大学就颁布了《中山大学信息与网络安全保密管理办法（暂行）》，针对校园网的使用制定相应的安全管理与保密管理措施，以加强对校园网的管理，维护公共秩序，充分发挥校园网络的作用，为全校师生及教职员工提供稳定、可靠、安全的计算机网络环境，更好地支持学校的教学、科研和管理工作。这样做同时对于规范网络行为主体、形成良好的网络环境起到积极的作用。

三、注重发展，建设网络育人阵地

习近平在网络安全和信息化工作座谈会上的讲话中提出，要加强网络内容建设，做强网上正面宣传，培育积极健康、向上向善的网络文化，用社会主义核心价值观和人类优秀文明成果滋养人心、滋养社会，做到正能量充沛、主旋律高昂，为广大网民特别是青少年营造一个风清气正的网络空间。高校网络育人要坚持立德树人、以文化人，建设社会主义精神文明，化被动为主动，积极抢占互联网思政高地，做到“以科学的理论武装人，以正确的舆论引导人，以高尚的精神塑造人”，及时发布国家政策、实时掌握学生“网络生活”动态，积极创新网络思政工作方式方法，搭建符合学生需求和特点的网络育人阵地。

对于当今大学生而言，通过网络获取信息的渠道与平台已十分丰富，要想通过做好校园网络建设来构筑有效网络思想政治教育阵地，必须要坚持“内容为王”，坚持以受众为中心的传播模式。比如微信、QQ 已成为“95 后”大学生最常用的网络载体，刷朋友圈、看公众号占据了他们绝大部分的上网时间，如果能利用好学生的喜好习惯，建立并运营好受学生欢迎的微信公众平台，在一定程度上能净化网络空间，促使主流意识形态的思想政治教育作用的发挥。

一是推动校园网络平台融合发展。据调研，在广东高校中，100% 的广东高校已开通官方微信公众号，79% 的高校已开通官方微博，96% 的高校建设了新闻网站，还有部分高校开通了今日头条号、南方 +、网易号等手机客户端，此外，还有少数高校使用 QQ 校园、贴吧等作为新媒体平台的宣传途径，基本实现了多元载体的全覆盖。二是要注重内容建设。大学生在网站、新媒体等网络思想政治教育平台的参与度将直接影响高校思想政治教育的成效，而点击量则是反映参与度的一个指标。提高平台内容的质量、提升平台的吸引力是推进校园网络思想政治教育平台建设向纵深发展的关键环节。要积极探索网络文化产品的评价体系和认证机制，建立优秀网络文章的认证平台，对网络上产生较强影响的原创优秀文章进行第三方认证，并推进认证结果与科研统计、职称评定挂钩，以激发更多专业教师和大学生在网络平台上发文、发声，提升平台吸引力，形成正面舆论场。据《2016 年度广东高校新媒体发展白皮书》统计，学校官方新媒体内容产生全部为原创内容的广东高校有 9 所，大部分为原创内容的有 56 所，大部分为非原创内容的有6所。三是要坚持线上引导与线下服务相结合。积极发挥现有平台优势，推进德育网站、学工网站、共青团网站和各学生组织公众号等建设，并将其纳入校园文化建设的行动计划中，发挥校园文化的思想政治教育功能；定期开展活动，吸引粉丝，增强用户黏度，如通过校庆推广学校及官方媒体的知名度，注重传统与网络思想政治教育的结合，积极打造网络思想政治教育品牌，传播正能量，助力学生健康成长。华南师范大学针对网络交往的平等、互动性特点，探索构建起“导师引导、朋辈示范、互动引领”的网络思想政治教育品牌项目——“青春演播厅”“青网计划工作坊”等，深受师生喜爱。

建设网络育人阵地，还要注重依托官方权威媒体平台，转发正能量。各类权威媒体、官方新媒体平台与手机app平台，是开展网络育人工作的主阵地，思想政治工作者可借助此类平台，积极搭建网络育人阵地。此外，腾讯、百度、网易等学生经常浏览的网络门户各有自己的特色，在文化倾向上虽然商业性较强，但是负面影响小，为拓展思想政治教育功能提供了一种可能。德育工作者开展大学生网络思想政治引领工作，要注重与学生网络兴趣爱好相结合，投其所好，多出精品，方能更好地发挥主流网络平台的思想引领作用。

四、及时掌控，健全网络舆情处置

近年来，随着网络技术的推陈出新，除网络新闻、网络论坛等传统应用外，博客、微博、微信等交互性强的网络自媒体的出现，极大地丰富了互联网信息交互方式。网络传播交互性、实时性、超文本性以及个性化等特点，使网络舆情得以快速形成并发展，成为社会舆论的一种重要表现形式。网络舆情已在社会多方面产生较为深刻的影响，及时掌控并合理引导网络舆情，对于做好网络思想政治工作十分重要。

（一）网络舆情的形成及特点

网络舆情是指在互联网上流行的对社会问题不同看法的网络舆论观点，是社会舆论的一种表现形式，是通过互联网传播的公众对现实生活中某些热点、焦点问题所持的有较强影响力、倾向性的言论和观点。[①] 网络舆情以网络为载体，以事件为核心，广大网民情感、态度、意见、观点的表达、传播与互动，以及后续影响力的集合，包括互联网上形成的公众的一致意见以及现实生活中无声意见的表达。

与传统媒体舆情相比，网络舆情除了具有意识性、历史性、公开性、传播性、评价性和自发性等特征外，还兼具传播时间与空间的广泛性和丰富性、舆论引导的复杂性和难控性、意识形态与道德伦理的多元性和冲突性、意见交流的平等性与自由性以及产生过程的速成性和快捷性，具备传统媒体无法比拟的优势。[②]

与国外相比，我国网络舆情还存在以下三个特点：一是由于我国曾长期处于封闭落后状态，民众容易受到外来思想文化的影响。二是我国正处于社会转型期，各种矛盾不可避免地存在，易使部分民众情绪冲动，不能明辨是非。三是少数社会管理者对于舆情习惯于回避或堵塞，容易耽误网络舆情管控的时机。

网络舆情的形成是一个比较复杂的问题，有学者从对大量网络舆情事件发生过程的分析和归纳中，总结出网络舆情形成过程：第一阶段，是社会事件的发生或共同话题出现在网络上；第二阶段，是众多个人意见在网络上发表并经过复杂的交流、融会、取舍和整合，最终达到具有一定倾向性的多数者意见；第三阶段，是传统媒体的介入和舆论的立体传播。[③] 网络舆情与传统媒体的报道相结合，形成强大的社会舆论压力，使其最终产生作用与效果。

（二）网络舆情的掌控

根据网络舆情形成的机制和过程，网络舆情的掌控要求思想政治教育工作者要有高度的政治敏锐性和洞察力，并能通过有效途径及时掌握大学生网络舆情动态，为正确引导网络舆情打好基础。

---

① 洪伟. 网络民族舆情与网络民族关系刍议［J］. 广西民族研究，2017（6）：32－38.

② 谭伟. 网络舆论概念及特征［J］湖南社会科学，2003（5）：188－190.

③ 王彤. 微博舆论的形成及其管理分析［J］. 学理论，2011（25）：100－101.

1. 加强技术措施在互联网中的应用

网络自由需要以不违反法律、不损害他人和社会的利益为前提。主管部门要通过对上网场所的整治，进一步落实网络实名制，加强对上网人员的管理；利用自动过滤系统等网络技术手段，提前介入对网络舆情的“把关”，如加强对不良信息的管理，对新出现的社会舆论热点、焦点去伪存真，确保网络舆情的正确导向。各网络门户可以利用数据备份系统，全面记录上网人员的数据信息，确保在技术上创造一个既宽松又相对严格的网络舆情环境。

2. 健全网络舆情信息监测队伍建设

网络的“把关人”必不可少，特别是对论坛中的言论板块应该配备专门人员进行管理，遵循及时、准确、适当的原则，对所有发表的言论进行梳理，必要时引导言论的方向。加强高校网络舆情监测的领导与组织，明确监测责任主体与相关工作人员的工作职责；专兼搭配，构建以党委、宣传部、学生会、校园网络管理部门等为主体的高校网络舆情监督队伍。兼职人员主要来自于学生管理干部、师生代表与专业网络人才，确保相关人员具备必要的知识技能和良好的思想政治素质，能够高效准确地对网络信息进行捕捉与分析，对信息的性质及影响进行科学判断并及时报告。

3. 构建网络舆情信息处理及应急机制

一方面，要建立信息处理长效机制，配备“专门舆情监测人员对相关信息进行收集、汇总、整理及分析，然后进行上报，由主管领导对舆情状况进行判断”，并科学指导后续处理工作，从而构成完整的信息处理系统。另一方面，要强化网络媒体对信息的收集、整理与反馈，并与有关部门建立联动机制，保证信息渠道的通畅、灵敏和信息处理的及时、准确，定期反馈网络信息，反映网络舆情的发展状态。同时，要充分发挥“现有法律法规的作用，约束并引导网络舆情的科学与理性发展，必要时采取监管与清理工作，避免群体性事件等突发问题”的出现，有效避免舆情风险的出现与扩大。① 如吉林大学珠海学院便通过学校官方微信公众号密切关注学生

① 黄瑶．高校校园网络舆论的形成、监测与引导机制研究［J］．新媒体研究，2018（11）：68－70.

言论动态，及时发现隐藏在言论后面的情感和心理问题，并通过“评论”“回复”等形式及时回应，在互动中解决问题，引导学生舆情健康发展。2014—2017 年，官方微信会话次数达 537 万次，会话人次达 372 万，平均每月与近 13 万人次会话交流①，在高频的互动中拉近学校与师生的距离，让思想政治教育达到“润物细无声”的效果。

（三）大学生网络舆情的引导

网络舆情引导是网络思想政治工作的重要任务，也是现代思政工作在网络空间的延伸。正确引导网络舆情，需要遵循及时性、正面性、柔和性、互动性以及针对性等基本原则。面对已成为我国庞大网民主力军的大学生群体，开展网络舆情引导工作还需要把握大学生网络舆情的语言特点、心理特点与行为特点，因势利导，对症下药。

1．建立网上预警机制，增大监控范围和力度

构建科学完善的网络舆情监督管理体系，实现舆情信息的全方位收集与综合处理，极大提升舆情信息的把握水平，从而为科学有效的舆情处理与应对奠定良好基础。

（1）建立全方位可量化的预警指标体系。实现舆情监督与预警的制度建设，判断校园网络舆情运行模式。

（2）建立智能舆情收集分析系统，通过关键字过滤、特定信息控制等方式经常性扫描巡查校园网中各类信息，实现校园网络平台的有效管理，建设校园网络舆情平台的保护性防火墙结构。

（3）建立警报发生后的应对系统，通过对舆情危机等级判断，以实现对预案内容的合理实施，提高舆情重视程度与处理效率。②

2．全方位营造网络正面主流舆论

（1）积极体现校园网络的载体功能，加强网络“微文化”的德育功能开发，使之成为移动互联网时代的育人阵地，强化“议程设置”功能，引

① 广东思想政治工作研究会．新媒体时代广东高校创新思想政治工作调研报告［J］．思想政治工作研究，2018（9）：37－39．

② 黄瑶．高校校园网络舆论的形成、监测与引导机制研究［J］．新媒体研究，2018，4（11）：68－70．

导网络舆情的科学发展，把握构建热门话题的主动权和影响力。

（2）充分发挥网络“意见领袖”的作用，提供网上舆论发展的“参照系”，增强对大学生思想认识的引导力。

（3）积极推进高校网上舆论引导员队伍建设，构建全面系统的舆论监督管理体系，引导主流言论方向和师生对舆情的科学认知。

3. 全面开展培养教育，提升网络道德素养

（1）注重研究和把握大学生网民的心理特征和内在诉求、话语特点，把握网上舆论传播影响规律，共建网络话语体系，寻求思想共鸣、拉近情感距离，增强网络宣传教育公信力与影响力，确保提升高校思想政治教育工作的针对性和有效性。

（2）定期规范开展网络安全法制教育、网络道德自律教育与网络心理健康辅导教育，切实提升大学生的网络应用水平和科学认知水平，提高学生的信息鉴别能力，维护大学生群体的心理健康安全，引导其树立正确科学的是非价值观，具有良好的网络舆情批判性接受能力。

第三节 高校网络育人的特殊方法

网络环境自身独有的特点和技术属性及其对人们的思想和行为的影响表明，传统的德育工作方法是不够的。因此，必须创设和运用一些特殊的方法，来保障高校网络育人工作的推进落实。

一、网络交流法

网络交流法是指思想教育工作者通过互联网与教育对象进行实时或延时交流与对话，并在交流中对教育对象进行思想引导的教育方法。与传统思想政治教育模式不同，网络交流法能有效突破传统德育模式面对面交流时的紧张、戒备等不良情绪，让对话更加轻松，有利于教育对象畅所欲言，从而提高教育的有效性与方便性，既能节约成本，又能提升效率与自由度。这是一种一对一、点对点、互动性与时效性较强的网络育人方法。

运用网络交流法开展德育工作需要注意在线交流过程中内容的贴近性、

情感的相融性、方式的引导性和过程的互动性。同时，由于网络的即时性与快捷性，在线交流使得思想政治教育的沟通更方便，资源更容易利用和保存，利于提高教育对象对教育内容的信息接收与处理效率。交流工具的有效使用能促进师生之间情感交流，利用网络可以突破传统教育情境的交流范围，形成一个更具情感相融的学习氛围。师生之间通过网络交流工具的利用，对资源进行共享，促进学习活动的协调与思想的交流，亦可有效地达到网络育人的目的。

QQ、微信等是目前流行的在线交流工具，可作为一种交流工作选择。这些交流工具具有跨时空性、多媒体性。即可实时或非实时地进行信息交流，也可以处理多种媒体文件。例如好友在线时沟通，进行文字、声音、视频等实时传输，当好友不在线时，也可进行媒体信息的传送，对方上线后再进行处理即可，这种灵活性与便捷性极大地提高了交流的效率，从而有利于思想政治教育工作的开展。

思想政治教育工作者需要和学生进行在线交流，可通过 QQ、微信平台建立群组，与学生开展在线交流。由于师生之间缺乏面对面的互动，如何畅通地进行交流与沟通，找到方便合理、易于接受的交流渠道，是当前需要进一步探索和研究的课题。①

二、场景体验法

场景体验法是指综合运用虚拟现实（VR）以及增强现实（AR）等技术，让教育对象身临其境进行虚拟体验，并在体验过程中对其开展思想教育的一种网络育人的特殊方法。与传统德育方法场景单一、疏离现场不同，场景体验法具有较强的现场感，能让教育对象有更形象、直观、自主的体验，能有效地克服传统德育只重道德原则而忽视规则应用的具体情景的不足。思想政治教育工作者可以根据育人工作的需要，设置不同的场景与各种可能的复杂关系，并提供解决在这些关系中出现的各种可能的道德问题的正确思路，让教育对象进行反复训练，以熟知道德规范并形成处理各种

① 李文华. 教师远程培训过程中在线交流的方法与管理［J］. 软件导刊（教育技术），2012（6）：72－74.

道德问题的相应的能力。

近年来，随着网络技术的日益成熟与普及，能让人们实现更多身临其境的沉浸式体验，场景体验法将能实现更多网络德育场景选择与更多样化的体验形式，让受教育者在体验过程中获得更真切的感受。

对思想政治教育工作者来说，需要加强对场景体验法的技术操作与教学场景设计的学习，以便能更快地对技术与知识的更新做出反应，保证网络育人工作的时效性。

三、网文引领法

网文引领法是指思想政治教育工作者通过多种网络媒体如新闻媒体、校园网站、公众号等平台传播营造良好育人氛围，吸引受教育者点击浏览，进而达到育人目的的一种教育方法。互联网已成为当今大学生学习、生活的重要工具，各类门户网站和校园媒体平台，已客观上成为信息传播与思想引领的重要途径与影响力量。因此，合理运用该方法开展思想政治教育，具有无可比拟的受众优势，但同时也对思想政治教育工作者提出了更高的要求。

如何运用恰当的方法吸引访客关注，丰富网络育人内容的呈现形式，增强网络育人内容的趣味性与可读性，是运用此方法需要考虑的问题。教育工作者可通过网站的技术建设与内容建设两方面来提高保障该方法的有效实施。一方面，要加强网站软、硬件建设，通过配置先进的网络服务器，建立高技术含量的后方平台，确保网站浏览顺畅，保障师生网络信息安全，同时更新校园网与移动新媒体平台版面设计，贴近当前主流审美风格，实现定期维护并更新内容，以抓住大学生眼球，增加网页的点击量。另一方面，要加强网站内容建设；在“内容为王”的互联网流量时代，要想通过网文引领法达到育人的目的，要求网络媒体平台运营者能及时更新高质量且主题鲜明的作品，为学生提供务实有用的信息，用心经营、精心制作，增强内容的趣味性与可读性，并能通过文字、图片、音频、视频等方式实现网络育人内容的多元呈现，吸引学生的关注，进而达到育人的目的。

如 2018 年五四青年节前后，广东学联官微重磅推出《燃！青们，习大大叫你撸起袖子加油干》《信仰味道是甜的青年节》《确认过眼神，你就是我爱的“挑战杯”!》等3期主题推送。其中，《燃！青们，习大大叫你撸起袖子加油干》《确认过眼神，你就是我爱的“挑战杯”!》两篇推送阅读量突破10万次，点赞量超过3 000次，全省总阅读量超过百万，在南粤青年学子中掀起一股学习近平总书记系列重要讲话精神的热潮。华南师范大学发布由华师雷雨声教授作曲、华南师范大学学子演唱的《光荣啊，中国共青团》主题MV，引导青年大学生弘扬五四精神、勇担时代重任，MV一经发布，即引起了社会各界对团歌的关注、自觉学习与弘扬五四精神。

四、娱乐体验法

娱乐体验法是思想政治教育工作者利用数字娱乐平台天然的娱乐性与吸引力，受众的广泛性以及思想的渗透性，通过数字娱乐产品的精心制作与传播，对受众进行渗透性教育，进而产生潜移默化的影响，以达到育人的目的。数字育人方法时间、物质成本都较高，要保障该方法有效实施，要求思想政治教育工作者要找准数字化和娱乐性的结合点，选好题材和形式，充分体现思想的健康性、题材的新颖性、内容的丰富性和方式的渗透性，实现成本投入与回报的最大化。

如2018年热映的电影作品《厉害了，我的国》，便是将党的十八大以来中国取得的改革开放和社会主义现代化建设的历史性成就的展示和人们“看电影”这一休闲娱乐方式完美融合。人们或到电影院观影或网络点播，在现实生活与网络上都形成良好的口碑。电影作品通过精选题材与配乐打动观众，很好地将新时代中国复兴强盛写实记录渗透到每一个人的工作和生活里，实为很好的爱国主义教育。

除电影展播以外，各高校还可以举办话剧大赛、歌唱大赛、舞蹈大赛等，通过优秀作品巡演并融入网络直播与网络宣传的形式，将校园文化建设与网络育人工作有机结合。

五、跟踪教育法

跟踪教育法是指为了获取教育对象的思想信息而对教育对象的网络行

为、网络语言进行关注和跟踪，进而实施针对性教育的方法。运用该方法的关键在于对教育对象全面客观、全时全程的跟踪。

教育者在对教育对象进行关注跟踪时，首先要保证跟踪过程的保密性与客观性，以保证所获取信息的客观有效。其次，要根据教育对象的不同特点，制定针对性的关注跟踪方式；一般针对个体学生可通过关注其社交媒体动向，并通过网上聊天等方式了解其思想动态；针对群体学生则可采取网络调查、论坛讨论、流量统计、热点关注等形式，及时跟进学生群体的思想动态。对于所获取的信息，要及时分析研判，对已形成的信息要及时汇总统计，形成报告，对正在形成的思想信息需密切关注，并实时监控，对其思想动态分析预测，以便及时干预。如华南师范大学在开展网络育人工作时，便通过合理运用跟踪教育法，建设网络大数据，持续对全校学生在思想动态、心理健康、学习状态、关注热点和生活需求等方面的数据进行系统采集、动态监测与综合分析，及时把握学生的思想动态。

跟踪教育法要求跟踪的全时性与全程性，这就要求相关单位配备政治素质过硬的专职或兼职技术人员或思想政治教育工作者实时对教育对象的网络行为进行关注跟踪，并及时形成跟踪报告，供相关领导与主管部门查证，必要时采取针对性措施对教育对象进行引导。

第四节　广东高校网络育人方法的探索创新

一、完善网络互动交流方式

（一）转变传统观念，善用网络语言

习近平在全国宣传思想工作会议上提出，要加强传播手段和话语方式创新，让党的创新理论“飞入寻常百姓家”。作为高校教育者应该既懂育人的工作艺术，又能适应网络环境和了解网络文化特点，不断探索网络育人的新方法，勇于突破传统思维的束缚，才能在日新月异的科技和文化变革的社会环境中，始终发挥网络育人的功能。传统的思想政治教育话语体系存在着严肃、规范、语词固定等鲜明的特征，与当代网络文化中娱乐化、

生活化、多样化的特点存在差异，因此，教育者应当了解网络文化的特点，消除网络沟通的鸿沟，抓住大学生的兴趣点，从而掌握思想政治教育的主动权，将思想政治教育变成一门随处可上、随时可学，令大学生们真正喜欢的人生课、情怀课、素质课。思想政治教育不是“不讨喜”，只要创新内容和形式，接上地气，就能够走进学生的心里。

网络语言打破了传统语言的语境，表达方式更加灵活，更具有吸引力和亲和力。近年来，在广东各大高校微信公众号上，均出现了如“skr”“打call”“battle”“pick you”等与潮流接轨的话语体系，例如，华南理工大学在毕业季推出《华南理工2018届毕业生亲，您有一份廉洁从业倡议书待查收》，用淘宝体“亲”拉近与学生之间的距离；华南师范大学在介绍获奖教授事迹时，发表推文《为华师男神打call！赵淦森当选世界广府人十大杰青》，更加接地气，广受学生的关注。对文字的运用抛弃了传统的刻板文字风格，中英文结合，流行语的加入更加灵活多样，更能反映出“90后”“00后”大学生内心丰富的感情以及网络中人机交流表现出的亲切感，也能体现出广大学生丰富的想象力与抽象的思维能力。

网络文化以其丰富的表现形式，承载着网络育人的内容，用影视、音乐作品、网络文学、网络游戏等形式将思想政治教育内容融入其中，拓宽了网络育人的渠道。比如，网剧《北京女子图鉴》曾红极一时，借助这一热度，华南师范大学推文《华师压力图鉴：超九成学生觉得同学比自己优秀》，讲述华师人的心理健康情况；中山大学推文《从“青铜”到“王者”，中大始终伴你冲过人生每一关》，以游戏进阶的方式讲述中大人的成长过程。高校网络新媒体适当地将教育内容与热点文化相结合，更能激发学生的兴趣。

（二）坚持以人为本，立足学生需求

新时代的网络环境下，学生不再只是被动地接受教育，高校教育工作者应摒弃以往一味刻板地进行道德灌输，从信息“传声筒”的位置上退下来，真正做到了解学生的实际需求，尊重学生的个性发展，关心学生的日常生活，帮助学生解决困难。对此，高校网络育人工作应当尊重学生的主体地位，充分调动大学生的积极性、主动性和创造性，激发学生最大的潜能和价值，重视学生的内在自我修养与觉悟，鼓励学生进行自我教育、自我评价，真正做到“授人以渔”。

随着网络的普及以及新媒体的出现，大学生的学习方式发生了许多变化，原本只能通过图书、报刊查阅资料，而现在可以通过电脑、手机等随时随地进行学习。大学生可以通过新媒体展现自己的能力，探索自己的长处，学到一些在课堂中学不到的东西。网络为当代大学生提供了一个广阔的学习平台，拓宽了大学生的视野和眼界，有利于把枯燥的知识生动化、抽象的概念具体化，更能体现在校大学生在教育中的主体地位。

网络育人工作若想得到更多大学生的“关注”和“点赞”，就应该在方法上进行改变，实现创新，把显性教育和隐性教育结合起来。隐性教育可以很好地淡化教育者的身份，更能融入学生的世界，寓教育于无形之中，使学生在不知不觉中受到教育，在潜移默化中得到熏陶和感染，达到“润物细无声”的效果。比如，华南师范大学的“青春演播厅”积极利用互联网和大数据技术，有效汇集、梳理大学生群体思想动态，举办学生感兴趣的师生访谈节目，“放牛娃的中国梦”“NBA 明尼苏达森林狼球星的奋斗史”“《山河故人》创作故事”……这些教育主题，都是通过大数据分析，针对学生的困惑和需要来确定，而授课解题的师生们也都是由学生海投产生的。

近年来，广东各高校的网络媒体主动策划切合学生需求的内容，在选题上，植根校园，面向师生和校友，发布的内容包括了校园新闻、师生故事、校园文化等，如广州大学在新闻网上设置“广大故事”专栏，介绍了学校优秀师生代表，如各学院优秀的学生干部、学术大咖、用心育人的辅导员、创业团队及校友足迹等。同时，各大高校的网页、微博、微信公众号等也会涉及校园管理服务信息、学术讲座信息、心理健康信息、社会主流风尚信息、党建知识、社会或校园热点事件、职业规划与就业信息等，这些内容既有趣味性也有思想深度，贴近学生的生活，既能吸引学生的眼球，也能实现学生的自我教育。

（三）灵活运用平台，开辟交流阵地

新时代下的教育，师生之间并不是单向的教授过程，而是双向的互动过程，网络则是师生交互的一个平台，教育工作者和学生之间可以通过网络进行思想的交锋、心灵的碰撞。学生不再只是被动地接收思想认识、政治观点、道德规范等的“器皿”，更能自由地表达自己的内心。网络的交互性也使得教育工作者得以及时了解学生的需要和思想动态，进而提高教育的针对性和实效性。师生以一种双向互动的模式进行探究，角色可以随时转变，从而实现相互学习、共同提高的目的。

利用新媒体网络平台，可以增强互动交流。高校在思政教育中运用网络时应充分体现学生的主体性，允许学生在合适的情境中各抒己见。基于此，部分广东高校创新了高校网络育人的方式，以学生为主体，立足于网络与实际生活的维度，促进网络育人从传统的独白式教育转变为对话式教育。例如，华南师范大学官方微博设置了“华师互动”专题，时常发布与学生息息相关的话题讨论，吸引学生的关注，让学生可以畅所欲言，增强与学校的互动。

利用新媒体网络平台，可以主导网络舆论，在高校微信公众号、微博等平台上，针对国内外、校内外热点进行主题讨论，让学生主动关注的同时可以避免错误的舆论导向。面对网络传播的汹涌态势，舆情应对由过去的被动、滞后，转为主动、迅速。比如广东财经大学宿舍甲醛超标事件、广东外语外贸大学进修学员被害事件等，此类事件如果处理不及时很容易带来负面的影响，对此，高校采取及时调查，主动在网络平台发声，占据主动控制舆论，积极采取措施方可应对危机。

利用新媒体网络平台，还可以澄清谣言，发布权威信息。由于现在网络的信息层出不穷，良莠不齐，对于好奇心强的大学生而言，很容易被不实消息所迷惑，而教育工作者则可以通过网络平台发布权威消息，及时遏制流言传播。如中山大学团委在官方微信公众平台开辟“辟谣特工队”专栏，及时为学生澄清不实信息。

据统计，广东各高校的主要官方网络平台集中于微信公众平台、微博平台、学校新闻网站等，加强与学生互动，进行双向交流。有一部分高校还引入了网络直播平台，学生可以在直播过程中通过平台的弹幕功能随时提出问题，表达自己的观点，教育者则可以及时对这些问题做出回应，极大地增强了双方的互动性。此外，利用新型网络技术，部分高校自主开发设计网络信息平台，如广东高校“粤易班”平台、华南师范大学的“砺儒云课堂”等，为教育工作者提供了更多网络育人的抓手。

二、优化网络信息传播方式

（一）加强正面舆论宣传

习近平在全国宣传思想工作会议上提到，全党要把握正确舆论导向，提高新闻舆论传播力、引导力、影响力、公信力，巩固壮大主流思想舆论。正面舆论宣传，是高校展现校园风采和彰显院校特色的一种宣传方式，在高校网络育人方面发挥着重要作用。

在党的十九大召开之际，广东各高校在各个媒体平台都推出了关于党的十九大召开的系列推送，如华南师范大学团委微信公众号的推文《十九大，华师青年怎么看?》，将党的十九大与广大青年学生联系起来，从青年角度了解党的十九大，以青年视角解读党的十九大，对党的十九大事件的突出报道，提高了大学生对党的十九大的关注。又如“中山大学大学生年度人物”评选系列活动，在中山大学新闻报道《青春榜样中山大学 2016 大学生年度人物候选人出炉，快来点赞》中，以为候选人点赞的方式，吸引大家对青春榜样人物的关注，营造了积极向上、充满正能量的校园氛围，达成了通过新媒体感化人、教育人的目标。

在 20 世纪 60 年代后期兴起的美国传播学“培养”理论，也为网络信息传播中加强正面舆论宣传方面提供了理论基础。“培养”理论的基本观点是社会要作为一个统一的整体存在和发展下去，就需要社会成员对社会有一种“共识”，也就是对客观事物、重要事物以及社会的各种事物、各个部分及其相互关系有一个大体一致或接近的认识。[①] 只有在此基础上，即人们的认知、判断和行为有相通的基准，社会生活才能协调有序地进行。大众传媒在形成社会“共识”的过程中发挥的重要作用，决定了加强正面舆论宣传工作的重要地位。正面舆论宣传的工作到位，就能传播给受众一种积

---

① 张鸿燕. 网络环境与高校德育发展［M］. 北京：首都师范大学出版社，2009.

极向上、正面的能量，在社会形成一个具有正能量的社会“共识”。

以暨南大学110周年校庆宣传中，推文《首发！暨大110周年官方宣传片》阅读量超过10万次。暨南大学借助专题网站、微博、微信平台寄托师生校友对校园的真切祝福，引发受众强烈关注。其他高校如中山大学、华南理工大学、华南师范大学也在校庆推出主题宣传，获得校友广泛传播，创下各校微信年度阅读峰值。校庆无疑是高校借助新媒体进行形象宣传和促进情感认同的绝佳契机，获得校友传播是提升阅读量量级的关键。关于校庆的微信推送传播频率和强度之大，正是实现了“培养人”目标，不仅是在校园里，更是在各届校友间弘扬了爱校、爱知识的正能量社会“共识”。

（二）引导监控网络舆情

遇到舆情危机，利用微信、微博积极进行舆情回应已经成为广东高校首选的工作路径。随着学校官方新媒体的建设完善，面对网络传播的汹涌态势，舆情应对从过去的被动应对，转变为主动、迅速、得力[①]，往往也是通过这样积极主动地进行舆情回应，能得到更多人的支持和理解。

新闻传播学“沉默的螺旋”理论指出，舆论的形成与大众传播界营造的意见气候有直接关系，因为大众传播有类似性、连续性、重复性、广泛性，使大众传播为公众营造出一种意见气候，而人们由于惧怕社会鼓励，会对优势气候采取趋同行动，其结果是造成了“一方越来越大声疾呼，而另一方越来越沉默下去的螺旋式过程”[②]。网络信息传播方式较于一般的人际传播、组织传播方式等，其所处的意见气候更加复杂化，且尤其在高校大学生中，因为一起生活、学习，受彼此间的影响较大，很容易在小圈子里形成一个圈子成员里公认的价值观和道德规范，也就是社会心理学中的“从众心理”，这种“从众心理”是双刃剑，有可能会在学生间营造一种积极的社会价值观，也有可能导致社会不良风气的入侵。因此，在网络信息传播中，通过网络育人进行大学生的思想政治教育的工作时，引导监控舆

① 广东高校新媒体联盟秘书处. 2016年度广东高校新媒体发展白皮书［R］. 肇庆：广东高校新媒体联盟第三次全体理事大会，2018.

② 张鸿燕. 网络环境与高校德育发展［M］. 北京：首都师范大学出版社，2009.

情的发展是高校思想政治工作的重要方面，要及时对学生讨论的热门话题进行积极关注，了解学生思想动态的变化。

以广东外语外贸大学进修学员被害事件为例，在学员被害事情发生后，有关消息和图片被广泛流传，“广外割喉”成为新浪微博热搜话题，阅读量超过 8 000 万次。在事件过程中，学校及时了解情况，迅速应对，共发布了三次情况通报。使官方声音成为事件主要的信息源头，在一定程度上遏制了舆论想象生发空间，扭转了舆情局势，掌握了舆论主动权。与此同时，学校通过社会媒体发声，积极主动地向媒体提供线索和素材，利用媒体的辐射力以及公正客观的报道，引导社会舆论的发展方向，在负面的事件中做到正向传播。

美国社会心理学家卢因在 1947 年提出的“把关人”理论，又译作“守门人”理论，认为在信息传播网络中有大量的把关人存在，只有符合传播群体规范或把关人的价值标准的信息内容才能进入传播渠道。[①] 由于网络媒体作为一种传播媒介本身并没有思想和判断能力，因此需要有网络管理人员或职能部门进行信息过滤和筛选，剔除不健康的负面消息，并不断挖掘网络新闻中的人文价值，从而做出符合社会主流价值观要求的取舍。因此，在这方面来说，高校在网络育人时要引导监控舆情发展的工作，对不良信息要进行及时的清理和整理，并引导大学生通过自身的自律来规范自己的行为，从而优化高校网络教育环境。

以广东财经大学宿舍甲醛超标事件为例，学校宿舍甲醛超标事件经过微博、微信传播，事情不断发酵，并引发网民大量转评。学校迅速对事件做出回应，广东财经大学学生会微信号“广东财经大学学生会”发文《宿舍追踪本部 30 栋的宝宝看过来》，对基建处给出的家具抽检合格的解释做了说明，并表示持续跟进。之后学校官方微信公众号发布《本想给你一个舒适的新家，却不曾想……》，将学校拟人化，以第一人称口吻回顾、解释了整件事情的始末，表示学校初衷良好，问题出现后积极采取措施，对学生造成不便道歉。该文阅读量达 2 万次，取得良好传播效果。学校在对突发

① 王国华，戴雨露．网络传播中的“反沉默螺旋”现象研究［J］．北京理工大学学报（社会科学版），2010，12（6）：116－120.

事件的舆情监控时，及时回应学生关注的问题，避免引起新的问题，引导学生理性思考、独立思考，提高学生辩证思维能力。

（三）开发使用新兴技术

随着网络技术的快速发展，对及时化、互动化、跨空间的网络信息传播的需求不断提高，如今网络上受欢迎的手机直播也正是满足了大众的这一要求。广东各高校也紧跟技术发展步伐，充分开发微信公众号服务功能、直播技术与移动视频的功能，进一步深化新媒体的社交和服务功能。新媒体平台上的服务功能，尤其是在微信公众号运营上加入校园服务，更是突破了信息交流的局限，转向多功能、互动化的新媒体，实现信息共享和互动。此外，视频作为一种生动传递信息的传播媒介，能更有效地实现信息的传输过程，而直播技术的补充，更是将视频化的优势又提升一个层次。

如今大多数高校都在积极开发手机直播技术，相较于之前传统的直播方式，手机直播更加方便快捷，也能运用到更多领域活动中。许多高校不仅在学生开学和毕业典礼、文艺活动等校园生活的各个方面中广泛开展直播活动，还在大学生暑期支教服务活动中进行直播，实现信息的及时传递和共享，充分发挥新媒体的优势和资源。还有的是通过建设移动视频和南方+、网易号、触电等直播平台进行直播，除了实现主播与受众之间的互动，还能让师生用户在某个主题下寻找到兴趣、爱好甚至价值观相同的人群，实现受众与虚拟社区之间的良好互动。

2017年，华南师范大学团委与网络教育学院共建学校暑期“三下乡”手机工作室，运用教育优势和强大的技术研发能力，将教师教育与最新的移动开发技术相结合，构建移动实践教育平台，让“互联网+”贯穿支教服务活动全过程。通过网络信息技术的物质基础，实现育人的目标，通过手机直播的方式，让志愿服务与外界进行信息互动和共享，拥有网络视频直播技术等新兴技术的支撑，高校通过新媒体实现网络育人的脚步更加踏实。

三、打造网络育人品牌项目

在新时期，广东高校积极适应信息化社会发展形势，深刻把握当代大学生“无人不网”“无时不网”“无处不网”的特点，抢占互联网新阵地，创新思想政治教育，结合本校的育人目标与专业特色，探索打造了一系列形式多样、内容丰富的网络育人品牌项目，将思想政治工作融入到人才培养的全过程。

（一）华南师范大学“青春演播厅”

“青春演播厅”是运用互联网和新媒体技术，探索开放、交互的方式进行思想政治教育。该项目以青年学生喜闻乐见的访谈分享类视频录制和互联网播放形式，邀请大学生群体中具有号召力和影响力的青年骨干教师、优秀政工干部、先进青年典型和行业精英做客演播厅，现场讲述华南师大故事、当代学子故事、中国梦故事等，制成专题片，作为校本教材，广泛用于新生入学教育，党员、团员教育（见图5－1）。

(a)　(b)　(c)　(d)

图5－1　华南师范大学“青春演播厅”

自2014年开播至今，“青春演播厅”邀请了包括周洁、陈小花、张丹凤等3名党的十九大代表，惠若琪、陈中等2名奥运会冠军，陈金龙、卢晓中、李胜等3名长江学者，以及青年大数据专家赵淦森、《我是歌手》陈明和NBA明星凯文·乐福等。演播厅已成功录制“学习贯彻党的十九大精神”“成长那些事儿”“讲好中国故事，传播好中国声音”“让青春之花绽放在祖国最需要的地方”等11期专题视频节目。每期节目均有2万余人观看，过万人次转发，打造了一个汇聚正能量的青春“朋友圈”，成为传递主流价值观的新阵地。

2016年5月21日，时任中央政治局常委刘云山到华南师范大学调研，参加了“青春演播厅”直播，评价华南师范大学的思想政治教育创新了工作模式。6月20日，《人民日报》、新华社等十几家国家主流媒体报道了这一创新经验和做法。7月12日，中央电视台综合频道《焦点访谈》栏目以“用好网络　培育新人”为题，对华南师范大学创新思想政治教育工作进行了专题报道。2016年12月，东南十一省（市、区）重点师范院校2016年宣传、学生工作协作会议召开，相关高校的宣传部部长、学工部部长观摩了演播厅活动。

（二）广州大学“易班”网络平台建设

作为广东省易班建设首批试点高校，广州大学于2016年开始“易班”建设，并将易班网络平台打造成学校网络思想政治教育的主阵地（见图5－2）。建立了易班发展中心、易班学生工作站，形成“校—院—班”三级联动的工作机制。其中，2016级和2017级学生易班注册率和认证率达100%。

（a）　　　　　　　　（b）

图5－2　广州大学“易班”网络平台

广州大学依托易班搭建了内容丰富的网络咨询平台、及时快捷的网络互动平台、方便实用的网络应用平台和精准易用的网络管理平台，发挥了网络不受时空、地域限制的优势，牢牢构筑育人阵地，强化了网络育人效果。截至2018年4月，学校易班微社区已发布包括思想教育、党建教育、安全教育、心理健康等内容的推送2 493条；各学院机构群发布推送3 348条；建立机构群38个，班级群及学生干部群1 037个；累计创建轻应用690个，已发布208个，正式上线47个；开发了基于易班平台接口的心理健康管理系统、考勤系统和物资借用系统等管理平台。学校易班推送报道登上全国易班总网头版累计达53篇，其中14篇推送登上易班总网头条。

结合时事热点，广州大学在易班平台上开展了精准化网络教育。例如，在党的十九大召开期间，广州大学易班平台建立“五年发展，点滴印记，学习十九大”网络图片专栏，“易起学习十九大”轻应用，营造出学习党的十九大的浓厚氛围（见图5－3）。同时，鼓励和引导二级学院通过易班网络平台开展形式多样、内容丰富的学习党的十九大活动，活动覆盖面达4 855人次。

（a）

（b）

图5－3　平台内容

（三）广东学联“南粤青年说”

广东学联结合青年学生的身心特点，通过深入人心的思想交流，解读时代精神，弘扬时代正能量，在全省高校范围内广泛开展“南粤青年说”线下线上系列分享活动（见图5－4）。

图 5－4　广东学联“南粤青年说”

1. 线下系列分享活动

深入学习贯彻习近平新时代中国特色社会主义思想和党的十九大精神，结合“与信仰对话”“四进四信”等主题活动，在全省层面统一开展“南粤青年说”系列分享活动。活动分为省级和校级开展，每所高校每年最少举办 2 场省级活动，最少举办 10 场校级活动。

2. 线上系列微分享活动

与相关高校和专业机构合作，开发“南粤青年说”在线产品，用时尚接地气的引领方式，推出系列访谈短片、创意剪辑、情景短剧、思维导图、长图、动漫等线上产品，做到广泛传播，影响深入。

四、创作网络时尚文化产品

创作网络时尚文化产品，是广东高校在网络育人方法上探索出的重要经验之一。这些网络文化产品被当代青年学子所喜闻乐见，将传统枯燥乏味的大道理式“说教”变成现代潮流时尚的“微产品”，于无声中推广了主流价值观。

（一）广东工业大学《青春·问》五四主题微视频

在纪念五四青年节之际，广东工业大学团委制作《青春·问》主题微视频，以学校优秀青年代表为主题进行拍摄，包括中国大学生“自强之星”董云、“挑战杯”国赛特等奖获得者曾俊、广东高校辅导员年度人物柯婷、世界精英模特大赛亚太—中国赛区冠军李娇、“小雁子”外来工子女义教服务队等，展现了广东工大学子们的青春风采（见图5-5）。该微视频制作完成后，通过学校官网、团委微信公众号“广工青年汇”等平台播出，让更多学子从视频中直观地感受到优秀榜样的精神风范，从而在模范的引领和激励下进一步寻找青春答案，追逐青春理想。

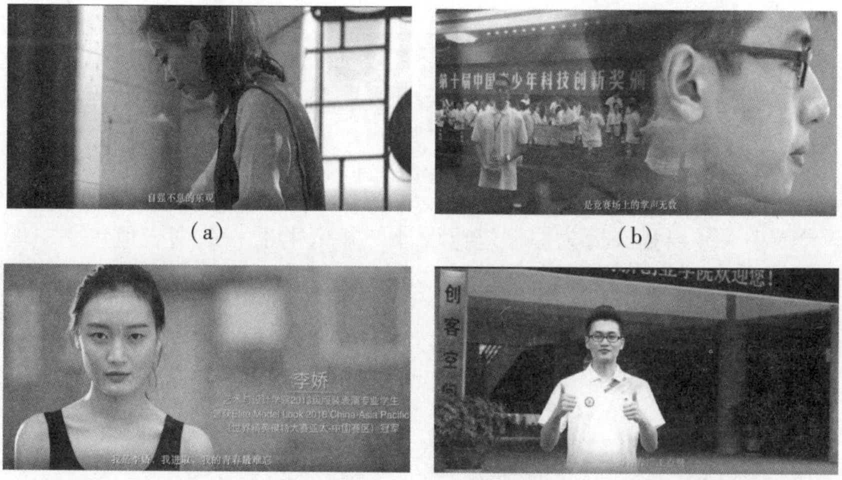

(a)　(b)　(c)　(d)

图5-5　广东工业大学《青春·问》五四主题微视频

（二）华南师范大学“萌小兔”“喵小V”卡通形象

华南师范大学青网工作坊关注青年的话语体系和表达方式，自主开发设计社会主义核心价值观吉祥物“萌小兔”、IN青春微电影大赛吉祥物“喵小V”，用时尚的、青年喜爱的方式推广主流价值。从此，“萌小兔”“喵小V”成为校内师生公认的一代“网红”和正能量代言人。

“萌小兔”是一只只活泼可爱的小兔子，每只小兔子身上分别有社会主义核心价值观关键词的标识，还附有青年励志话语。青网工作坊还以“萌小兔”为主题，制作了“梦之队”系列表情包，同样受到广大师生的喜爱（见图 5－6）。

图 5－6　“萌小兔”系列表情包

“喵小 V”以猫头鹰为原型进行设计，并衍生了一系列表情包、主题漫画、微视频等阳光文化产品。“喵小 V”作为华南师大微电影大赛的吉祥物，以其可爱的形象吸引着学校师生，陪伴走过七届微电影系列活动，见证了一部部优秀微电影作品的诞生（见图 5－7）。

（a）　　　　　　　　　　（b）

图 5－7　“喵小 V”

（三）广东外语外贸大学《生命的灯塔》原创歌曲

为更好地宣传贯彻“灯塔工程——广东青年大学生思想引领行动”，广东外语外贸大学艺术学院李志刚老师作曲、邓煜老师作词，倾情创作《生命的灯塔》原创歌曲，并由中山大学、华南师范大学、广东外语外贸大学、星海音乐学院四校学生联合演绎，录制成音频、视频，在各大网络平台广泛传唱，受到师生的热烈反响（见图5－8）。词曲之间诉说着灯塔工程的精神和意义，完美展现了灯塔工程的生机与活力，指引青年大学生找到人生中指引方向的灯塔，在光芒中汇聚希望，坚定前行。

图5－8　广东外语外贸大学《生命的灯塔》原创歌曲

生命的灯塔

作词：邓　煜　　作曲：李志刚

静寂的港　遥遥地望
沸腾的梦　大海茫茫
有一束光　在我身旁
把夜点亮　翻滚海浪

生命的灯塔　指引我走向晨曦的曙光（思想引领前进的方向）
不再犹豫越过人潮
生命的灯塔　打开那扇新世界的窗（精彩青春塑造的榜样）
用心奔跑岁月不老

你的光　划破浓雾
就算风雨　也要日夜兼程
你的光　传递温度
就算沉浮　也要再次出征

你的光　融化寂寞
就算分离　也会直抵心窝
你的光　点亮你我
就算千里　也会遍布角落
光照耀前方　汇聚成心中的希望

五、建设微矩阵网络育人团队

大部分广东高校校内新媒体发展之初是各自独立运行、分散管理，学校开设的官方微博、微信公众号，二级学院、各级学生组织开设的微博、微信公众号分别属于不同部门管理，缺乏统一管理和统筹规划。为加强校园新媒体管理，实现新媒体平台间的有效联动、资源共享、聚合传播，切实发挥网络育人实效，高校校园新媒体微矩阵、新媒体联盟应运而生。

（一）校内：建设网络新媒体育人微矩阵

华南师范大学团委设立了青年文化中心，以官方微信公众平台“华南师大紫荆青年”为核心，整合新活广播站、《师大青年》编辑部的优质内容和渠道资源，联动各级团学组织新媒体平台，建立新媒体育人微矩阵，合力打造华师青年的线上“朋友圈”，引领青春、时尚、健康的网络文化。华南农业大学成立新媒体联盟，聚集校内各学院、机关部处、共青团、学生会、研究生会、社团等组织开办的微博、微信、客户端、网络视频等新媒体平台，设立指导委员会，实行理事单位制，搭建互通互联的信息传播平台，形成一支强有力的网络育人队伍。

此外，广东外语外贸大学、广东药科大学、北京师范大学珠海分校、电子科技大学中山学院、广东工程职业技术学院、广州工商学院、阳江职业技术学院、广州南洋理工职业学院等学校也陆续成立了校园新媒体联盟。

校园新媒体联盟的成立，有利于提升校园新媒体的传播力，有效聚合校内各单位新媒体宣传资源，形成一个立体化交叉覆盖的全媒体阵地，为高校进一步促进网络育人开辟了新格局。①

（二）省内：成立广东高校新媒体联盟

2016 年，广东省成立全国首家省级高校新媒体联盟——广东高校新媒体联盟，聚合全省高校官网、官微力量，建立高校官方新媒体矩阵。华南师范大学为理事长单位，中山大学、华南农业大学、深圳大学等 19 所高校为副理事长单位。联盟成立以来，举办了广东高校新媒体成果展示节，发布了省内高校新媒体白皮书，推出了国内唯一的省级高校官微排行榜。联盟目前已拥有 97 家高校会员单位。

广东高校新媒体联盟，致力于加强高校交流合作和协调联动，不仅打造了新媒体优质内容资源的共享平台、网络正面舆论的宣传平台，更是搭建了全省高校新媒体的交流平台，有效发挥高校新媒体矩阵效应，推动了新媒体建设规范化和健康发展，促进了校园网络文化建设。在增强高校网络思想政治教育的针对性、实效性和吸引力、感染力上，广东高校新媒体联盟也发挥了十分重要的作用，有力构建了广东高校新媒体融合联动的宣传工作新格局，成为广东高校开展网络育人工作的重要支撑。

---

①　广东高校新媒体联盟秘书处．2016 年度广东高校新媒体发展白皮书［R］．肇庆：广东高校新媒体联盟第三次全体理事大会，2018．

第六章
广东高校网络育人的平台

第一节　高校网络育人平台的概述

一、高校网络育人平台的定义

“平台”是日常生活中使用频率较高的一个词语。它原指高出在建基础层上的开放式建筑空间或者建筑体。《现代汉语词典》对平台的解释为：①晒台；②生产和施工过程中，为操作方便而设置的工作台，有的能移动和升降；③指计算机硬件或软件的操作环境；④泛指进行某项工作所需要的环境或条件。[①] 在日常生活中，“平台”一词更多地被引申为人们进行交流、交易、学习的具有很强互动性的舞台或者环境，如工作平台等。

作为互联网背景下的网络平台，即符合“计算机硬件或软件的操作环境”，它主要借助计算机等信息技术的方式创设网上教育的学习环境。它具有网络交流、学习的互动性、即时性等特点。网络平台是指“建立在网络基础设施之上的、用计算机编程实现的学习环境，它的后台是一系统程序

① 中国社会科学院语言研究所词典编辑室. 现代汉语词典［M］. 6 版. 北京：商务印书馆，2012：1002.

和被程序组织起来的数据库，它的前台是网页界面。良好的程序设计是平台功能的基础，而良好的网站界面则是发挥平台功能优势的前提和条件”①。

网络育人平台除了具有网络一般平台的特点外，还有教育的目的性。它把众多涉及教育的知识资源与网络技术融合起来，形成既具有科学分类和有效整合的知识体系，又具有参与性和互动性交流方式的网络平台。在这个平台上，学习者可以访问、下载、上传、学习、交流。

二、广东高校网络育人平台的基本类型及其特点

广东作为经济相对发达省份和改革开放的前沿，与网络发展保持相对一致的速度，相关网络平台出现后，广东高校就会紧跟潮流，利用相关网络平台于教育。从目前广东高校育人平台来看，类型众多。按照不同的标准，有不同的类型②。

（一）按照平台参与者的身份来划分，有匿名和实名之分

在现实高校校园环境中，高校教育平台的参与者都是实名的。但是自从互联网出现以后，“匿名性”就是网络空间的原初属性，也是互联网平台区别于其他平台的重要特征。即使在网络实名化快速推进的今天，“匿名”依然是众多网络育人平台上网络身份的重要表现形式。之所以要以是否匿名以及匿名的程度如何作为标准来划分平台类型，是因为在网络平台是否匿名以及匿名程度的差异是网络育人平台参与者心理状态和行为表现差异的重要原因。按照这一标准，网络育人平台可以分为匿名型平台、实名型平台和半匿名半实名型平台。

在匿名型育人平台上，网络育人平台的参与者的匿名方式有两种，一种是隐藏现实身份，但并不构建完善的虚拟身份。网络育人平台的参与者通常是只暴露自己的“昵称”“用户性”等极少数虚拟信息，或者完全以系统自动生成的“游客”身份访问平台。比如，具有留言功能的网站、博客、

① 王珠珠，张伟远．我国普通高校网上教学平台及网站建设的现状分析［J］．中国远程教育，2005（3）：40－44.

② 翟中杰．大学生网络思想政治教育过程导论［M］．北京：人民日报出版社，2007.

微博、微信公众号以及聊天性质的 QQ 群、微信群。另外一种情况就是在网络育人平台上虚构了与现实生活中的身份完全不同的虚拟身份。比如在一些校内外的论坛上、贴吧里，平台参与者可以将自己虚构成企业家，但他的实际身份只是个大学生。在匿名型网络育人平台上，教育者和受教育者都是在不知道对方姓名、身份等基本信息的前提下进行互动，双方都是网络平台的平等参与者，教育过程的平等性、民主性凸显。对于教育者来说，由于匿名性，可以降低受教育者的防备心理，能润物细无声地开展各类教育，所传达的思想观念、政治观点、道德规范更能为受教育者所接受和认同。同时，教育者可以根据不同的教育平台的特点和需要自由地构建自己恰当的“虚拟身份”，能起到事半功倍的教育效果。对于受教育者来说，由于匿名性的“保护”，他们没有太多的顾虑，更愿意真实地表达自己的想法。这样避免了现实教育平台和实名型平台上可能存在的隐藏自己真实想法，仅仅表达他们认为教育者想听到的、所谓的“正确的”想法。但是，我们也应该看到，在匿名条件下，无法了解受教育者的具体情况，因此教育的针对性和适用性就会受到限制，同时对教育过程的掌控程度大大降低，教育效果也会受到影响。

在实名型育人平台上，平台参与者均以实名参与育人平台的互动过程。这类平台包括依靠现实班级、年级、社团、党团学研组织建立的，以实名方式互动的 QQ 群、微信群、易班平台等。此外，高校自己建立的校园论坛、社交网站甚至学校的电子邮件系统等，都是按照实名的方式运行的。未被实名认证或者陌生人都会被群主或者相关负责人“清理”出去。在实名型育人平台上，每个人的身份都是确定的，教育者可以根据受教育者的具体信息采取合适的教育内容、教育方法和互动方式，有利于提高教育的针对性，受教育者也由于明确自身的身份而采取合适的互动方式和方法。当然，由于实名制的存在，在网络育人平台上，受教者由于顾忌教育者的身份和地位，不会像匿名平台上那样畅所欲言，教育者由于身份限制不能自由改变自己的身份去构建合适的身份。因此，教育效果也会受到影响。

在半匿名半实名型平台上，教育者或者受教育者一方匿名而另一方实名。其中，仅教育者匿名的平台一般指的是公共互动平台，如网络论坛、可以留言的网站等。在这些平台上，受教育者以实名的方式发表意见和看法，教育者则“扮演”成普通网民、校友或者其他事件的知情人士，用相应的口吻和受教育者进行互动。在这类平台上，教育者隐藏了自己的真实身份，可以减少受教育者的防备和逆反心理。而教育者知晓受教育者的身份，可以开展有针对性的互动。

受教育者匿名的平台一般是指那些教育者实名而受教育者匿名的平台，比如专题教育网站、辅导员信箱、年级 QQ 群、微信群和校园论坛等。在这些平台上，教育者的身份是实名的，而受教育者一般可以匿名。这类平台可以大大减轻受教育者的心理压力，可以畅所欲言，同时，由于教育者身份暴露在同一个平台，这客观上引导受教育者有针对性地反映问题和提出意见。

（二）按互动方式来划分，有单项推送和对等互动之分

教育效果的达成是在教育者与受教育者之间的互动中完成的。互动的方式以及程度的差异对教育的效果影响较大。以互动方式为标准可以将平台分为单项推送型平台、追随式互动平台、对等互动式平台、混合互动式平台四种。

单项推送型平台指的是教育者可以利用网络平台向受教育者推送教育信息，但是教育者不能做出直接的回应。这类平台包括大多数网站、没有留言功能的微信公众号、仅用于通知功能的 QQ 群、微信群等。在这类平台上，教育者可以发布大量的教育信息，受教育者只能阅读、收听、观看相关推送的内容，而不能留言、评论或者点赞。在这类平台上，要想收到良好的教育效果，就要坚持“内容为王”，提供、推送满足学生成长需要的“干货”。因为在教育平台上是，相关教育内容被推送出去以后，受教育者如何以及何时阅读、收听和观看，都不是教育者所能控制的，它已经脱离了教育者而成为一个独立的文本呈现在受教育者面前。同时，我们也应该注意到，这里所说的没有互动也是相对而言的，因为在这个平台上，教育者可以通过访问量、阅读量、转发量等技术手段了解到受教育者与教育内容的互动情况。另外，这些相对独立的教育内容被推送出去之后，受教育者可能会主动或者被动地阅读、收听、观看相关教育内容，也就是他们会以实际行动接受教育内容。更为重要的是，受教育者在阅读、收听、观看了这些教育内容后，通过内在的思想矛盾运动接受相关教育内容中的理论知识、思想观念和价值观点等具有教育意义的信息，并将其整合于自己原有的知识体系中，强化或者改变已有的知识体系。由此可见，在单项推送型平台中，教育者与受教育者也存在某种程度上的互动，但是这种互动可能不是在同一时空，因此这种互动属于“隐性”互动范畴，有一定的局限性和不可控性。

追随式互动平台指的是教育者发布教育信息后，受教育者会以点赞、留言、评论的方式进行互动，追随受教育者。一般而言，教育者是被追随者，而受教育者是追随者。被追随者不需要或者很少回应被追随者。这类平台包括可以留言的网站、微信公众号、博客、微博等。这类平台一般情况表现为“一对多”的教育模式。教育者是“一”，受教育者是“多”。被追随者可以是个体，也可以是某个平台的团队运营者，追随者一般是由多人组成的群体。这种追随式互动平台建立的互动关系有两种典型形式，一种是建立正式关系，如博客、微博、微信公众号、微信朋友圈等设置了“关注”功能的平台，受教育者只有点击“关注”才能与教育者建立追随和被追随的关系，教育者在相关平台发布了教育信息，受教育者才可以收到提醒或者直接看到相关内容，才能进行点赞、留言、评论等互动，教育者才能看到相关的互动内容，并给予回应。另外一种平台就是临时性关系，如公共论坛、网站等。在这些平台上，教育者与被教育者不是固定的追随式关系，而是教育者发布了相关的教育内容，受教育者看到相关内容后进行跟帖、回帖、留言等，从而形成了临时性的追随关系。内容的发布者即教育者成为被追随者，跟帖、回帖、留言的受教育者成为追随者。但是这种关系是临时的、动态的，它们建立的基础是由于相关内容的出现，而不是固定于被追随者。一旦网站内容或者主帖删除，这种追随式关系就会消失。而且每一次新的教育内容（网站内容、主帖）的出现都会重新建立新的追随关系。

对等互动式平台指的是在这类平台上，平台的参与者的任何一方发送信息，对方均需要做出相应回复的互动关系。微信、QQ 等即时通信工具一般属于这类平台。与其他类平台相比，这类平台的特点就是教育者与受教育者之间建立“一对一”或是互动人数较少的“一对多”“多对多”的更为平等的关系。一方面，这种平等关系与单项推送式平台关系不同，教育者不是唯一的教育信息的发布者，受教育者也不是唯一的信息接受者，双方都可以成为信息的接受者和发布者；另外一方面，这种关系不同于追随式平台上的关系，在追随式关系中，被追随者可能因为各种原因不能回复追随者的留言、跟帖、评论等，但是在对等式互动平台上，教育者与受教育者之间均需要对方对自己的信息做出回复互动才能继续，这也是为什么很多在QQ空间、微信朋友圈的互动会转为一对一的“私聊”的原因。

随着互联网技术的发展，特别是各类平台之间的竞争、合作和借鉴，各类平台上的互动方式并不都是单一、专属的存在，而是出现融合的趋势。因此，在实际的教育过程中，某个平台可能存在多种互动方式，从而形成了混合互动式平台。例如，教育者利用QQ或者微信平台进行信息“群发”，而受教育不回复时，QQ和微信等即时通信平台就变成了单项推送式平台而不是对等互动式，互动发生了变化。如果教育者利用微博平台发布教育信息时，部分关注者（粉丝）可能没有回复，仅仅是阅读、收听、观看了相关内容，这样就形成了一种单项推送式的互动方式；而部分关注者给予了回复互动，就形成了追随式互动方式，这两种互动方式同时存在于同一个平台。因此，各类互动方式的存在都有自己适用的范围和条件。教育者也应该根据教育情境、教育者对象的差异性等具体情况，选择合适的互动方式，以便取得理想的教育效果，最大限度地发挥平台的教育功能。

（三）按教育内容表现形式来划分，有单媒体和多媒体之分

在教育过程中，教育总是表现为某个或多个具体的内容，而教育内容通常表现为文字、图片、声音和视频等多种形式。这些教育内容的表现形式本质是不同类型的感觉媒体，即直接作用于人的感官并使人产生直接感觉的媒体。不同的感觉媒体的传播方式和接受方式以及产生的教育效果都是不同的。在互联网平台上，这些感觉均已数字化或以网络化的形式存在。因此，以感觉媒体的不同作为划分标准，可以区别不同的教育平台，按照这一标准，可以将网络教育平台区分为单一媒体教育平台和多媒体教育平台。

单一媒体教育平台是指在这类平台上，教育者一般一次仅能使用一种感觉媒体向受教育者传递教育信息。随着互联网网速、硬件和软件的升级换代，网络平台也随之升级。每个平台一般情况下都可以发布文字、图片、声音和视频。单一媒体平台并不是说只能发送一种感觉媒体，而是指它仅能一次使用一种感觉媒体，不能将两个以上的媒体内在传播特性及其优势深度集成和融合。QQ、微信等即时通信工具平台一般属于此类平台。在这类平台上，教育者一次仅能使用一种感觉媒体，如发文字或者图片，如果需要将两种以上的感觉媒体进行集成和融合，需要借助其他的平台或者技术。

在这类平台上，文字依然是传达教育信息的基本方式。网络教育平台上基本上能达成共识的“内容为王”，更多地立论于文字表达的内容。同时，对于受过高等教育的大学生来说，文字相对于视频、声音、图片等，更加抽象，更能表达深层次的内容，更能引起受教育者的理性思考，提高受教育者的抽象概括、理性思考能力。所以是一个更受大学生欢迎的感觉媒体。图片和视频这类感觉媒体往往能将教育者所要表达的内容更加形象化、具象化，也有利于受教育者理解教育内容。声音不同于文字、图片、视频之处在于它是作用于人的听觉。它可以大大解放人的双眼甚至四肢，能在多种情境下收听。

多媒体平台指的是，在这类平台上，信息发布者可以利用相关技术将两种或者两种以上的感觉媒体集成或融合在一起、互补性地传播教育信息。具有发布功能的网站、微信公众号、QQ空间、博客、微博等都是属于此类平台。随着互联技术的发展，仅能传播单一感觉媒体的平台越来越少。多媒体平台和单媒体平台的区别不在于是否能传播多种感觉媒体，而在于这个平台是否具备将多种感觉媒体进行深度集成和融合，从而克服单一感觉媒体的缺陷，形成新的教育合力，达到更好的教育效果，而不仅仅是形式的组合甚至拼接。

相对于传统教育过程中感觉媒体的使用，无论是单一媒体教育平台还是多媒体教育平台，它们的优点在于：首先，文字、图片、声音和视频一经教育者发布，就成为一个独立于发布者的客观物，不会随着教育者教育过程的结束而结束，并且借助网络平台的存储功能和互联网的传播功能而摆脱了时空的限制，受教育者可以在任何时候、任何时间、任何场景（如乘车、运动时）下反复阅读、收听、观看相关推送的内容，也可以与教育者就相关的感觉媒体进行即时互动，从而大大提高了教育效果。其次，随着互联网技术的发展，对文字、图片、声音、视频的处理技术越来越智能化、普及化，对教育者的技术处理的要求越来越低，“傻瓜式”的媒体处理给予教育者更大的感觉媒体处理能力。同时，教育者还可以通过对感觉媒体的智能化处理，使之更适合教育者和受教育者个性、教育环境的处理，大大提高了教育的新颖性和吸引力，从而提高了教育效果。

多媒体平台优于单媒体平台之处在于，它不是两种及两种以上的感觉媒体在形式上的组合和简单的拼凑，而是依据一定的教育目的，利用相关互联网技术，对两种及两种以上的感觉媒体优势和特性的深度集成和融合。它弥补了单一感觉媒体的缺陷，从而对参与平台的受教育者多层次、多类型的立体化的感觉刺激，形成一股教育合力，从而更容易吸引受教育者的注意力，突破受教育者的抵触心理和思想防线，促进其思想矛盾运动，取得预期的教育效果。多媒体平台的集成和融合能起到“1 + 1 > 2”的教育效果。

第二节　高校网络育人平台建设的环境分析

高校网络育人平台建设环境是平台的外部条件，是影响平台建设和运行的一切外部条件的总和。网络育人平台需要从外部环境中吸收能量、信息等维持自身存在，同时，网络育人平台也向环境输出信息和能量，即网络育人平台与环境进行着物质、能量和信息的交换。对网络育人平台的影响较大的有经济条件、政治条件和技术条件。

一、经济条件

网络育人平台是互联网发展和网络化发展的结果。马克思主义哲学认为，经济基础决定上层建筑。同样，互联网的发展与经济发展息息相关。

从世界范围看，经济发达国家互联网的发展程度远高于发展中国家。从国内情况来看，经济发达省份互联网的发展同样高于经济欠发达地区。经过改革开放40年的发展，中国已经成为仅次于美国的第二大经济体。经济的高速发展不仅为互联网的发展奠定基础，同时经济的发展也扩大了互联网发展的需要。国家统计局于2018年2月28日发布的《2017年国民经济和社会发展统计公报》显示："初步核算，全年国内生产总值827 122亿元，比上年增长6.9%"，"全年人均国内生产总值59 660元，比上年增长6.3%。全年国民总收入825 016亿元，比上年增长7.0%"。[①]《国家信息化发展评价报告（2016）》[以下简称《评价报告（2016）》] 也指出："从全球范围来看，以美国、英国、日本、中国、俄罗斯为代表的大型经济体，具有强大的信息产业基础和庞大的用户市场规模，信息化发展优势明显。"[②]

而作为改革开放前沿的广东省，经济一直保持高速增长，互联网的发展水平也处于全国领先水平。根据2018年3月2日发布的《2017年广东国民经济和社会发展统计公报》显示："初步核算并经国家统计局核定，2017年广东实现地区生产总值89 879.23亿元，按可比价格计算，同比增长7.5%，增幅与上年同期持平。"[③] 广东GDP总量连续29年居全国第一，人均GDP突破8万元大关。2017年，广东实现地区生产总值达899万亿元，地区生产总值总量连续29年居全国首位。广东经济总量占全国的份额有所扩大，2017年广东地区生产总值占全国的10.5%，比上年提高0.14%；全年地区生产总值同比增幅比全国平均水平高0.6%。广东人均地区生产总值

---

① 国家统计局. 中华人民共和国2017年国民经济和社会发展统计公报 [EB/OL].(2018-02-28)[2019-05-05]. http://www.stats.gov.cn/tjsj/zxfb/201802/t20180228_1585631.html.

② 中国互联网络信息中心. 国家信息化发展评价报告（2016）[EB/OL].(2016-11-18)[2019-05-05]. http://www.cnnic.net.cn/hlwfzyj/hlwxzbg/hlwtjbg/201611/P020161118599094936045.pdf.

③ 广东省统计局，国家统计局广东调查总队. 2017年广东国民经济和社会发展统计公报 [EB/OL].(2018-03-02)[2019-05-05]. http://www.gdstats.gov.cn/tjzl/tjgb/201803/t20180302_381919.html.

突破 8 万元大关，达到 81 089 元，是全国平均水平的 1.36 倍。其中，珠三角地区的人均地区生产总值达到 12.48 万元，按年平均汇率折算，为 18 484 美元，接近 2014 年非经合组织高收入国家。① 《评价报告（2016）》通过对我国各省的经济发展情况与信息化发展进行分析，“对我国各省份的评价结果显示，北京、上海、广东、浙江、江苏、福建、山东和天津等东部省市始终居于我国信息化发展的领先位置”②。中国互联网协会、工业和信息化部信息中心联合发布了 2018 年中国互联网企业 100 强榜单显示：“2017 年，互联网百强企业覆盖 17 个省份，北京、上海和广东的百强企业数量名列前三”，“北上广百强企业数量占比保持在 60% 以上。”③

因此，《评价报告（2016）》得出结论：“信息化与经济发展存在较高相关性”，“评估结果显示，中国各省份的信息化发展程度与人均 GDP 呈现正相关关系（$R_2=0.630$）。这表明，绝大多数人均 GDP 水平高的省份，信息化发展程度高于人均 GDP 水平低的省份。一般来说，经济发展水平的提高，对信息化具有明显的带动作用，对信息化投入水平、信息基础设施建设有直接影响，从而进一步提升整体信息化水平。当然，也存在特殊例外现象，如果经济发展主要依赖于矿产资源开发等传统发展方式，人均 GDP 可能会达到非常高的水平，但信息化发展水平反而会相对较低”。④正是由于经济的快速发展，互联网快速发展，信息化水平不断提高，网络平台不断发展，从而促进了高校育人平台的出现和繁荣。

---

① 17 年经济年报 11 省份破 3 万亿 广东 GDP 占全国 10.5% [EB/OL].（2018－01－29）[2019－05－05]. https://sz.focus.cn/zixun/686399cd4845b23b.html.

②④ 中国互联网络信息中心. 国家信息化发展评价报告（2016）[EB/OL].（2016－11－18）[2019－05－05]. http://www.cnnic.net.cn/hlwfzyj/hlwxzbg/hlwtjbg/201611/P020161118599094936045.pdf.

③ 中华人民共和国工业信息部网. 2018 年中国互联网企业百强榜单揭晓 [EB/OL].（2018－07－27）[2019－05－05]. http://www.miit.gov.cn/n1146290/n1146402/n1146455/c6279591/content.html.

二、政治条件

经济是网络育人平台的基础，并不等于说网络育人平台是经济的必然和自然产物。经济的发展只为网络育人平台的出现和发展奠定基础，提供了前提和可能性。如何将可能性变成现实，需要一系列的政治条件。

（一）党和政府的高度重视

党和政府历来重视互联网育人平台的建设。2004 年，中共中央、国务院在《关于进一步加强和改进大学生思想政治教育的意见》（以下简称《意见》）中就明确提出："主动占领网络思想政治教育新阵地……牢牢把握网络思想政治教育主动权。"正是在《意见》的正确指导下，全国高校建立起了一系列思想政治教育专题网站，并对当时相关网络平台如 BBS 加强了管理和指导，牢牢把握了网络教育的主动权并使之发挥了良好的教育效果。

党的十八大以来，以习近平总书记为核心的党中央更加重视互联网的发展和网络育人平台的建设。2015 年 12 月 16 日，国家主席习近平在第二届世界互联网大会开幕式上的讲话中指出："'十三五'时期，中国将大力实施网络强国战略、国家大数据战略、'互联网 +'行动计划，发展积极向上的网络文化，拓展网络经济空间，促进互联网和经济社会融合发展。我们的目标，就是要让互联网发展成果惠及 13 亿多中国人民，更好造福各国人民。"① 中国一直以来积极主动使用互联网，并将"互联网 +"提升到国家发展战略的高度。2016 年 12 月 7—8 日，全国高校思想政治工作会议在北京召开，习近平总书记出席会议并发表重要讲话。习近平总书记指出：要运用新媒体新技术使工作活起来，推动思想政治工作传统优势同信息技术高度融合，增强时代感和吸引力。为贯彻落实全国高校思想政治工作会议和习近平讲话精神，中共中央、国务院印发了《关于加强和改进新形势下高校思想政治工作的意见》（以下简称《意见》）指出："要加强对校园各类思想文化阵地的规范管理，加强校园网络安全管理，营造风清气正的

---

① 习近平出席第二届世界互联网大会开幕式并发表主旨演讲［EB/OL］.（2015－12－16）［2019－05－05］. http://www.xinhuanet.com/world/2015－12/16/c_1117480771.htm.

网络环境。”“要加强互联网思想政治工作载体建设，加强学生互动社区、主题教育网站、专业学术网站和‘两微一端’建设，运用大学生喜欢的表达方式开展思想政治教育。”① 党的十九大报告也明确指出“加强互联网内容建设，建立网络综合治理体系，营造清朗的网络空间”。

为落实《意见》，广东省在2005年提出《中共广东省委、广东省人民政府关于进一步加强和改进大学生思想政治教育的实施意见》（粤发〔2005〕12号）中强调“不断完善高等学校思想政治理论课程教学体系”时，提出“完善广东省高等学校思想政治理论课在线网站，大力开发多媒体课件和网络教学资源，加快教学资源库的建设，实现资源共享，推进网络教学”。同时，明确提出“主动占领网络思想政治教育新阵地”，“两年内建成广东省大学生思想政治教育主题网站”，“校园网电子公告系统（BBS）严格实行用户实名注册制度”。在强调“努力营造大学生思想政治教育的良好社会环境”时，明确指出“充分发挥各类网站的正确导向作用，积极开发网络教育资源，开展形式多样的网络思想政治教育活动，切实增强吸引力和感染力”。这些政策有力地推动广东网络育人平台的建设和发展。

为了在互联网和教育方面走在前列，广东省根据本身的实际情况制定了相关政策和规划。《广东省“互联网+”行动计划（2015—2020年）》明确规定：“推进互联网在经济社会各领域的广泛应用”，在“互联网+惠民服务”中要求省教育厅、省人力资源与社会保障厅、省发展改革委、省经济和信息化委、省科技厅负责“互联网+教育”的相关内容。

2018年4月，广东省教育厅颁布了《广东高校思想政治工作质量提升工程方案》，在“构建网络育人体系”时明确指出“拓展网络平台，丰富‘众智育人’省级易班平台育人功能，分批推广高校易班建设”。

正是各级党和政府对互联网发展，特别是网络育人平台建设的持续关注和重视，网络育人平台才能与时俱进地发展，并发挥良好的育人效果。

① 中共中央 国务院印发《关于加强和改进新形势下高校思想政治工作的意见》[EB/OL].(2017-02-27)[2019-05-05]. http://www.gov.cn/xinwen/2017-02/27/content_5182502.htm.

（二）相关政策的推进和落实

为了加强中国互联网的发展和信息化水平，中国推出一系列的政策措施。正如《评价报告（2016）》指出，我国出台了《国家信息化发展战略纲要》《中国制造2025》《“宽带中国”战略及实施方案》《关于积极推进“互联网＋”行动的指导意见》《促进大数据发展行动纲要》等一系列促进信息化发展的政策措施。“十二五”期间，我国制定出台互联网相关法律法规、规范性文件共76部，同比增长262%，特别是中央网络安全和信息化领导小组成立以来，颁布实施47部互联网相关政策法规，网络立法速度明显加快。根据各地方网络安全和信息化领导小组办公室报送的资料，江苏、浙江、陕西、广东等省大力推动政策落实，结合本地区的发展情况颁布出台实施细则，制定行动纲要方案，政策效果已经初步显现。这些政策实施以来，我国的信息化水平有了大幅度提高。

同时，国家在网络育人平台建设方面出台了一系列促进措施和政策支持。对网络育人平台给予更为具体明确的指导。如教育部、国家互联网信息办公室印发的《关于进一步加强高等学校网络建设和管理工作的意见》（教思政〔2013〕3号）指出“构筑高校网络思想文化阵地”。对网络建设方法、重点、标准、内容，层次、分类等提出了明确要求。并对在现实中取得良好教育效果的网络育人平台进行推广，如大学生在线网、易班网等。例如教育部办公厅国家互联网信息办公室秘书局专门印发《“易班”推广行动计划和中国大学生在线引领工程实施方案》对如何组织实施提出了具体的要求。这些针对网络育人平台建设的支持和帮助，促进了网络育人平台的健康发展。

2017年，广东省在总结易班平台在广东及其他省份实验的基础上，推出了《广东省教育厅关于继续分批推进高校“易班”建设工作通知》，分批次在广东省内推广“易班”工作平台。截止到2018年6月，广东省131所高校都入驻平台。这些政策的落实，为广东省网络育人平台的建设奠定了坚实的基础和前提。

（三）教育工作者的努力

网络育人平台的发展也离不开教育工作者的努力。广大教育工作者顺势而为，主动参与网络育人平台建设。根据不同地区的特点，探索出受学生欢迎，参与度高、效果好的网络育人平台建设。例如上海市教卫党委网络管理中心独立研发“易班”网络育人平台，并根据网络的发展和学生使用的体验情况，不断升级更新，提高易班平台的育人效果。华南师范大学则利用自己的优势和学校特点“借助网络大数据，把握学生思想新动态”，“打造校园云媒体，拓展思想政治教育新空间”，“嵌入生活微时间，开发网络思想政治教育新资源”，“突出师生双主体，构建网络思想引领新机制”。[①]各地高校辅导员同样适应互联网的发展，主动开通 QQ 空间、微信公众号、微博，打造具有个人特色的网络育人平台。例如“华南师范大学‘网络达人’辅导员何雪梅，运用博客、微博、微信等平台，用一篇篇文章记录了一名普通辅导员与近千名大学生共同成长的记忆。她的博客被评为全国首届‘十佳辅导员博客’，发布原创博文 389 篇，回复学生留言上万条，博客总访问量逾 70 万人次”[②]。受到学生的热烈欢迎和追随。正是不同地区、不同高校、不同教育群体的共同努力、主动出击，发挥自身优势，抢占互联新阵地，构建良好的网络育人平台。

三、技术条件

网络育人平台的建设同样离不了支撑其发展的技术。“90 后”大学生对网络育人平台用户体验非常重视。如果没有相应技术的支持，育人平台的吸引力会大打折扣。正是由于互联网技术、计算机技术的飞速发展并运用于网络育人平台，才确保了育人平台功能的发挥。

首先，硬件技术的发展。我国在光缆技术、宽带技术等硬件技术发展迅速。中国互联网络信息中心（CNNIC）于 2018 年 3 月 5 日发布的第 41 次《中国互联网络发展状况统计报告》统计显示：“截至 2017 年第二季度，光

---

① 华南师范大学抢占互联网新阵地　探索大学生思想政治教育新路径［EB/OL］.（2016 - 12 - 09）［2019 - 05 - 05］. http://www. moe. edu. cn/jyb_ xwfb/s3165/201612/t20161209_ 291425. html.

② 引领大学生找到人生“灯塔”［EB/OL］.（2016 - 05 - 21）［2019 - 05 - 05］. http://www. sohu. com/a/76491293_ 161794.

缆线路总长度 3 606 万公里，其中新建光缆线路 564 万公里”，“截至 2017 年第三季度，互联网宽带接入端口数量达到 7.6 亿个，比上半年净增 7 166 万个”，“截至 2017 年第三季度，基础电信企业继续加快移动网络基础设施建设，前三个季度累计新增移动通信基站 44.7 万个，总数达 604.1 万个。其中 3G/4G 基站累计达到 447.1 万个，占比达 74.0%，移动网络覆盖范围和服务能力持续提升”，“截至 2017 年 11 月，20 M 以上宽带用户总数占宽带用户人数的比重达 91.2%。比 2016 年底提高了 13.4 个百分点，到 2016 年底，8 M 以上宽带用户占比达到 91.0%”，“2017 年第三季度，全国固定宽带用户网络下载的忙闲时加权下载速率为 16.4 Mbit/s，相比上一季度提高了 16.2%；全国移动宽带用户通过 4G 网络访问互联网时的平均速率为 15.4 Mbit/s，相比上一季度提高了 14.5%”。①

其次，软件技术的发展。网络输入法的更新换代，使得网络文字的输入变得更加智能，文字处理软件技术的发展，使得文字能按照个体的要求进行处理。语音识别技术的发展，可以实现语音与文字的自由转换。数码相机的普及和手机拍照录像功能的更新换代，使得图片、视频获取变得异常容易。同时，照片、视频、语音处理编辑软件技术的发展和普及，使得照片、视频、声音不仅仅是“忠实地”记录真实世界，还能根据个体的需要进行处理。同时，网页编辑、公众号编辑软件等大量“傻瓜式”技术的普及和推广，降低了网络育人平台发布者或者管理者的技术要求。同时，这些技术提高了网络育人平台的趣味性、娱乐性和吸引力，提高了教育效果。

第三节　高校网络育人平台的应用具象

党和政府历来重视网络育人平台的建设和发展。2004 年，中共中央、国务院《关于进一步加强和改进大学生思想政治教育的意见》中明确指出，

① 中国互联网络信息中心. 第 41 次《中国互联网络发展状况统计报告》[EB/OL].(2018-01-31)[2019-05-05]. http://www.cac.gov.cn/2018-01/31/c_1122347026.htm.

要“主动占领网络思想政治教育新阵地”“使网络成为弘扬主旋律、开展思想政治教育的重要手段”。中共中央办公厅、国务院办公厅在2015年印发的《关于进一步加强和改进新形势下高校宣传思想工作的意见》（以下简称《意见》）中强调指出：“着力培养一批导向正确、影响力广的网络名师，建设一支由学生和青年教师骨干组成的网络宣传员队伍、打造示范性思想理论教育资源网站、学生主题教育网站和网站互动社区，推进辅导员博客、思想政治课教师博客、校务微博、校园微信公众账号等网络新媒体建设。”① 正是在《意见》的正确指导下，高校网络育人平台呈现多样化发展，网站、博客、微博、易班、QQ、微信、app等多种育人平台齐头并进的繁荣局面。

一、网站平台及其应用

（一）网站平台的概述

网站是指在互联网或局域网上根据一定的规则，使用超文本标识语言等工具制作的用于展示特定内容的网页的集合。网站管理人员可以及时地发布信息，并使相关方通过浏览网站获取信息。高校网络育人网站是指高校通过对特定的网络媒介进行后台管理、多样化建设和育人信息精心筛选、编辑和扩散，对大学生施加一种潜移默化、循序渐进的灌输影响，进而实现用形式多样、理论严谨科学的新颖网络资源培养大学生的思想观念、爱国情感、心理素养、法律观念、道德规范和信息素养，引导大学生树立正确的世界观、人生观、价值观，成为社会主义四有新人。

（二）当前育人网站平台存在的问题

目前广东和全国其他的高校一样，都建立自己的官方网站，部分院校还建立了专门的教育网站。高校育人网站呈现欣欣向荣的发展趋势，对于传播正确的思想观念、政治观点和道德规范，引导大学生的健康发展起到了积极的推动作用。但是我们必须认识到，育人网站平台也存在着一些不足之处。

1. 部分高校育人网站教育效果不佳

用户体验是决定网站成功的关键。网站的设计、栏目的设置是否人性

① 钟言. 加强和改进新形势下高校宣传思想工作［J］. 教育文汇，2015（5）：3.

化、访问网站信息是否便捷等等决定了受教育者是否愿意浏览网页，在网页逗留多久，是否持续关注网页。很多育人网站的建立，并不是从受教育者体验的角度来设计开发的，而是从教育者或者主管者的角度去设计。很多教育性的内容只是现实育人文本的网络转移，并没有根据网络的特点进行加工和改进，而且大多数育人网站设置千篇一律、千网一面，都是按照“模板”套弄出来的。栏目之间的逻辑混乱，直接影响受教育者的浏览体验。受教育者往往无法根据相应的栏目找到自己需要的内容。网站的内容多以通知和新闻报道为主，知识性、思想性、趣味性的内容明显不足。更为重要的是，网站缺乏必要的交互性，很多网站还不具有留言、评论功能。即使网站设置有留言、评论功能，但是很多网站却关闭此项功能，或者即使可以发表留言，也没有收到信息发布者或管理者的回复。互动功能成为一个摆设。

2. 网站管理维护不到位

育人网站平台建立后，需要不断对其进行维护。首先，需要不断进行硬件、软件的更新维护，如服务器故障、网站突然出现问题等。而在现实中，网站的维护经常出现滞后的情况，导致网站的访问和浏览出现问题。其次，网站的内容更新缓慢。网站内容只有不断更新，才能吸引受教育者浏览访问。现实中很多网络内容陈旧，甚至成为“僵尸网站”。最后，网站维护的专业性差。很多育人网站都是由学生干部进行维护的，而学生干部经验不足，流动性大，导致网站内容、栏目质量等稳定性差，导致访问者体验不佳。

3. 一些网站的软硬件设施有待改善

互联网技术的飞速发展使得育人网站平台的外部环境越来越好，比如移动通信设备以及无线宽带的普及、云端技术的发展等等。这些都为育人网站的发展提供了良好的环境，但是很多网站软硬件设施依然停留在较低的水平。如很多网站是租用其他虚拟服务器，即使是具备独立服务器，其服务器稳定性差，导致经常访问速度缓慢甚至无法正常访问网站。有的育人网站只能通过校内网络进行访问浏览，无法通过校外的普通网络访问，造成学生的访问体验不佳。

二、博客、微博平台及其应用

博客，即电子日志，由英文 Blog 音译而来，是 weblog 的简称。Blog 就是以网络作为载体，简易迅速便捷地发布自己的心得、及时有效轻松地与他人交流，集丰富多彩的个性展示于一体的综合性平台。① 微博是微博客（MicroBlog）的简称，是一个基于用户关系的信息分享、传播以及获取平台，用户可以通过 WEB、WAPP 以及各类客户端组建个人社区，以 140 字左右的文字更新信息，并可以通过手机 IM 软件（Gtalk、MSN、QQ、Skype 等）和外部 API 接口等途径向博客、微博发布消息、更新信息、实现分享。② 随着博客、微博在大学生中的快速普及，建立博客、微博育人平台势在必行。绝大多数高校开通了官方微博。部分辅导员、思想政治理论课教师以及其他教育工作者开通了个人微博，大大拓展了育人平台系统。例如，曾有研究者对广东省的辅导员博客和微博情况做过一个网络调查："依据网络调查结果，截至 2013 年 4 月 30 日，新浪微博中广东地区高校辅导员注册的微博总共有 203 个，其中认证微博数量为 48 个，其中，本科院校辅导员有 43 个用户进行了认证，高职院校辅导员只有 5 个用户进行了认证。非认证微博的数量为 155 个。"③ 这些博客微博的开通体现了学生在哪里，思想教育就在哪里。博客、微博成为育人平台有着其独特的优势，同时，也存着自身的不足。

博客、微博是了解学生思想动态的一扇窗。当代大学生是网络的原居民。他们的思维方式和网络紧紧联系在一起，他们更愿意使用网络表达自己的真实情感和思想，展示自己的生活状态，不愿意面对面地进行交流。同时，他们个性突出，表达欲望强，喜欢走不寻常的路展示自己。博客和微博成为他们展示自己的重要平台。所以教育工作者需要及时关注学生的微博和博客，从其中了解学生的思想动态和情绪情感的变化等。另外，教

①② 王爽. 新媒体时代大学生思想政治教育的挑战与创新［M］. 北京：中国言实出版社，2014.

③ 池锐宏. 广东地区高校辅导员微博服务的调查与分析［J］. 湖南大众传媒职业技术学院学报，2013（4）：84－87.

育工作者自己开通博客和微博后，学生的留言、评论都是学生情感和思想状态的一种表达，也可以从中了解学生的真实想法，从而提高育人的针对性和实效性。

博客、微博是沟通师生情感的一座桥梁。博客、微博不同于现实课堂、面对面的交流和网站网页，它是一个具有较强交互性的平台。教育者既可以在受教育者的博客、微博下留言、评论，同时也可以引导受教育者关注自己的博客、微博，并留言、评论，教育者可以及时回复相关留言，这种交互性的特点，可以消除受教育者的提防心理和抵触情绪，拉近师生的情感，提高育人平台的实效性。更为重要的是，这种互动是超越时空的，师生之间可以在任何时候、任何地点进行互动。这是现实课堂和面对面的交流无法实现的。例如，一项基于广东省辅导员博客使用情况的调查："调查结果显示，高校学生和辅导员已普遍接受微博这一信息传播媒介，96.8%的大学生属于微博用户，86.7%的辅导员有开通并使用微博。67.1%的大学生表示有关注辅导员微博，其中有58.5%的大学生用户通常从微博上获取校园资讯，认为微博使用方便，信息交流和共享方便快捷；受访辅导员微博用户中，93%的辅导员表示每天会利用微博发布或转发校园资讯，关注学生动态，与学生互动交流，微博平台信息共享的便捷高效广受欢迎，成为大学生和辅导员信息交流的重要渠道。"①

博客、微博是发布信息的一扇门。网络是大学生获取信息的重要来源，但是网络信息鱼龙混杂、真假难分，学生往往被网络的谣言和不实信息所误导。特别是在网络舆情爆发的时刻，官方博客、微博，教育者个人的博客、微博就是权威信息的重要来源，它可以及时、快捷、准确地发布权威信息，是引导舆论、制止谣言的最佳方法。同时，博客、微博具备的转发功能，有利于保障权威信息的完整性，避免传播过程中信息的损耗，甚至变形，避免三人成虎的后果。同时，博客、微博也是追踪信息发布的重要手段。

当然，博客、微博成为网络育人平台也有自身的不足。由于博客、微

---

① 卢秀峰. 微博对高校辅导员工作的影响及对策研究：基于广东地区部分高校的实践［J］. 广西教育学院学报，2014（2）：81－87.

博内容的限制，特别是微博被限制在140个字以内。因此，博客、微博在传播理论性、思想性方面存在一定的不足，对学生理论思维、逻辑思维、理性思维方面的教育和引导，博客、微博的作用有限。长期关注博客、微博容易导致学生形成网络化、碎片化思维，这不利于学生的全面发展。

三、即时通信平台及其应用

随着网络科技的普及，即时通信工具成为最受欢迎的互联网应用。为了更好地开展育人功能，QQ、微信作为即时通信工具的代表，也必然成为网络育人平台。QQ、微信作为网络育人平台，有着其独到的优势。作为同属于腾讯公司的互联网应用，QQ和微信相互补充，成为受教育工作者欢迎的育人平台。

（一）QQ、微信平台的共同优势

1. QQ、微信的广泛性有利于扩大育人平台的基础

根据中国互联网络信息中心的第41次《中国互联网络发展状况统计报告》显示，2017年12月，即时通信使用规模（72 023万）最大，使用率最高（93.3%）[①]。即时通信工具也是最受大学生欢迎的互联网应用。因此，QQ、微信是联系学生、了解学生的最佳网络方式。

2. QQ、微信平台的交互性有利于扩大育人平台的效果

QQ、微信都是即时通信工具，教育者和受教育者可以通过QQ、微信随时随地进行交流，它们都超越了时间和空间的限制，互为好友的双方可以随时给对方发送信息，并随时可以收到对方信息。这种即时通信可以了解受教育者的思想动态和生活状况，也有利于扩大师生之间的信任。这种信任有利于大学生对教师所传递的思想观念、政治观点和道德规范的接受程度，有利于提高教育效果。

3. QQ、微信平台的隐匿性有利于扩大育人平台的信任度

QQ和微信是网络通信工具，它们最大的特点是在于具有隐匿性，学生

---

① 中国互联网络信息中心. 第41次《中国互联网络发展状况统计报告》[EB/OL].(2018-01-31)[2019-05-05]. http://www.cac.gov.cn/2018-01/31/c_1122347026.htm.

不需要实名就可以和他人，包括教师进行沟通。这样就可以降低学生对教师的防备心理和抵触情绪，有利于提高学生对教师的信任度，从而愿意与教师沟通交流。即使是实名化的情况下，由于学生不是面对真实的教师，而是呈现在屏幕上的虚拟信息，也有利于降低学生的防备心理，更加愿意展示真实的状态，更愿意吐露心声。这种信任有利于提升网络育人平台的实效性。

（二）QQ、微信各自的优势

QQ 具有强大的文件存储功能，可以有利于教育者将相关教育信息如文字、图片、声音、视频等上传 QQ 群，方便受教育者下载。这是很多网络育人平台所缺乏的。微信除了具有即时通信的作用外，还有公众号推送功能，这种功能有利于教育者有针对性地向特定群体发布思想观念、政治观点、道德规范等。

四、易班平台及其应用

易班（E-class）系统是由上海市教卫党委网络管理中心独立研发的一套服务高校师生的互联网 WEB 2.0 应用系统，它以网络班级为基本单位，功能涵盖了班级论坛、个人博客、校友录、SNS 社区等各类互联网应用产品。以易班网络班级为基础的思政平台，为思政工作者探索班级管理新模式提供了可能。①

广东省于 2015 年进行易班使用试点。易班是教育主管部门特意为占领网络阵地而开发的应用产品，不是商业公司开发后再进行改造而成。所以，“易班”使用的理念价值在于开拓对高校大学生开展多元化的育人工作和学生日常事务管理工作的新渠道，提供安全洁净的师生互动平台。因此，易班有着独特的优势和存在的价值。

（一）易班平台建设的优势

1. *顺势而为起点高*

易班诞生 2007 年，正是互联网在中国快速发展时期，网络普及率大大

① 张亿. 网络平台下高校创新性班级管理模式研究：以“易班”网络平台为例[J]. 高校辅导员学刊，2012（5）：50－54.

提高，“90后”“00后”大学生都是“网络原居民”，互联网是他们生活不可或缺的一部分，是生活必需品。自从10多年前校园BBS论坛、博客火爆之后，高校并没有自发地出现一个具有高校特点、具有代表性、满足大学生独特需要的网络平台，高校网络平台出现真空状态。易班正是抓住并适应了互联网发展的趋势和大好时机，顺势而为，因此它更能被大学生所接受。同时，相较于某一高校或某一部门，教育部易班发展中心作为全国易班推广的专门机构，拥有强大的技术开发团队和运营管理团队，可以为打造全新的校园网络互动社区提供保障和支持。更为重要的是，它改变了传统思想政治教育正统、权威、灌输的形象，结合当代大学生的个人状态、情感经历、见闻趣事等，以平等、互动、开放的态势，图片、文字、视频、音频的方式引导大学生的成长，贴近生活，贴近大学生，增强了思想政治教育的吸引力，提高了实效性。在易班出现前，其他网络平台如雨后春笋一般出现，易班可以借鉴参考这些已有的网络平台，吸收其优点，避免其缺点，取众家之所长，使得易班站在一个非常高的起点上向前发展。

2. 国家支持推广快

不同于QQ、微信、微博等社会化的公共网络平台，教育工作者需要对平台进行教育性改造，嵌入教育内容，使之为教育服务。易班本就是为服务教育而量身定制的专门网络平台。它一开始就是由上海市教卫党委、上海市教委依托市教育系统网络文化发展研究中心自主研发的网络文化建设项目。2009年易班在上海本地区的4所大学开展试点，然后不断在上海以及上海以外的地区推广。2013年，教育部、国家互联网信息办公室印发《关于进一步加强高等学校网络建设和管理工作的意见》明确指出：“实施‘易班’推广行动计划，逐步把‘易班’建设成集思想教育、教务教学、生活服务、文化娱乐为一体的大学生网络互动示范社区”，总结易班建设经验、实施易班推广计划进行了部署。2014年11月，中央网信办、教育部在上海联合召开易班建设经验推广暨创新网络思想政治教育工作会议，印发易班推广计划实施方案。国家相关部委和各级教育主管部门高度重视网络文化建设，支持易班建设发展。2015年5月，在教育部易班发展中心、广东省教育厅的大力支持和指导下，佛山科学技术学院率先启动易班建设，开始了易班在广东的先行先试。2016年，广东省按照教育部的相关要求，发布《广东省教育厅、广东省互联网信息办公室关于举办首届广东高校网络媒体展示节成果展示暨首批“易班”建设试点高校培训班的通知》（粤教思函〔2016〕40号）对6所“易班”建设首批试点高校的分管领导，宣传部、教务处、学生处主要负责人，校易班发展中心指导老师以及辅导员进行培训，同时广东省教育厅也成立“广东高校易班发展中心”。在教育主管部门的主导下，广东高校也纷纷响应易班推广计划，并结合本校、本地区的特点，不断丰富易班建设的内容并使其特色化，易班在广东逐渐推广并不断本土化。截至2018年6月，广东省共有131所高校，预估超过100万名师生进驻易班。

正是由于上海市的先行先试，教育部的大力推广，广东高校的纷纷响应，易班在广东得以落地生根，开花结果，它是教育系统主动占领网络思想政治教育阵地，加强网络育人平台建设的优秀成果。

3. 扎根校园优势大

随着互联网技术的发展，特别是智能手机的普及，以QQ、微信和微博为代表的社会化的网络平台也被教育工作者赋予教育内容，走进高校市场。但是基于高校信息安全和舆论引导的考虑，社会化的网络平台并不能完全占有高校的核心资源和信息系统数据，因此它并不是为高校的特殊性而量身定做、特殊化的网络平台，无法凸显高校特色。因此，易班相对于社会性网络平台，它是诞生于高校、应用于高校、优化升级于高校的独特网络平台，是相对安全可靠的互联网产品。关注校园、扎根校园是易班不同于也是优于普通社会网络平台的独特优势。易班可以成功地打造垂直细分于高校学生群体的互联网社区产品，这是易班发展的核心竞争力和机会。国家可以根据国家发展需要和学生发展需要对易班建设进行指导，以及在人、财、物方面的支撑。随着易班的推广，特别是大量用户的入驻，其用户活跃性大大提高，增强了学生对易班平台的依赖性和黏性，也有利于更好发挥易班作为大学生互动社区的优势，形成线上线下、校园与网络的互动模式。随着易班在广东的全覆盖，易班功能的不断完善，学生活跃度的增加，教育部门对大学生的大数据分析，总结学生的思想行为规律成为可能。

因此，易班是高校自己运营、自己掌握的，扎根于高校、服务于高校的育人平台，可以根据学生和学校的教育需要提供工具和渠道支撑，这是易班优于其他网络平台的独特优势，是易班的生命力所在，也是其存在的独特价值。

（二）易班建设的不足

首先，易班的认可度有待提高。当代大学生被称为“网络原居民”，他们对QQ、微信、微博等社会性网络平台更为熟悉和了解，而且这些社会性的网络平台娱乐因素多、信息量大、互动性强，对大学生有着极强的吸引力。易班如何在众多网络平台的激烈竞争中脱颖而出，获得大学生的认可和信赖，这是一个考验易班的重要问题。从目前调查的情况来看，大学生使用易班的频率和时长明显低于社会性的网络平台。其次，易班的推广模式有待优化。教育部门的主动推广是易班得以扩展的主要原因。但是这种推广模式带有行政命令的性质，加之部分高校操之过急，容易引起大学生的警惕，甚至反感心理。如何根据学生的需要推进易班平台考验着教育工作者的智慧。再次，易班的网络化特色有待凸显。易班是顺应互联网趋势而产生，应该具有网络的特点和优势。但是很多高校仅仅是将线下的思想政治教育工作直接转移至线上，并没有结合网络特点进行改变。如易班的实名化并没有发挥好网络的虚拟性的特点，容易让学生不敢或者不愿意表达自己的真实观点，吐露心声，甚至有被监控的错觉。最后，易班的技术支撑有待加强。相对于重视用户体验的社会化的网络平台，易班的运行技术不够成熟，功能开发不够合理，人性化设计程度不高，用户体验不佳。这也是易班平台推广后，被大学生诟病的主要方面。

五、其他网络平台及其应用

随着信息化的普及和互联网技术的迅速发展和教育工作者的努力，可以预见的是，会有更多的平台被运用到教育之中，为教育所用，被打上教育的烙印。比如，更多的高校在重大典礼如开学典礼、毕业典礼时尝试开展网络直播，共青团中央入驻快手、抖音短视频平台等。这些新的做法受到了广大学生的欢迎。作为教育工作者应该持开放包容的态度对待流行的网络应用平台，真正做到学生在哪里，思想教育就在哪里，哪里需要思想教育，哪里就有教育工作者的声音。

第四节　高校网络育人平台的建设经验

高校网络育人平台经过多年的探索，取得了长足的发展。既有成功的经验，也有失败的教训。如何总结经验，为未来高校网络育人平台的建设指明方向，这是每一位网络育人平台参与者都需要经常思考的问题。

一、高校网络育人平台的运营理念

（一）“泛在式”的学习理念

“泛在”是指信息技术的发展，使硬件和软件、工具、网络、知识、平台、人员和其他元素形成一个无所不在的、跨越时空的环境。网络育人平台可以帮助受教育者随时随地地进行学习，教育者也可以随时随地对网络育人平台进行建设。这种超越时间和空间的限制的优点，正是传统育人平台所固有的缺点，也是网络育人平台存在的独特价值。随着无线网络的普及和智能电子终端的普及和升级，这种“泛在式”学习成为受教育者所认同的重要学习方法。例如，广东众多高校在教学改革过程中，适当减少课堂教授的时间和次数，将其中一部分课程录制成视频上传至网络平台形成云课堂，学生随时随地可以在线学习。例如，华南师范大学的“砺儒云课堂”已经实现教学视频在线学习、作业在线提交与修改、师生在线交流等，学生也可以随时通过网站、app 在线学习。

（二）以人为本的价值理念

教育的目的是为了促进人的发展。网络育人平台作为信息化时代的产物，无疑更应体现以人为本的价值理念。在网络育人平台上，受教育者不再是一个被动的接受者，同时也是平台的积极参与者。因此，教育者和平台管理者应该尊重受教育者的主体性，提供更为丰富的教育信息资源供受教育者选择。同时，提供条件和机会，鼓励引导受教育者参与网络育人平台的建设，发挥他们的聪明才智，增强他们的参与意识和主体意识。受教育者在参与平台建设和贡献自身才智的过程也是他们受教育的过程。

（三）专注校园的服务理念

高校网络育人平台主要来自于两类：第一类是专门建立的网络育人平

台，如易班、专题教育网站等；第二类是普通的网络平台，经过教育者和受教育者的共同努力将其改造成具有教育功能的平台，打上教育的烙印，比如博客、微博、即时通信工具等。无论是哪一类平台，他们不同于其他普通网络平台之处就在于专注于校园的服务理念。如果这些平台失去这个属性，就会失去其存在的价值。首先，网络育人平台要以引领大学校园文化为目的。虽然大学校园不是与社会隔绝的象牙塔，社会环境也会渗透到大学校园中，网络的开放性决定了高校网络育人平台不可能脱离社会而独立存在，不受社会的影响，而是在于网络育人平台要坚持营造积极健康的网络环境，传播社会主义核心价值观等。其次，网络育人平台的内容要以校园文化为主。大学校园文化丰富多彩，学生参与度高。高校网络育人平台应坚持以校园文化为主要内容，坚持线上线下互动的方式，形成教育合力，提高教育的实效性。再次，在栏目设置上要体现校园特色。网络育人平台的一个重要功能就是提供服务。因此，高校网络育人平台要根据平台特色增加服务功能，比如网站、微信小程序、微信、微博的报修、缴费功能等。

例如，广东高校新媒体联盟对广东省内的官方微信公众号进行调查发现，“新媒体受欢迎的内容既具有广泛性，也体现了一定的信息时代的特色。52 所高校认为校内重大新闻比较受欢迎，58 所高校则选择了校内生活、服务类信息，39 所高校选择了学生组织、社团等开展的校内文体活动，46 所高校选择了校园人物，也有 49 所高校选择了结合热点的轻松话题。另外，还有高校认为校园情怀、社会热点话题、正反两方面的内容较受欢迎”①。专注校园文化是广东高校官方公众号的主要内容。

（四）分享与共享的传播理念

网络平台的发展使得网络上的分享和共享变得更加便捷。作为“网络原居民”的当代大学生，习惯于利用网络进行分享和共享。高校网络育人平台应该顺应这个趋势，而不是阻止其发展。教育者和网络平台管理者应该利用网络育人平台分享和共享具有正能量的信息、观念和思想。同时鼓

① 广东高校新媒体联盟秘书处. 2016 年度广东高校新媒体发展白皮书［R］. 肇庆：广东高校新媒体联盟第三次全体理事大会，2018.

励受教育者参与其中，既共享教育者的正能量的信息、观念和思想，同时也分享自己的正能量信息、观念和思想。教育平台引导更多的受教者参与教育过程。当然，网络平台并非无底线、无原则地分享和共享。教育者要做好把关人的角色，对进入平台的信息进行过滤，对于那些不利于社会稳定、不利于大学生健康成长的错误信息和思想，教育者要将其阻止在平台之外。一旦有错误信息进入平台，教育者要及时清除信息并引导好大学生正确认知相关错误信息，并做好总结，避免类似情况的发生。因此，教育者要确保高校网络育人平台是正能量的分享与共享平台，而不是错误思想和观点传播的平台。

（五）朋辈影响的教育理念

高校网络育人平台的参与者中，绝大多数都是当代大学生。教师和管理者的人数很少。因此，高校网络育人平台要达到较好的教育效果，就需要千方百计地利用朋辈教育的方法调动大学生参与其中。朋辈教育是运营高校网络育人平台的必要手段。高校网络育人平台的朋辈教育不仅必要而且可能。当代大学生被称之为“网络原居民”，相对于教育者而言，大学生对网络的熟悉程度更强，运用更自如，创新能力更强。且大学生一般都超过 18 岁，心智逐渐成熟，在一些基本和原则性问题上，他们和教育者有着共同的理念和价值观。因此，正如习近平总书记对当代大学生的评价，当代大学生是可爱、可信、可贵、可为的。更为重要的，朋辈教育更适合网络育人平台。同辈人有着共同的经历，更容易产生情感共鸣和思想共振，同时也减少了对教育者的抵触情绪和逆反心理，提高了教育效果。因此，教育者要贯彻朋辈教育的理念，培养一批批具有思想可靠、参与愿望强、组织协调能力强的大学生参与高校育人平台，提高平台的育人效果。例如，华南师范大学“青网计划”就是由学生自己组成志愿者组织，利用课余时间，参与网络平台的建设，分析学校网络上表现出来的学生思想动态等，进行大数据挖掘，并设置议题进行适时引领，以当前大学生喜闻乐见的形式、话语体系，不断校正着他们的思想航向。另外，广东各高校重大活动的直播平台也是由学生自己组织策划的，取得了良好的教育效果。

（六）“实际体验”的实践理念

高校网络育人平台一个非常重要的功能就是弥补了传统教育的一些不

足，实现了“网上阵地”和“网下阵地”的结合。网络育人平台可以利用网络的虚拟性特征开展“虚拟实践”，避免了线下实践由于时间、空间和经济成本的限制，大大拓展了实践的范围。首先，教育者要利用网络育人平台增加探索性功能。引导大学生参与实践，促进其实践体验。其次，拓展网络虚拟实践的体验。引导大学生参与网络虚拟实践。网络虚拟实践可以不受时间、空间和经济成本的限制，极大地满足大学生参与实践的愿望。例如，在网络空间增加虚拟博物馆、纪念馆等。有条件的高校可以开展 VR 虚拟现实体验或者 3D 视频等，最大限度地增强网络虚拟现实体验效果。最后，引导受教育者将网络实践与线下实践相结合，增强实际体验的效果。

二、高校网络育人平台的支撑机制

高校网络育人平台是现实生活的一个有机组成部分，它与存在于其中的环境进行着能量、信息的交换。如果没有环境的支撑，网络育人平台就是无根之木、无源之水。从高校育人平台的实际发展来看，它受到了多方的支撑。

（一）领导支撑

高校网络育人平台的建设与党和政府的大力支持是密不可分的，每一次网络平台的蓬勃发展都是党和国家大力支撑的结果。

（1）理念的支撑。党和政府的每一次重大意见和文件的出台，都会带来网络育人平台的快速发展。例如，2000 年之前，虽然有部分高校开始探索育人主题网站的建设，但是大多数高校并没有参与其中，网站建设的普遍性不够。2000 年 9 月，教育部颁布了《关于加强高等学校思想政治教育进网络工作的若干意见》并明确指出：各高校要“充分运用网络手段拓展思想政治教育的视野，用正确、积极、健康的思想文化占领网络阵地。……各高校都要重点规划建设几个在师生中有吸引力、有影响力的网站”。此后，高校思想政治教育主题网站迅猛发展。

（2）配套措施的支撑。高校网络育人平台的发展与中国网络化、信息化的发展是同步的。国家制定的一系列政策措施推动宽带、无线网络等硬件的发展，出台一系列措施促进互联网企业的创新与发展，甚至直接推广良好的网络育人平台，如易班。正是这些积极政策措施的推进与支撑，才有网络育人平台的发展。

(3) 经费的支撑。国家对网络育人平台给予了经费方面的大力支撑，促进了网络平台的迅速发展。例如，广东高校新媒体联盟对广东省内的官方微信公众号进行调查发现："归党委宣传部管理的广东高校官方新媒体平台有64个，归团委管理的有98个，归学生部（学生工作处）管理的有22个，归学校各学院管理的有24个。除此之外，还有归属新闻公关处、校办、综合信息管理中心、学校办公室、工会进行管理。此外，各高校的自媒体公众号也按照官方新媒体归口管理部门一并管理"，"广东高校在新媒体方面每年投入的经费不均匀。其中，无投入的高校有16所，投入10万元以下的高校有48所，投入10万~30万的有5所，超30万的只有1所"。① 正是由于学校各部门的归口管理、经费方面的支撑，才使得新媒体得以健康地发展。

（二）资源支撑

网络育人平台需要大量资源的支撑才能确保它的正常运行。它的正常运转离不开高校各部门的资源支撑。

(1) 理论资源的支撑。思想政治理论教师、哲学社会科学老师、其他科目的教师、管理部门和服务部门工作人员等将与思想政治理论有关的课件、精品课程、理论教育电子书籍、与教育有关的文字、照片、声音、视频等等上传至相关网站、QQ群等供平台参与者下载、学习，这些构成相关网站、QQ群的重要学习资源；另外，思想政治理论课教师，特别是教学名师个人或者团队开通的博客、微博、QQ空间和微信公众号等，在这些平台上留下的文字、声音、图片、视频等构成平台重要的育人资源。

(2) 管理服务部门资源的支撑。管理服务部门将相关的管理服务项目的端口放在相关平台，构成平台的教育资源。例如，后勤部门在网站开通宿舍管理系统、水电费缴纳系统、维修系统，开发相应的公众号、小程序、app等，简化服务流程，提高服务质量，这些也构成网络育人平台的资源，

① 广东高校新媒体联盟秘书处. 2016年度广东高校新媒体发展白皮书［R］. 肇庆：广东高校新媒体联盟第三次全体理事大会，2018.

达到管理和服务育人的目的。

（三）技术支撑

网络育人平台依托计算机和网络，需要大力的技术支撑，才能实现平台的正常运转，提高平台的用户体验满意度，达到育人的目的。计算机存储技术、安全技术、电脑手机同步技术、视频加工、播放技术等。正是由于这些后台众多技术的支撑，才能保证高校网络育人平台的正常运转，平台参与者的用户体验度才会高，用户黏性度才会高，才能起到较好的育人效果。反之，没有这些技术的支撑，网络育人平台就是一个无法发挥育人效果的空架子。例如，华南师范大学"青网计划"邀请了华南师范大学计算机学院副院长、中国云计算研究方面领军人物赵淦森教授作为指导教师，提供相关技术支持和指导。

（四）人员支撑

网络育人平台需要大量工作人员的参与才能正常运转。

（1）平台需要管理人员。无论是网页、公众号管理人员，QQ、微信的群主，还是博客、微博的所有者（博主），正是由于他们的工作，才能确保平台育人功能的发挥。

（2）平台需要技术人员。平台需要诸如服务器管理人员、网络安全维护人员、网络线路安全维护人员等，这些技术人员能确保平台的正常运转。

（3）平台需要参与人员。网络育人平台需要众多教育者的参与才能运行。它需要诸如辅导员、学生干部、思想政治理论课教师、心理咨询人员、就业指导人员等共同参与平台建设，才会使得平台活跃度高，互动性强。平台参与者才能获得良好的用户体验。例如，广东高校新媒体联盟对广东省内的官方微信公众号进行调查发现"大多数高校都配备了新媒体指导老师"，"此外在官方新媒体的内部管理制度上，广东高校也比较完善。调查显示，有 40 所高校有固定的选题会，51 所高校有例会与总结制度，44 所高校有值班制度，41 所高校有奖惩制度"。[①] 这些指导教师的参与，为官方公众号的运行提供了人员支撑。

---

① 广东高校新媒体联盟秘书处. 2016 年度广东高校新媒体发展白皮书［R］. 肇庆：广东高校新媒体联盟第三次全体理事大会，2018.

三、高校网络育人平台的工作模式

高校网络育人平台经过多年的探索与发展，形成了三种不同工种模式。①

（一）内容阵地建设模式

这类高校网络育人模式是指育人平台主要依靠优质的教育内容来维护平台的发展。网站平台、微信公众号平台、QQ 空间平台、易班平台等都属于这类工作模式。这类平台注重“内容为王”，依靠优质内容吸引受教育者参与其中，实现教育目的。这类育人平台主要依靠信息的综合性、真实性和导向性。第一，这类平台依靠综合性信息来吸引参与者。教育者在这类平台上发布综合的信息，包括理论教育、新闻宣传、生活服务等，它们构成受教育者所需要的信息。因此，受教育者经常访问、浏览、阅读、下载相关信息。第二，内容的真实性吸引平台参与者。网络信息鱼龙混杂，大学生往往无法辨别海量的信息，他们对真实性信息的需求量增大。由于教育者是这些育人平台的把关人和信息发布者，确保了信息的真实。大学生对这些信息的信任度高。这也是他们浏览官方网站、微信公众号、QQ、微信群里的信息的重要原因，特别是在面对谣言时，他们会更加主动地关注留意这些信任度高的平台发布的信息。第三，内容的导向性满足平台参与者。青年大学生的健康成长需要引导。他们对引导性的信息的需要量大。这些平台的信息能够为成长中的大学生答疑解惑，指明方向，振奋精神，抚慰心灵，以促进大学生的健康成长。

从实际情况来看，这类育人平台也存在着需要改善的地方。大学生访问、浏览阅读教育主题网站、QQ 空间、微信公众号的频率和逗留的时间并不尽如人意。这需要教育者和管理者在内容不断创新，同时在不影响内容传播的前提下，不断调整传播的形式，提高这类教育平台的教育效果。

（二）网络群体引导模式

随着即时通信工具的发展和网络公共论坛的出现，大学生会根据自己

---

① 张瑜．试析高校网络思想政治教育工作模式的演变［J］．思想理论教育导刊，2007（12）：63－66.

的兴趣爱好参与其中。这些网络群体的大量形成往往是社会舆论的引发点，参与其中的大学生往往会受到这些舆论的影响。因此，如何利用网络育人平台引导舆论功能显得尤为重要。QQ群和空间、微信群等都具有舆论引导功能。教育者要主动加入网络群体，主动关注大学生的思想动态，主动关注社会舆论热点，特别是负面舆论热点。一旦发现负面舆论波及学生，主动利用网络与受影响的学生平等沟通，引导舆论。同时组织网络意见领袖参与其中，多方位地引导舆论。用正确的舆论引导人是网络育人平台的重要功能，疏通是重要的工作方法。教育者用始终坚持正确的舆论导向，促进大学生的健康成长，合理运用一切手段影响网络舆论，对网络上的错误观点和舆论进行批判。当然，这种正确舆论的引导和对错误舆论的批判都需要坚持疏导的原则，以沟通为手段，尊重学生的主体地位，相信学生的判断力，要积极主动研究网络舆情的规律，运用合适的引导方式和方法引导舆论，为大学生的健康成长创造良好的环境。

（三）个性化沟通模式

随着博客、微博等为代表的个性化网络技术的兴起，以及QQ、微信等即时通信工具的普及，个性化沟通模式成为育人平台的重要工作模式。在这些网络育人平台上，教育者可以利用自己的现实身份、知识权威、人格魅力向网络育人平台投射，促进教育者与受教育者之间在网络平台的平等交流和沟通，从而达成思想交流和教育引导的目标。

在这些个性沟通的网络平台上，教育者的理论水平、思想观念、能力素质、经验阅历、人格魅力等个性化的特征是重要的影响因素。受教育者是否愿意与教育者进行个性化的沟通，是否愿意向教育者袒露心扉是影响沟通效果的重要因素。因此，这种网络平台要求教育者必须不断提高自身素质，同时顺应信息化社会的发展趋势，始终成为大学生值得信赖的引领人。

第七章
广东高校网络育人的保障

高校网络育人的保障包括环境保障、制度保障、物质保障、技术保障、队伍保障和发展保障。科学合理的保障体系有助于高校网络育人工作的顺利进行，实现大学生全面发展成长成才的总体目标。其中制度保障和队伍保障是高校网络育人保障的重点，要注意灵活执行各项规章制度，充分发挥人的主观能动性，根据高校德育工作的现实情况逐步完善制度体系。[①] 创新是高校网络育人工作勇立潮头的灵魂所在，要避免出现制度体系导致的高校网络育人工作创造性的缺失问题，管理与创新是相辅相成的关系。广东地处沿海，先行先试，在不断接受各种互联网新鲜事物和外来信息的过程中，考验着高校网络育人工作及其保障体系。

第一节　环境保障

高校网络育人工作是根据高校思想政治工作客观需要，通过决策、计划、组织、指导和控制，有效地利用人财物、时间和信息等各种资源，以达成高校思想政治教育预期目标的一种社会活动过程。高校网络育人工作

① 方文，黄荣华．网络环境下高校思想政治教育研究［M］．北京：中国水利水电出版社，2013：239.

不是高校单方面、甚至凭借思想政治教育队伍力量就能完成的，需要全社会各方面的共同关注与支持。提供合理、完善、富有开拓意义的环境保障，有助于推动高校网络育人工作的顺利开展，更为整个社会主义精神文明建设提供必要支持。① 建立科学合理的网络社会和管理体系，加强高校舆论环境建设，提供切实稳定的环境保障是顺利开展高校网络育人工作的基础。

一、网络社会环境建设

网络社会系统，是指随着电子通信技术特别是计算机网络技术的发展和人类相应网络行为的呈现而产生的一种适用于人类交流信息、知识和情感等需要的新型行为空间或生存环境，是伴随着虚拟现实成为维系人类生存与发展的新出现。②

（一）网络社会的特点

1. 跨时空互动性

互联网打破了传统的空间限制，将时间和空间距离缩小为零，上网者可以在任何时间、地点找到网上的任何事物或任何人，人际交流可以双向互动并且既可以同步也可以是不同步的，这种互动性大大改变了人类相互交换思想、言论的沟通方式。从社会发展看，网络社会提供的高频率互动在整体上增加了整个人类互动的频率和总量，推动了社会发展的加速度和多元化。

2. 去中心化

网络交往可以是跨社会空间结构的，任何人都可以超越现实生活中的等级差别而平等地获得信息，任何一方的财富状况、社会地位、社会声誉、职业和受教育程度等个人身份表示因素都可以被模糊，明显的例子是体现在网络社会中各式各样的网络社区。

3. 沟通中的过滤性

社会是人与人之间互动作用的产物，人与人之间的互动就是在相互沟

① 方文，黄荣华．网络环境下高校思想政治教育研究［M］．北京：中国水利水电出版社，2013：223.

② 方文，黄荣华．网络环境下高校思想政治教育研究［M］．北京：中国水利水电出版社，2013：19.

通信息。网络社会具有独特的过滤性，表现在：

(1) 零“旁观者效应”，没有“他人的存在”，现实中影响双方真诚度的因素在网络中被淡化了。

(2) 过滤非语言交流的信息，在面对面的人际交流中，你可以与对面的人不讲话，却不能停止你们之间目光接触、身体姿势、面部表情、双方距离、外观形象等非语言交流①；网络社会的交流相对更注重文字信息化，尽管网上视频技术的日渐发展会部分解决网上交流更清晰地可视化，但是人们利用网络交流，更多更集中体现的是彼此的内在思想、双方的精神互动。

(3) 过滤社会属性，更加以自我为中心。

4. 兼容性与张扬个性

网络自由开放互动的场景，会使彼此逐渐淡化原有的文化表现，潜移默化地形成一种新的网络文化。现实中各民族文化的连续性受到威胁，因为网民中的年轻人居多，强势的网络社会化使得各民族的年轻人通过网络社会而具有更相近的文化观念和价值认同，趋向于多元与共存。

（二）网络社会存在的问题

互联网在影响人类社会结构的同时，也必然引发出系列新的社会问题，既包括网络本身的问题，也包括网络对现实社会所造成的冲击。

1. 网络病毒

也称之为计算机病毒，可造成计算机工作不正常、死机、数据毁坏甚至计算机硬件损害等严重后果。计算机病毒以其可传播、可激活和可潜伏性，在互联网上传播速度越来越快、传播范围越来越广、造成的损失也会越来越大。

2. 网络黑客

计算机系统被不明身份者入侵后，这些入侵者会破译计算机系统的密码，并将一些重要的绝密资料向外界传播，这些不明身份者就是网络黑客，不仅对网络信息和网络安全系统造成巨大威胁，也严重扰乱了网络社会的正常社会秩序。

---

① WEAVER R L. Understanding interpersonal communication [M]. 7th ed. New York: Harper Collins Publishers, 1997.

3．网络犯罪

如网络盗窃、网络诈骗、破坏网络资料、网络洗钱等，都对社会公众的现实生活造成了极大的损害。

4．网络色情

网络社会的高匿名性、互动性和隐蔽性使色情信息的传播极为便利。

5．网络成瘾

由于网络极大地增加了互动方式、内容和场景的多样性，延伸了人们作为社会行动主体的选择性和能动性，因此人们对网络的依赖性更强。

（三）网络社会的管理

1．建构技术、法律和道德共同组成的综合管控体系

（1）技术手段，如通过防火墙、安全网关、防病毒软件、信息加密等措施对电脑系统自身进行保护。

（2）法律手段，探索符合目前实际情况的监管措施，制定有效的法律法规，如《互联网电子公告服务管理规定》《互联网信息服务管理办法》等。

（3）道德范畴，也是管控体系的主体。

2．建构现实与虚拟相结合的人文价值体系

虚拟世界指运用电脑技术、互联网技术和人类的意识潜能开发，或形成的独立于现实世界、与现实世界有联系的世界。虚拟世界与现实世界不是完全独立割裂的，因此需要在现实社会的道德标准基础上，形成网络社会的价值意识。

3．建构一套网络社会规范

当前社会科学研究进程与信息科学技术发展、网络空间扩张的速度之间存在着巨大差异，而这一差异也是人类茫然应对网络社会问题的重要缘由。因此，我们要以政治、经济、文化、教育、道德、法律、哲学等多个视角为出发点来探讨各种网络现象和行为，进而形成系列网络新兴学科群。还要特别注重研究网络伦理学，除了发扬传统道德约束之外，还要根据网络社会特点制定一些专用于网络社会的道德规范。

二、网络管理体系建设

要规范网络秩序，夯实网络立法势在必行，我国的网络立法工作已在逐步推行。[①] 计算机网络的法律法规，对其内容传播、途径选择、信息安全、互联网 IP 地址和域名管理等做了相关规定，努力为青年大学生的健康成长营造优良的网络环境。我国政府一直以来高度重视高校网络育人工作，根据新时代互联网特点和高校青年工作实际，制定并颁布了相关管理办法，为高校网络育人工作的顺利进行保驾护航，做到有法可依。[②]

（一）关于计算机网络的刑法内容

刑法是根据我国宪法并且结合现实情况制定的基本法，旨在惩罚各种违法犯罪活动，保护人民群众的人身以及财产安全，维护人民的正当权益。针对与计算机网络使用的相关内容，我国刑法的第二百八十五条、二百八十六条和二百八十七条都有相关规定。2008 年 12 月 22 日，全国人民代表大会常务委员会审议《刑法修正案（七）（草案)》增加了严厉打击网络黑客的条款，极大地拓宽了刑法对网络犯罪行为的适用范围。

高校在制定网络环境下高校思想政治教育相关规章制度时，也应当并且必须以刑法为依据，注意在大学生的日常学习生活中加强法制教育，增强大学生的法律意识，将法律作为自己的行动底线，在遵守法律的基础上养成高尚的思想道德品质。

（二）《中华人民共和国高等教育法》（以下简称《高等教育法》）

《高等教育法》第一条规定："为了发展高等教育事业，实施科教兴国战略，促进社会主义物质文明和精神文明建设，根据宪法和教育法，制定本法。"

《高等教育法》涉及很多高校德育工作方面的规定性内容，为新时期网

---

① 张光慧. 大学生网络思想政治教育机制创新研究［J］. 教育与职业，2008（33）：91－92.

② 邹立莉，罗维有. 多重视阈下大学生思想政治教育的策略分析［J］. 昭通学院学报，2016（2）：97－104.

络环境下高校思想政治教育提供了法律方面的参照标准，各高校要以此为基础进行体制创新，从而实现高校网络育人工作的教育目标。

（三）《中华人民共和国计算机信息系统安全保护条例》

为了有效维护计算机信息系统的安全，进一步细化我国的网络安全维护工作，除了刑法对网络犯罪行为予以特别界定外，国家还专门针对计算机信息系统，于1994年2月18日由国务院令第147号令发布《中华人民共和国计算机信息系统安全保护条例》（以下简称《条例》）。《条例》根据2011年1月8日《国务院关于废止和修改部分行政法规的决定》修正，自2011年1月8日起实施。

充分细化计算机信息系统安全保护，不仅有助于执法机关严厉打击违法犯罪行为，还为高校网络育人工作制度建设提供了更为详细具体的参照标准，教师可针对学生群体中存在的实际问题开展思想政治教育工作，增强学生的正义感，防范道德滑坡，大力加强对网络犯罪的预防，防患于未然。

（四）《互联网IP地址备案管理办法》

为加强网络管理，保障互联网安全，2005年1月28日，信息产业部第12次部务会议审议通过了《互联网IP地址备案管理办法》（以下简称《办法》），自2005年3月20日起施行，规定“国家对IP地址的分配和使用实行备案管理”。

以报备形式对IP地址的分配和使用做到全面监督管理，充分体现了我国政府对维护健康和谐网络环境的重视，《办法》对管理部门、管理对象和报备内容都进行了明确、细致、全面的规定，有利于我国高校的网络化进程，奖惩力度适中，为顺利开展高校网络育人工作提供了稳定积极的前提条件。

（五）《中国互联网域名管理办法》

2004年9月28日，信息产业部第8次部务会议审议通过了《中国互联网域名管理办法》（以下简称《管理办法》），自2004年12月20日起施行。《管理办法》总则中的第三条对与域名有关的概念进行了详细的界定，使我国域名管理工作逐渐向精细化方向迈进。

信息产业部以管理办法的形式对域名管理、注册、争议以及相关处罚都做了具体规定，包括管理的主体、工作流程都有详细办法，这有效弥补了我国在域名管理方面的不足，提出域名服务遵循“先申请先注册”的原则，逐渐规范用户的网络行为，有效保障了网络安全，为高校网络育人工作提供了细节方面的制度保障，充分实现了专业性与现实性的统一，成为制定其他网络制度的有益参照。

（六）《互联网禁止传播淫秽、色情等不良信息自律规范》

为促进互联网信息服务提供商加强自律，遏制淫秽、色情等不良信息通过互联网传播，推动互联网行业的持续健康发展，2004 年 6 月 10 日，中国互联网协会互联网新闻信息服务工作委员会发布并开始执行该规范。

对网络传播内容的有效规范，从根本上净化了网络环境，站在自律的高度上唤醒互联网信息提供商和从业人员的责任感，遵守社会主义道德规范，成为促进高校网络育人的有利因素。

另外，还应进一步加强网吧管理。除了手机移动端，仍有不少大学生是在网吧等公共场所上网的，管理不足导致黄色污秽信息、暴力恶俗信息等污染了大学生的网络视野。2001 年，国务院发布《互联网经营场所管理办法》，严禁互联网上网服务营业场所经营者和用户，在互联网上网服务场所传播散布谣言、破坏社会稳定、散布有害信息。①

三、高校舆论环境建设

良好的高校舆论环境能够给缓解大学生因专业学习、学生工作和校园生活带来的紧张情绪，发挥潜移默化的影响作用。营造良好的高校舆论环境，净化网络信息，能够有效避免网络不良信息对价值观形成时期的大学生形成错误引导，因此有效净化网络信息特别重要。我国公安部对“有害数据”的界定是：“计算机信息系统及其存储介质中存在、出现的，以计算机程序、图像、文字、声音等多种形式表示的，含有攻击人民民主专政、

① 张光慧. 创新高校网络思想政治教育的监控管理机制［J］. 全国流通经济，2010（13）：66－67.

社会主义制度、攻击党和国家领导人、破坏民族团结等危害国家安全内容的信息，含有封建迷信、淫秽色情、凶杀、教唆犯罪等危害社会治安秩序内容的信息。”有害数据是网络中的非法破坏、虚假或色情部分，危害国家安全，扰乱社会秩序，侵害其他人的合法权益①，影响青少年的身心健康，可通过监控、过滤、选择、清理等方式进行处理。

（一）通过技术手段监控

通过建立国家级网关，从技术上解决网络监控问题，严密检测和监控国际互联网源头信息，采用先进的网络安全技术手段，如监视器、防火墙、密码破译等，对信息源进行跟踪、监视和破译，对进入我国的网络信息进行严格过滤，隔断外界对我国网络系统的非法访问；同时，对使用情况做好跟踪记录，做到有据可查。

如华南师范大学的网络安全应用 CloudWAF，就是基于大数据分析（大数据来自实际网络流量的分析）网站安全态势感知与智能防护云平台。网站安全防护成为当前学校在复杂网络环境下面临的一项紧迫任务。学校由于教学科研和管理服务需要，建设了大量网站，网站分散在网络环境中，防护能力和安全状态参差不齐，该项目是一种利用大数据技术和云防护技术能对分散的网站提供一个体系化的网站安全防护平台，提高网站防护的实时性、准确性和智能化。

（二）运用行政手段规范

教育部《关于加强高等学校思想政治教育进网络工作的若干意见》强调：“各高校要进一步建立和完善有关规章制度，规范网络动作，加强对局域网、校园网的管理。”② 在国家层面，要以行政手段对国内所有的主要区域网络体系加强统一管理，完善相关规章制度。各高校也要结合实际情况，相应建立网络信息管理的常设机构，统一协调网络信息管理工作，不断完善规范运行管理。具体可参考从以下几个方面推进。

---

① 郭蜀燕. 高校网络思想政治教育环境研究［D］. 成都：电子科技大学，2006.

② 关于加强高等学校思想政治教育进网络工作的若干意见［EB/OL］.（2012－07－24）［2019－05－05］. http://www.moe.gov.cn/s78/A12/szs_lef/moe_1427/s6636/201207/t20120724_139888.html.

(1) 安装网关系统。参照建立信息进出校园的网关，从技术上解决网络监控问题，严密检测和监控校园网络源头信息，防御有害数据的信息攻击，净化校园网络空间。

(2) 严抓内容审查。对涉及政治、军事、宗教、民族、外交和容易引起社会争议的焦点问题及时进行审查。

(3) 控制访问范围。对服务器实行统一管理，控制校园网络用户访问范围，从信息安全角度严防黑客和计算机病毒入侵。

(4) 加大技术投入。网络设备及时换代升级，及时补缺各种漏洞，提升校园网络的信息安全水平，加大对人员配置、技术升级和硬件物质资金的投入。

(5) 实名登记负责。对校园网用户进行实名登记，特别是加强对个人主页、相关链接的核查制度；对发表违规或散布不良信息的用户予以警告，必要时按照相关规定追究其法律责任，维护校园稳定，稳固教学秩序。①

（三）加强法制教育建设

法治社会也要加强对网络社会的法制建设，依法建网、依法管网、依法用网，自觉遵守法律法规的相关要求，各级政府、管理部门和使用团体、个体应切实承担起应尽的职责和义务，做到建立合法网站、传播合法内容、依法规范服务。②

自1994年网络进入我国以来，我国各级政府根据网络在我国高校发展的实际情况，制定了系列行政性法规或法规性文件，如《高等学校计算机网络电子公告服务管理规定》《关于加强对教育网站和网校进行管理的公告》《教育部关于开展高校上网场所清理整顿工作，进一步加强校园网管理的紧急通知》《教育部关于对校园网有效信息专项清理整治工作的实施意见》等，在法制层面上保证高校网络育人工作有法可依。

高校舆论环境建设，需通过技术手段监控、行政手段规范和法制教育建设三管齐下，再加之文化优化等路径辅助。在网络环境优化过程中，以

---

① 郭蜀燕. 高校网络思想政治教育环境研究［D］. 成都：电子科技大学，2006.

② 任莉莉. 网络社会的伦理问题及其对策研究［D］. 成都：西南财经大学，2006.

道德意识培养为主，和法律法规、技术控制、教育引导、文化熏陶相结合，共同营造健康明净的高校舆论环境。①

第二节　制度保障

制度不仅对人的行动有强大的约束力，还可以极大程度上提高工作效率，使高校网络育人工作有法可依，减少实践中的困惑，坚定师生的社会主义信念。

高校需结合我国现有的相关法律法规，结合大学生特点、区域特色和本校实际进一步制定细化的规章制度，规范指导教师，有效约束学生，加强校风建设，通过课堂教学、活动开展和校园生活的养成教育培养学生高尚的道德情操，保障社会主义物质文明与精神文明协调发展。② 结合目前高校网络育人工作实际，需要重点优化完善的包括高校网络引领机制、高校网络育人协同机制、信息安全责任制、信息管理制、信息联动制和网络育人评价制度等。

一、建立高校网络引领机制

要充分激发网络育人工作者的主体性，遵循网络文化客观规律的基础上，营造清朗健康的校园网络氛围，高校网络育人工作者要积极学习宣传网络行为规范的法律法规，主动带领团队开发正能量的网络产品，为网络道德文化教育和法制环境营造良好的校园网络环境，在潜移默化中实现对大学生世界观、人生观和价值观的影响，适应网络时代对育人工作的新形势、新要求。

（一）转化话语表达，增强在网络育人工作中的引领有效性

高校网络育人工作者在网络上开展思想引领工作的话语表达方式方法，决定着开展网络育人工作的方向和效果，极大地影响了整体思想政治教育

① 张风华. 高校德育网络环境研究［D］. 武汉：武汉大学，2005.

② 邹立莉，罗维有. 多重视阈下大学生思想政治教育的策略分析［J］. 昭通学院学报，2016（2）：97－104.

工作的未来发展。需通过提升增强育人者的个人魅力，以青年人的网络话语体系开展网络育人工作，增加教育的感染力和吸引力。一是高校网络育人工作者要认同并适应新时期网络育人工作的新形势和新特点，了解信息来源渠道，构建师生有效交流的网络平台，并争取在有效平台的“话语权”；二是在网络师生互动的过程中，要利用网络平等互动的特点，润物细无声地渗透管理教育理念，提升教育感染力和有效性，促进学生在互信的环境中全面发展、获得成就感和生命的价值体验；三是要注意网络虚拟世界与现实世界的有效转换，实现话语转化、引领有效对接。

（二）紧握时代脉搏，把握契机在网络育人工作中的叠加效应

重要时间节点是开展育人工作的有效助力，要善于把握并发挥其叠加效应。进入新时期，大学生面临着与过往不一样的社会竞争、个体成长压力，容易在现实社会中选择逃避、依托虚拟网络空间寻求解脱。高校网络育人工作者应看到大学生的迷茫、倾听其真实的心声，关注大学生成长发展不同阶段的心理健康问题，引导帮助其解决实际问题，切实有效地进行人文关怀。具体操作中，与时俱进，关注全球变化、国家发展和传统开展理想信念教育的重要时间节点，育人者该把握一切有利于开展网络育人工作的信息和资源，转换传统教育理念，站在更高的立足点上真正实现网络育人工作的重大意义，发挥时代效能。

（三）加速自我成长，提升在网络育人工作中存在价值感

教育对象的自我整合是教育对象主体性的集中体现，直接影响着网络思政路径的成效。[①] 高校网络育人工作者要充分尊重大学生在网络表达中的主体性地位，深入学生尊重、平等、互动地进行交流。尊重不同个体的个性特征、兴趣爱好和成长环境自带的本体影响，充分调动相关同学的积极性。育人者需摒弃传统说教模式的教育理念，避免单向灌输、增强彼此互动，过程中增强学生的自我整合能力，以兴趣为切入点引导大学生接受教育；并在过程中加强对自身的自我成长，提升师生在工作中的共同成长。

近年来，在广东省建立的一批名辅导员工作室里，就有专门和协同性

---

① 祁承勇．高校辅导员网络思政工作架构研究［J］．湖南税务高等专科学校学报，2012（3）：56－59.

的辅导员网络工作室，辅导员先后依托网站、博客、QQ 群、微博、微信公众号等新媒体平台，在新的“虚拟”的网络平台上与“熟人”社会的青年大学生“交朋友”、打破时间空间界限，甚至建立起更“亲密”的信任关系。坚定思想引领的总目标，不断适应新平台调整思政工作的方式方法，让“互联网+”为我所用。

二、建立高校网络育人协同机制

高校网络育人不是单线执行的，需要贯穿高校育人工作的全过程。高校思想政治教育工作者要充分认识新形势下高校网络育人工作的重要性，将思想政治理论课精品课程、形势政策教育、舆情队伍建设和网络正能量产品开发的横纵向环节相互打通，加强高校思政理论课的学科建设和课程教学改革，有所依托扎实地推进网络育人协同机制。

（一）主动占领网络主阵地，梳理精品课程建设

精品课程建设是高等学校教育质量与教育教学改革的重要组成部分。梳理精品课程建设，需对传统的教学理念、方式方法和手段进行梳理重构，加入现代化教育信息技术的应用，鼓励使用优秀教材，提高实践教学质量，理论和实践相结合，激发学生的主动性和积极性，培养学生的创新意识、创新能力和运用所学知识分析解决实际问题的能力。高度重视实习实践教学环节，鼓励师生共同探索设计教学实践过程。精品课程要真正依托网络实现教学与管理，相关的教学大纲、教案、习题、实践指导等信息要在网络上实现共享。

（二）结合广东发展和校本实际，加强形势政策教育

形势政策教育是思想政治教育的重要内容和途径。形势是一定时期社会发展的状况和态势，政策是党和国家制定的方针和路线，对大学生进行形势政策教育，可以帮助大学生正确认识当代社会的发展形势，引导大学生从社会发展的大进程来分析和思考问题。形势政策具有时效性，并一直处于发展变化中，与网络的时效性相吻合，高校网络育人工作要看到形势政策内容的必要性，引导学生既着眼于马列主义理论的学习，又要关注对现实的实际问题和具体问题的思考。通过网络信息了解到学生所表现出的

思想认识问题，要实事求是、与时俱进，以合适的方式解读解惑，使大学生学会横纵向多维度地看待问题，培养其思辨能力。[①] 针对其不同的兴趣点和关注点，可开设形势与政策教育教研室，下设有关国际、国内局势、校园热点等专题，并结合广东的政治、经济、文化和地域发展特色，开辟具有沿海地区先行先试实践特色的内容，不断更新教学方式，采取专题讲座、网上调查、论坛研讨等，线上线下相结合，及时对国内外重大事件做出专业解读，解答学生的疑问，在教育实践中不断充实教育内容，从而增强课程的吸引力。同时建立大学生形势政策报告会制度，定期编写形势政策教育宣讲提纲，建立形势政策教育资源库，结合国际国内形势的变化，并定期为大学生做形势报告。

（三）把握网络舆情的运行机制，加强网络队伍建设

高校网络舆情是反映学生思想动态的一个重要窗口。越来越多的大学生遇到困难和挫折不再主动求助于家长、老师或同学，而是选择依托网络聊天、发表文章、书写心情等来抒发自我。通过网络舆情可以更为真实、及时地了解大学生的心理状况。高校要以校园网络为平台，密切关注校园动态的各种舆论，及时、灵敏地捕捉问题的苗头，采取积极有效的措施进行引导，才能做到防患于未然。[②]

教育部《关于加强高等学校思想政治教育进网络工作的若干意见》明确提出："要培养一支既具有较高的政治理论水平，熟悉思想政治教育工作规律，又能有效地掌握网络技术、熟悉网络文化的特点，能够在网络上进行思想政治教育工作的队伍。"[③]

关于队伍建设，详见本章第五节"队伍保障"。

---

① 明义敬．论高效网络舆情视阈下的大学生思想政治教育［D］．苏州：苏州大学，2010.

② 冯景欢．高校网络舆情与大学生思想政治教育［D］．石家庄：河北科技大学，2012.

③ 关于加强高等学校思想政治教育进网络工作的若干意见［EB/OL］.（2012－07－24）［2019－05－05］. http://www.moe.gov.cn/s78/A12/szs_lef/moe_1427/s6636/201207/t20120724_139888.html.

（四）主动开发正能量网络产品，清朗高校网络空间

高校网络育人不能坐以待毙，而是要主动出击。主动开发符合网络传播特点、吻合青年话语体系的正能量网络产品，占领网络主阵地，主动发出青年好声音。传统的主题教育网站，可以有目的、有计划、有针对性地对大学生进行马克思主义世界观、人生观、价值观的渗透性教育，作为高校传统课堂教育的补充和延伸，合理设置栏目、及时准确发布正确权威信息，传达党和政府的相关路线、方阵和政策，对大学生进行社会主流意识形态的宣传教育，引领正确的价值理念。进入新时期，可依托微博、微信、微视频等新兴媒体平台，开发多种多样更适应互联网传播的网络产品，清朗网络空间。

三、建立信息安全责任制

法律作为一种最专门化的、覆盖面极广的、具有强制性的社会控制工具，仍是化解和解决网络社会问题的一种最主要和最重要的手段，也是维护高校网络育人环境健康发展的有力保障。①

美国对互联网的管理，已逐步形成了一套较为成熟和完善的管理措施和体系。其颁布的许多法案都具有开创性，走在了世界前列。1987 年，美国就通过了《计算机安全法》，后来又陆续公布了《个人隐私权保护法》《美国联邦信息管理法》等。美国关于互联网的法律法规，涉及面较为全面和广泛，既有针对互联网的整体管理规范，也有具体到行业准入、电话通信、数据保护、消费者权益、版权、诽谤和色情、反欺诈等方面。如《1977 年联邦计算机系统保护法案》、《1984 年伪装进入设施和计算机软件及滥用法》、《1986 年计算机欺诈和滥用法》、《1987 年计算机安全法》、《1990 年电子通信秘密法》、《中小企业计算机安全、教育及培训法》、《1991 年高性能计算机及网络法案》、《1994 年计算机滥用法修正案》、《1995 年数字签名法》（犹他州）、《1996 年电信法》、《1996 年全球电子商务框架》、《1997 年域名注册规则》等。②

---

① 张风华. 高校德育网络环境研究［D］. 武汉：武汉大学，2005.

② 王静静. 美国网络立法的现状及特点［J］. 传媒，2006（7）：71－73.

英国为遏制网络犯罪的上升趋势，近年来采取了系列立法、教育、宣传和打击手段。1996 年 9 月 23 日，英国政府颁布了第一个网络监管行业性法规《3R 安全规则》，“3R”分别代表分级认定、举报告发、承担责任。2003 年 12 月 11 日，英国更新了对《通信管理条例》《调查权法案》具有指导意义的《通信数据保护指导原则》，将其适用范围从电话、传真扩展到电子邮件和其他信息服务形式。另外，英国内政部公布了《垃圾邮件法案》，加强对个人通信的管理。2004 年年初，英国政府出台了应对网络诈骗、网络色情、电脑病毒传播、黑客攻击等“电子犯罪”的战略部署，搜集、整理英国官方的多家犯罪调查、研究机构的信息，对现有法律体系进行评估，为政府、执法部门和工商企业应对网络犯罪提供指导。①

目前，我国的网络立法工作还处于起步阶段，已经颁布的相关法规有《中华人民共和国计算机信息系统安全保护条例》《中华人民共和国计算机信息网络国际联网管理暂行规定》《中华人民共和国计算机信息网络国际联网保密管理规定》《电子出版物管理暂行规定》《互联网电子公告服务管理规定》等。② 随着现代科技发展不断更迭，相关法律法规也要随之不断更新。加强和完善网络立法，一是要制定相关管理性规定，促进信息生产、传播途径和服务产业的健康发展；二是要根据现实需求完善补充已有法规，服务于安全保障、审查监督和有效防止有害信息网络传播的管理；三是要跟国际化接轨，按照网络社会特殊性、现实性等超现实的原则，加强国际交流与合作，建立兼具规范性与自主性、有序性与特殊性的“全球法网”。其中，还要加强对现有法律的执行和监督力度，在网络管理中也要做到有法可依、有法必依、执法必严、违法必究。

四、建立信息管理制度

高校要加强对上网学生的管理，建立有效的信息反馈渠道，若发现有违反道德与法规的，要严格予以处理，通过完善信息管理制度，减少学生违法行为的可能性，防患于未然。

---

①② 张风华. 高校德育网络环境研究［D］. 武汉：武汉大学，2005.

目前一些网上行为管理和网络审计类产品已在多家高校得到应用，如IP－Guard、NTAR、深信服、百络、网康等，这些系统大多具有不良信息阻断功能、信息审核功能、定点监控功能和防沉迷功能等。① 高校作为网络信息资源的重要用户，在管理应用方面的需求巨大；但目前该类产品围绕企业需求为主，在传统的过滤、筛选、分时等功能之外，还需要补充健康的上网体验模式引导、学校网管人员开发介入、建立适合大学生的反沉迷系统等方面。

不少广东地区高校通过校本研发、与相关网信办等部门合作，可实现校内网的信息管理，对部分敏感词汇实现“警报机制”；为保护校内网络安全、必要时可实现校内外网的“一键断网”，即校内网使用顺畅、但与校外社会网络暂时断联管理。

五、建立网络育人评价制度

高校网络育人工作是互联网技术与思想政治教育工作的有机结合，互联网的发展一日千里，具有丰富的内容和形式，要求使用者具有较高的技术水平，才能在网络环境下把高校思想政治教育工作落到实处，因此必须把探索高校思想政治教育规律与探索网络发展规律同步进行。要实现这一目标，必须对网络思想政治教育工作的现状及其效果有较为可观正确的评价与判断。

高校网络育人评价是根据高校的思想政治教育整体目标，运用有效可行的技术手段，对高校网络育人系统及其相关因素的系统阐述，并在此基础上对其状态和作用进行价值判断，从而以评促进、以评促改，实现动态管理，达到优化高等教育活动过程的目的。

评价应遵循的总体原则是：网络环境下高校思想政治教育“能够真正引导大学生以马克思主义立场、观点和方法为人生指南，树立正确的世界观、人生观、价值观。能够体现社会和个人发展的一般要求，促进大学生

① 方文，黄荣华. 网络环境下高校思想政治教育研究［M］. 北京：中国水利水电出版社，2013：211.

身心健康和综合素质的全面提高"①。

高校网络育人的评价，详见第八章。

第三节 物质保障

有效的物质保障是高校网络育人工作的基础。完善的教学设施和一定的资金保障体现了高校的硬件实力，有助于顺利开展教学计划，满足师生的教学需求，顺利完成高校网络育人工作的目标。高校要以网络育人工作为抓手，努力向信息化、国际化的世界一流院校标准迈进，以现代化的硬件设施促进高校网络育人工作现代化，树立院校的品牌形象，形成良好的口碑效应，为高校人才培养，为学生提高自助创新能力创设必备的硬件条件，服务我国教育改革。②

一、配套硬件设施建设

除计算机、路由器和交换机等硬件基础设施，尤为关注的是高校信息化网络基础设施建设。2017 年 1 月下旬发布的第 39 次《中国互联网络发展状况统计报告》数据表明，截至 2016 年 12 月，我国手机网民占比达 95.1%，网民规模达 6.95 亿，增长率连续三年超过 10%；手机不断挤压其他个人上网设备的使用，高校学生作为利用新技术最活跃的群体，也是新技术应用需求最强烈的群体。随着无线及移动业务逐渐成为校园网的主流，固定网络继续增长带宽需求强劲，校园 IPv6 网部署越来越多，传统学校采用学校投资自建自维来进行校园网维护和管理的运营模式将被打破。③ 寻求社会合作，由学校组织专人管理、整合社会技术提供支持成为新型模式，在确保校园网安全畅通运行的前提下，充分利用网络信息技术，建设与实

① 姚志海，刘磊. 高校网络思想政治教育绩效评估体系刍议 [J]. 思想理论教育导刊，2010 (3)：84－87.

② 邹立莉，罗维有. 多重视阈下大学生思想政治教育的策略分析 [J]. 昭通学院学报，2016 (2)：97－104.

③ 傅宇凡，等. 117 所高校信息化网络基础设施建设状况对比 [J]. 中国教育网络，2017 (2)：29－32.

际需求相匹配的网络校园管理系统，提升用户远程访问质量和效果，不断拓展服务师生校园学习生活的新领域、新项目，为教学、科研和管理提供优质的网络服务；同时，加强校园网络系统维护和安全检查制，发挥好网络中心和学生队伍的维护管理作用。

二、网络育人资金投入

新媒体的迅猛发展，高校网络育人工作的要求日益迫切，在网络硬件建设、软件设施配备、人员培训等方面都需要必要的经费投入。相关部门和高校自身在制定财政预算、工作计划时，需充分将网络建设和相关的经费投入整体考虑进来，有条件的设置专项经费，并通过与科研相结合、与社会相关机构共同合作等方式，争取更多支持。

第四节　技术保障

科学技术是我国社会主义现代化建设的必要保障也是高校德育工作现代化的前提。高校拥有大量人才和研究高新技术过程中可充分利用的硬件设施，因此必须加大研究力度，努力维护网络安全。教师要充分发挥表率作用，不断提高运用网络技术实现教学创新的能力，实现信息化共享，致力于高新技术研究工作，为高校网络育人机制创新提供保障。[①] 以往的高校信息化建设，主要针对学校内部的教学、管理、服务，网络作为不可或缺的载体角色加入其中，而目前“互联网+”校园已逐步成为高校校园建设不可分割的部分。

一、“互联网+”教育思路转型

传统课堂教育模式将逐步向多元化、多样化转型，对教学内容、方式方法和课程体系提出了新的要求，要逐步构建不受时间和空间限制的网络学习空间，营造开放、共享、创新、协作的学习环境，体现出数字化、智

---

① 方文，黄荣华. 网络环境下高校思想政治教育研究［M］. 北京：中国水利水电出版社，2013：241.

能化、网络化与高效化的特点。新的教育模式也对教育资源和数据进行了重组和整合，例如学生招生与学分修读的“预备制”、高校教师资源的校际甚至省际共享、社会化继续教育的推动等，为校际合作、校企合作和教学基地建设、产学研发展等提供了更为广阔的平台。

二、搭建互通的“大数据库”

大数据主要包括结构化数据和非结构化数据。对于高校，这两类数据综合反映了学生的学科成绩和教师的教学评价、科研成果等行为特征，甚至可以掌握学生在学校的行为轨迹、用网习惯等。目前，大部分高校的数据库处于分散状态，各部门和单位分头掌握所属部分，缺乏综合性地有效整合和统一管理、数据价值较难彰显。整合搭建系统的数据库体系，加强对数据的分析、挖掘和调研，加深对“大数据”的认识和运用，提升相关数据的采集加工能力，可以最大化地激发数据与信息的价值，全面发现教师与学生、教学与服务管理等方方面面的潜在需求，提供更为科学全面的服务。

三、推动“云网端”一体化

高校需进一步推动“云网端”一体化，做好数据框架的整体建设、数据分析的深度挖掘及数据系统的应用升级，完善整体建设规划。既要强化顶层设计，更要从技术层面打破数据壁垒，促进数据信息的整合与共享，解决长期以来高校的教学、管理和服务等数据分别由不同部门管理和储存、没有建立数据信息主管机构的分管现状，共享使用权限。①

目前，教育系统在推广的易班平台，正致力于解决学生信息规范化管理过程中的交互问题；中山大学的“逸仙科学”、华南师范大学的“砺儒云课堂”、华南农业大学的“红满堂数据库”等，都在探索从教育教学、大学生生活轨迹等不同维度整合大学生信息，以提升高校的教学、管理和服务效能。

---

① 刘丹.“互联网+”与高校校园建设［J］.现代信息科技，2018（9）：154－155.

四、建立高校数据分析机构

数据要发挥价值和意义，需要通过数据分析研究来实现，可整合校内计算机软件、信息化管理相关专业和网络中心等资源，或依托校外相关专业数据研发机构，指导教学的改革与创新、提升教学效果，指导学校后勤管理服务，为学校整体运行发展提供评判的依据，以利于学校平稳健康高速有效地运转。

第五节　队伍保障

队伍保障是高校网络育人工作的核心内容。网络环境下的高校德育工作必须有高素质人才作为支持，校领导组织带领广大教师积极充分发挥引导性作用，不断提高综合素质，保持思想先进性。高校逐步完善岗位责任制，在人员的选拔与晋升方面都做到公开透明，大力推行高校自主化建设，加强改革用人机制，及时听取教师意见，鼓励创新，在实际工作中充分发挥教职人员的主观能动性。[①] 做好高校网络育人工作，队伍保障的主要方面包括队伍的组织体系建立，网络道德教育、信息联动预警和技术支持保障队伍几个方面。

一、队伍组织体系建立

加紧网络队伍体系建设，是高校网络德育环境建设的关键。建设一支专兼职相结合、政治素质过硬、德才兼备的优秀高校网络德育队伍，不断提高他们的政治、思想和信息素质，是适应网络时代和优化高校网络育人工作的迫切需求。目前，高校德育工作者队伍还存在着主导者环境意识不强、队伍建设滞后等问题，尚未能完全匹配互联网时代对思想政治教育工作的要求。

主导者环境意识不强，指在信息技术普遍应用于网络思想政治教育的

---

① 方文，黄荣华．网络环境下高校思想政治教育研究［M］．北京：中国水利水电出版社，2013：240.

过程中，高校网络德育工作者对网络氛围的和谐性、场景的虚拟性、时空的超越性、载体的先进性等网络环境意识相对滞后，在思想和相关知识储备上准备不足，不能很快地适应网络新发展，在实际工作中感到困惑甚至无所适从。① 具体表现为：相当部分德育工作者未能及时转变观念，缺乏对互联网时代高校育人工作新特点和新问题的关注研究，缺乏对高校网络育人工作重要性和紧迫性的足够认识，甚至对高校应承担的网络育人工作责任和义务认识不清，仍满足于传统的课堂教育理念，主动引领网络思潮的意识不强。部分高校管理者的网络意识薄弱，未能树立起以网络服务于高校育人工作的指导思想，因此缺乏对网络育人工作的机制、阵地、队伍和投入等方面的系统全面规划，自然也就不可能调动全体教职员工共同参与、掌握信息技术以抓住主动性，在校园形成网络育人的强大合力。

队伍建设滞后，指高校网络德育工作队伍建设落后于网络技术发展，队伍结构未尽合理，部分网络德育工作者的业务素质和能力还不能完全适应网络育人工作的要求。高校网络育人工作缺乏高素质权威性的人才队伍：一是缺少懂得思想政治教育工作技巧，又懂得运用网络技术的人才；二是缺少具备相关工作方式方法，又有足够的工作意识能主动参与探索实践的人才。主要表现在：从事理论工作者多、从事实际实践工作者少，分头从事专业教学或学生工作事务服务者多、从事统筹管理和全过程监督检测的领导者少。高校网络育人工作不仅需要过硬的政治素质、较高的政治理论水平、熟悉思想政治工作规律，同时需要具备计算机和网络基础知识、网络技术和熟悉网络特点的“行家”。目前，高校网络育人工作是两者都缺失，大部分德育工作者表现为网络基本知识和运用技术缺失。由于高校网络德育工作者业务素质水平整体不高，导致高校网络育人工作的优势难以充分激发，导致网络育人工作针对性不够、育人力度不强，直接影响网络育人环境建设的效能。

二、网络道德教育队伍

建设专兼职相结合、德才兼备、政治过硬的高校网络思想政治教育队

① 郭蜀燕. 高校网络思想政治教育环境研究［D］. 成都：电子科技大学，2006.

伍刻不容缓，具体包括专业队伍、德育队伍和网络文明志愿服务队伍几个部分。①

（一）建设专兼职的高素质专业队伍

网络道德教育队伍的关键是建立一支由专职、兼职德育教育工作者组成的高素质专业队伍。专职教育队伍，主要由学校党委牵头，校党委宣传部、学生工作部、团委、马克思主义学院、各学院分管学生工作的党委副书记等组成，相关思修专业教师共同参与；兼职教育队伍，由各学院辅导员等思想政治教育工作者组成；专业技术队伍，包括网络中心、网络教育学院等相关人员。队伍成员需了解网络特点、擅长日常操作、懂得舆情判断，针对网络环境的各种新情况做好网络道德教育工作。

（二）建设德才兼备的优秀德育队伍

网络道德教育队伍的核心是培养一支既懂得思想政治教育引领工作艺术，又了解互联网、政治素质过硬的网络德育队伍。在互联网时代，只有具备了较高的网络技术水平能力，才能更好地将网络技术运用在日常思想政治教育工作的教育、管理和服务全过程，并依托开放互通的网络平台获取更多信息服务于思政工作，贴近学生生活，掌握思想动态，发现并解决问题。全体辅导员、学生工作者、专兼职班主任都应纳入培养体系，高校要高度重视队伍的培养和枢纽作战能力。

（三）组建政治过硬的网络文明志愿服务队伍

网络不是有边界、一成不变的固定存在，会不断随着现实世界的发展、网民的实际参与和技术更新换代发生改变，网络的特点决定了网络环境不是教育者单方面能决定的，需要所有网民的共同努力。针对高校特点，充分发动大学生的主观能动性，引导学生社团、学生骨干共同参与，组建网络文明志愿服务队伍，让大家自愿地参与网络文明行动，共同关注大学生的思想政治状况，共建充满正能量的清朗网络空间。

以华南师范大学为例，组织学生团队参与开发微课程、微视频等网络文化资源与文化产品，组织学生志愿者引领网络舆论发展。2015 年年初，

---

① 张鸿燕. 网络环境与高校德育发展［M］. 北京：首都师范大学出版社，2009：152.

学校组建“青网计划”工作坊，在指导教师的带领下，以 400 余名网络志愿者为主体，及时把握网络舆情动态，主动对接社会热点，做好网络上诚恳的释疑者、平等的交流者和睿智的分享者，吸引了全校 7 000 余名志愿者参与，形成学生在亲身参与和实践中提高认识、砥砺品格、朋辈相携、为人师表的新型育人机制。

三、信息联动预警队伍

整合学校资源、提高资源利用率，是提高育人工作的系统性和规范性的有效途径。[①] 整合从事思想政治教育专业教师以及其他教育教学的专兼职教师力量形成全员育人的“大思政”格局，逐步建立起信息联动预警队伍。

（一）整合校内资源

思想政治教育专业教师掌握专业的马克思主义理论知识和学科专业知识，具有丰富的教学经验；高校辅导员承担着对学生日常管理、服务和教育的功能，了解学生的思想动态，善用新媒体技术；其他从事教育教学或管理岗位的教师同样承担着育人职责；学校领导是高校网络育人工作的管理者和决策者。高校的网络育人工作离不开校内资源调配甚至校际间的资源沟通共享，包括教师互聘、跨校选课、远程教育等多种形式，还需要社会、家庭的共同支持形成三位一体的全面育人格局。

（二）优化管理模式

整合高校网络育人资源不能墨守成规，局限于层级化的管理模式。网络环境下多样化社会思潮、多元文化的冲击都给青年提供了多种选择，对传统的管理模式提出了挑战。调整管理模式，促进全校各单位、各部门各种资源的有机配合与协调运转，建立多层次、全方位、全员育人的工作责任制势在必行。

（三）建立预警机制

高校校园的安全稳定是所有工作的基础。网络环境复杂多变，在做好日常建设的基础上，要建立起可靠的信息预警机制，从信息来源、情景判

① 王亚奇．高校网络育人方法研究［D］．武汉：武汉大学，2018．

断、队伍联动和技术保障方面予以关注。学校网络中心或相关信息部门需建立起校园内网、外网的技术“保护网”，通过技术手段先滤清部分信息；由分管校领导牵头，政工干部、专业教学和技术部门整合为专项工作组，安排专人轮值和日常待机工作制度，一旦出现特殊情况立即启动预警机制，由思想政治教育队伍面向学生、技术部门针对网络问题进行处理。

第六节　发展保障

信息化大数据时代，网络信息千变万化，要依托网络做好大学生思想引领工作，就要不断在发展中变化、变化中发展，网络育人工作的内容、平台、方法与网络发展相适应，才能有效引领思潮。高校网络育人的发展保障需要从思想理念、平台支撑、协同作战和社会接受四个方面着手，才能确保未来高校网络育人工作的做法能与网络发展相适应。

一、思想理念统一

确立符合时代发展的思想理念对高校网络育人工作意义重大。在坚持马克思列宁主义、毛泽东思想、邓小平理论、“三个代表”重要思想、科学发展观和习近平新时代中国特色社会主义思想的基础上，加强公民道德建设，对网络环境下产生的新思想去伪存真、实事求是，不断根据高校网络育人工作实践环节中的新情况凝练工作思想理念，涉及“用什么引领”和“如何实现引领”两个基本问题。

（一）“用什么引领”是前提

1. 坚持以社会主义核心价值观引领为重要基础

党的十八大报告明确提出“三个倡导”；2013 年 12 月，中共中央办公厅印发的《关于培育和践行社会主义核心价值观的意见》再次强调了“倡导富强、民主、文明、和谐，倡导自由、平等、公正、法治，倡导爱国、敬业、诚信、友善，积极培育和践行社会主义核心价值观”。社会主义核心价值观作为社会主义核心价值观体系的内核，将引领整个社会价值取向。

高校是培育和践行社会主义核心价值观的重要场所；反之，社会主义核心价值观对高校、对高校育人工作特别是网络育人工作的重要引领，有助于增强高校网络育人工作的影响力和感染力。高校网络育人应深入研究社会主义核心价值观的深刻内涵，积极探索其教育途径，切实把社会主义核心价值观融入高校网络育人全过程，进而将其转化成为大学生思想认知和行为选择的重要遵循和自觉追求。

2. 坚持以人为本，贴近实际、贴近生活、贴近学生

人本理念是高校网络育人工作必须始终坚持的原则。坚持以人为本，贴近实际、贴近生活、贴近学生是高校思想政治教育的内在要求。以人为本，是科学发展观的本质与核心，是对马克思主义关于人的全面发展学说理论的坚持、发展与创新，是时代发展和中国社会发展的迫切要求，是对人的全面发展的必然要求。①

高校网络育人工作要从一切为了大学生健康成长成才的角度，运用新媒体手段密切关注大学生的所思、所想、所需，充分尊重大学生的话语权，以网络话语体系润物细无声地晓之以理、动之以情，紧握时代脉搏，引领网络阵地。

3. 坚持解放思想、实事求是、与时俱进

任何事物都在发展变化中，高校网络育人工作更是如此。解放思想，是在马克思主义指导下，打破习惯和主观的束缚，研究新情况，解决新问题；实事求是，指一切从实际出发，理论联系实际，发挥主观能动性，探求事物的内部联系及其发展的规律性，认识事物的本质；与时俱进，指准确把握时代特征，始终站在时代前列和实践前沿，在大胆探索中继承发展。坚持党的思想路线，解放思想、实事求是、与时俱进，本质就是要以创新的精神和科学的态度去认识、把握和遵循事物发展的客观规律，是高校思想政治教育的必然要求。

新媒体时代，国内外形势错综复杂，社会发展突飞猛进，各种新事物、新观念、新思想通过新媒体技术在网络上广泛传播，大学生处于思想形成的重要时期，作为网络的重要使用群体，他们的价值观念和行为模式很容

---

① 周长春. 新形势下大学生思想政治教育探索［M］. 北京：北京工业大学出版社，2005：43.

易受到影响。这就要求高校网络育人工作应充分体现时代的发展要求，坚持解放思想、实事求是、与时俱进，能够创新方式方法，从容应对新媒体给高校思想政治教育带来的机遇与挑战。

（二）“如何实现引领”是方法

1. 引领提升

高校网络育人工作如何吸引大学生的注意力，如何最大化发挥育人作用，与引领内容的吸引力和凝聚力密不可分。引领内容具体指以社会主义核心价值观为基础，坚持以人为本的发展理念和坚持解放思想、实事求是、与时俱进。一是表现在其真理性和科学性，二是表现为其实践性的强弱。提升引领内容的影响力，是高校网络育人工作的重要环节。

2. 占领阵地

“引领”作为一个复杂的运作过程，包含着对网络空间不同思想倾向和内容的识别、筛选、控制、整合、运用等多种方式，是一个多向、立体、动态的系统。[①] 高校网络育人工作要控制好校园网络，规范网络行为，加强对局域网、校园网的管理，充分运用现有的监控管理技术，净化网络空间，弘扬时代发展的主旋律，用积极向上、健康高雅的信息占领思想，引领教育传播主阵地。

3. 舆论导向

新媒体时代，教育者与大学生之间的交流打破了时间和空间的界限，呈现出空间开放性、时间跨域性、身份隐匿性、交流平等性和话题广泛性等特点，为教育者了解大学生的思想动态提供了诸多有利条件。针对大学生群体中出现的各种价值导向，要把握高校网络育人工作的主动权，加强舆论导向机制建设，引领正确的网络行为，在网络舆论导向过程中积极传播和弘扬社会主义核心价值观。

4. 交流对话

教育者和大学生只有在平等的基础上实现思想政治教育引领内容的交流，才能更好地发挥引领内容的吸引力。面对多元网络文化对大学生思想

---

① 张秋山，李维意. 高校社会主义核心价值体系教育的网络传播机制［J］. 河北大学学报（哲学社会科学版），2014（4）：64－71.

观念和行为模式的深刻影响，可通过观念阐释、意愿展现、对话协商、沟通整合，使大学生产生思想政治教育价值的内在认同；最大化吸收、借鉴和融合多元文化的合理成分和理性元素，使大学生在交流互动中学会明辨是非、取其精华去其糟粕，以青年人的网络话语体系引领青年。

二、载体支撑有效

新媒体时代，网络传播范围的全球性、传播方式的互动性、传播情境的虚拟性和传播平台的多样化促进了多元文化的产生，对高校网络育人工作既是机遇也是挑战。平台和内容都是支撑载体的重要组成部分，并且互为依托，高校网络育人工作必须坚持以社会主义核心价值观引领文化多元化的发展，全面把握网络传播的规律性和特殊性，构建并优化高校网络育人工作的有效支撑载体，助力新媒体时代高校思想政治教育体系的完善。

（一）全方位立体化的平台支撑

新媒体时代的网络平台层出不穷，高校网络育人工作需充分挖掘合适的平台资源，并为我所用打造成全方位立体化多层次的平台支撑系统。平台资源，可主要概括为电子公告媒体、即时通信媒体、网络日志媒体、手机媒体和微媒体五个方面。

（1）电子公告媒体，指电子公告板 BBS，以及由其延伸发展的论坛、贴吧等形式的网络论坛。[①] 电子公告媒体以其独特的传播优势占据传媒的前沿和主流，它能够深刻反映社会、政治、经济、文化等诸多领域的发展脉搏。[②]

（2）即时通信媒体，指以软件为执行的主体，运用网络上提供的载体和通信手段，用多媒体的信息交流方式，包括文字、图片、音频、视频等，从而达到沟通交流的目的，如 QQ、微信等。目前，即时通信媒体已不仅是一种技术工具，是现代交流技术的象征，并正在构建一种新型的社会关系。

---

① 胡珏. 如何利用 BBS 开展高校思想教育［J］. 思想理论教育导刊，2002（7）：36－41.

② 陈志勇. 新媒体时代的大学生思想政治教育［M］. 北京：中国文史出版社，2014：75.

(3) 网络日志媒体，即登载在网页上的日志，是一种特别的网络出版和发表文章的方式，倡导的是交流的平等与信息的共享。

(4) 手机媒体，是大学生沟通交流、获得信息的重要工具，而手机媒体与互联网的结合迎来了手机媒体功能的深刻变革。手机媒体以其高度的便携性、广泛的交互性、丰富的受众群体等优势成为新媒体时代高校网络育人工作的重要平台，大大推动了高校思想政治教育与新媒体的融合。

(5) 微媒体，指以微博、微电影、微小说、微信、微电台等为代表的“微”事物形成的媒介矩阵，具有强大的融合性和高效的传播力。[①] 作为高校思想政治教育的新平台，以其去中心化、草根化、开放式的理念吸引了大学生群体的喜爱。

(二) 文化多元化的内容支撑

1. 符合时代发展主题

“和平与发展”是当今时代的主题，在多极化、全球化、信息化、市场化、改革开放、社会转型成为时代特征的情况下，当今时代精神主要体现在科学、人文、民主、开放和创新精神上，体现在解放思想、实事求是、与时俱进、开拓创新上，体现在艰苦奋斗、务求实效、淡泊名利、无私奉献上，高校思想政治教育就要善于从时代精神上汲取营养，在时代发展和社会进步中挖掘资源，把时代精神作为塑造一代新人的重要内容，贯穿于教育的全过程，渗透到教育的方方面面。[②]

2. 体现民族发展特色

在内容支撑的建设过程中，要充分融合和体现中华民族的发展特色，将中华民族的优秀文化遗产、传统道德思想和行为准则与高校思想政治教育有机结合，并赋予其鲜明的时代内涵，让大学生在与时代发展前沿接触的同时，能够领略民族文化的博大精神和潜在的教育价值，从而不断增强其文化自信。

---

① 王星懿. 高校微媒体思想政治教育话语权的提升路径 [J]. 散文百家 (新语文活页), 2018 (7).

② 邢鹏飞，程乐森，王建立. 关于高校思想政治教育内容创新的几点思考 [J]. 中国成人教育，2009 (17)：57 - 58.

3. 契合大学生发展需求

大学生作为思想政治教育的主体，内容支撑建设切不可忽视他们的发展需求，这是实现思想政治教育目标的关键。新媒体带来了海量信息，在一定程度上扩充、表现和阐述了知识的内部多样性，实现传递思想、观念、情感、信息和知识的目的，满足了具有不同学习能力和学习风格学生的个性发展需求。①

三、协同作战科学

高校网络育人工作离不开教育者与大学生之间的平等互动，也离不开丰富鲜活的优质教育信息和畅通无阻的传播渠道。教育者、被教育者、教育信息和传播渠道是高校思想政治教育传播的基本组成，这四者之间的协调运作，是思想政治教育功能发挥的前提。高校网络育人工作的发展需要在党委统一领导下，各单位密切配合、团结合作、各司其职，逐步打造齐抓共管、信息畅通、覆盖面广的高校网络育人工作网络，是提高育人实效的有效途径。

（一）建设德才兼备的高素质干部队伍

高校网络育人工作指导思想的探索、制定、贯彻，信息系统的建立、维护、改进，都需要一支既有过硬的思想觉悟、又具有相当的网络管理才能和信息时代思维方式的工作队伍。目前，尤其要抓好三支队伍建设：一是稳定的思想政治教育工作队伍；二是政治信仰坚定、业务能力强的思想政治理论课教师队伍；三是优化机构，提高素质，以学生党员为核心、网络文明志愿者为主体的学生骨干队伍建设。②

对于高校思想政治教育的领导者、组织者和实施者，一是要有开放性的思维，能接受新思想、新观念，并相应地调整工作方法和方向以适应新的形式需求；二是要以积极主动的态度掌握并运用新媒体技术，既是锻炼

① 蒋银健. 新媒体对教育传播模式的影响分析［J］. 广东技术师范学院学报，2012（11）：129－132.

② 季海菊. 新媒体时代高校思想政治教育的解构与重塑［M］. 南京：东南大学出版社，2014.

思想政治教育工作者严谨而活跃的工作思路，又充分运用新媒体成为实施思想政治教育工作的重要工具，大大提高工作效率；三是加强其思想理论素质培养，加强新媒体基础理论知识的培训，使每位思想政治教育工作者既是思想教育工作者，也是信息收集发布的传播者和网络管理者。①

（二）强化各部门之间的协调合作

作为高校的领导者，要高度重视新媒体时代大学生思想政治教育的变化，探究新媒体对大学生引领教育的挑战，寻找两者的契合点，立足于本校发展实际，制定思想政治教育整体指导性方案，对学校网络育人工作进行整体全面部署。

广大教职员工都有责任对大学生进行思想政治教育。学校各部门要在学校网络育人工作整体规划的指导下，制定完善有关规定和政策，明确职责任务和考核办法，形成教书育人、管理育人、服务育人的良好氛围和工作格局。

对于思想政治教育理论课专业教师，要以自身的师德和业务水平为突破口，逐步提高自己的信息素养核对新媒体的适应能力；爱岗敬业，教书育人，为人师表，以良好的思想政治素质和道德风范影响和教育学生。

2014 年，中共中央、国务院印发《关于进一步加强和改进大学生思想政治教育的意见》中明确提出“学校管理工作要体现育人导向，把严格日常管理与引导大学生遵纪守法、养成良好行为习惯结合起来。后勤服务人员要努力搞好后勤保障，为大学生办实事办好事，使大学生在优质服务中受到感染和教育”。

只有各部门密切配合，认真履行职责，才能把加强和改进大学生思想政治教育的各项任务真正落到实处。

（三）完善层级责任制

在领导干部和学生思想政治工作干部队伍中，一定要强化责任意识，系统制定相关的规章制度，明确权责关系，做到逐级落实，努力形成“党

---

① 季海菊. 新媒体时代高校思想政治教育的解构与重塑［M］. 南京：东南大学出版社，2014.

委领导、党政结合、强化行政、齐抓共管”的大学生思想政治教育工作一体化的运行机制。①

四、社会接受认可

思想政治教育只有被大学生接受，才能凸显出其存在的意义和价值。在此过程中，思想政治教育的接受主体是大学生，接受的客体是经过教育者精心设置的思想政治教育内容，接受机制是接受主体（大学生）通过接受中介（教育活动、大众媒介等）对于具体教育信息的认识过程。②

（一）接受过程是关键

1. 价值需要是大学生接受引导和教育的内在动力

大学生对思想政治教育的接受过程，是立足于大学生自身的思想认识基础和主观内在需求，对内容丰富、形式多样的思想政治教育内容的能动选择，自愿接受引导进而内化为自身成长元素的过程。其核心价值需求是充分满足内在的成长需要，包括不同层次、指向、强度的价值需要，正是这些价值需要驱动着大学生关注与之相关的内容。

2. 接受主体的思想经验认识是整个接受过程得以顺利进行的重要内在载体

对于内容的关注、理解和消化的接受过程离不开大学生先前的认知水平、经验结构和思维方式，教育者需要启发、鼓励和引导大学生紧跟时代发展步伐，培养大学生形成科学的思维方式方法，提升大学生对于价值观念明辨是非的能力，让他们在实践活动中能更多获取相关实践经验，从而缩短认知加工的接受过程，以提升接受效率及教育效果。

3. 情感、意志等非理性因素在大学生接受过程中发挥不可替代的调节作用

由于大学生自我调节能力尚未完善，其情感和意志带有鲜明、激烈、

---

① 季海菊. 新媒体时代高校思想政治教育的解构与重塑［M］. 南京：东南大学出版社，2014.

② 李忠军. 大学生社会主义核心价值体系教育的接受机制探析［J］. 东北师大学报（哲学社会科学版），2009（5）：11－15.

丰富的特点，容易产生情绪波动。高校思想政治教育者需要在生活中为其不断创新良好的心理体验环境，润物细无声，坚定大学生对于社会发展的理想信念，积极将情感、意志等非理性因素转化为接受活动的积极动力因素。

（二）接受环境是重点

1. 大力推进校园文化建设，营造积极健康的校园环境

积极开展以思想性、文化性、娱乐性和学术科技性为主要内容的校园文化活动，积极营造高品位、多层次、健康向上的校园文化氛围，为大学生参与思想政治教育互动创设优良的校园文化环境。

2. 强化思想道德建设，营造和谐友爱的道德环境

大学生在网络环境中应遵循的道德规范是以电脑网络技术为媒介的调整人与人之间关系的社会准则，它既有对传统道德中优秀、合理部分的充分肯定、继承，又有对社会突变过程中产生的道德取向和道德规范的主动吸纳。① 针对目前大学生对网络的依赖、沉溺，思想政治教育者需要制定系统的网络行为准则，加强大学生的道德责任感教育，使他们养成良好的道德习惯，运用网络为自身的成长服务。

3. 深化网络法治建设，营造科学理性的法律环境

高校网络育人工作要取得长远发展，就必须紧跟国家推进法治建设的步伐，积极响应国家发展战略，在教育过程中逐步强化大学生的法律意识，营造科学理性的法律环境以提升大学生在网络世界行为的思想认知自觉性。

（三）接受媒介是途径

新媒体时代，以互联网、手机等为代表的新兴媒介的迅速普及和广泛应用，从根本上改变了大学生对信息的接收和接受方式。如果说“80”“90后”是网络的衍生民，那么“00后”就是网络的原住民。

网络成为大学生群体表达观点、畅所欲言的理想选择，虚拟的网络对大学生世界观、人生观和价值观的形成发挥着越来越重要的作用。而新媒体以其声画并茂的信息传播优势对大学生产生了不可抗拒的吸引力，一些

---

① 季海菊. 新媒体时代高校思想政治教育的解构与重塑［M］. 南京：东南大学出版社，2014.

大学生喜欢把自己封闭在媒介的“自我”中，在网络世界里独当一面。虚拟空间多元多样价值观念的交流交融交锋和意识形态领域的争夺愈演愈烈。

高校网络育人工作要有效实现接受认知，可从两个具体方面推进：一是合理巧妙地“新瓶装老酒”，把传统思想政治教育工作的内容“复制”或“移植”到网络空间，引思想政治教育之“水”入虚拟网络空间之“渠”，进一步拓展和延伸高校网络育人工作的时空领域。二是深入分析和研究新媒体时代网络传播规律和大学生网络生活的特点，创新网络传播方式，借助新媒体的信息传播优势为我所用，进一步增强蕴含时代发展特色、体现时代进步要求的思想政治教育内容的网络传播力、教育说服力和价值感染力，充分发挥网络传媒的“喉舌耳目”功能。

第八章
广东高校网络育人的评价

广东高校积极适应信息化社会发展形势，深刻觉解当代大学生“无人不网”“无时不网”“无处不网”的网生人特性以及网络信息时代特点，推动传统思想政治工作优势同信息技术高度融合，创新网络思想政治教育、网络德育，传播国家主旋律、弘扬社会正能量，守护好网络精神家园，掌控网络教育主动权，夯实网络教育阵地。广东高校网络育人问题，从其专属领域或者专属功能分析，包括网络思想政治教育、网络教育传播、网络教育管理、网络教育服务以及网络的学科专业教育等。网络育人的理论以及实践问题包括评价问题。评价指的是主体对客体价值的判断或者揭示。网络育人评价的本质是价值判断。网络育人评价的依据是网络育人目标；网络育人评价的界阈包括网络育人活动以及与其有关的主体、组织、机构乃至网络育人实施措施等。网络育人的评价是指导、引导、制导以及调控相关工作的指挥棒。网络育人工作的正确、合理、科学程度及其实现，可通过网络育人的相关评价加以把握。当前，广东各高校通常通过微信公众号、微博、新闻网等新媒体平台深化网络育人工作。根据《2016 年度广东高校新媒体发展白皮书》的有关信息，“广东高校新媒体工作总体情况良好。……此外，制约高校新媒体建设的因素仍有不同程度的存在，这与各高校对新媒体重视程度密切相关，这也是导致广东高校官方微信公众号平台及其他新媒体发展不平衡不充分的重要原因”①。围绕广东高校网络育人而展开的评价问题，涉及其评价原则、评价功能、评价主体、评价对象、评价方法及评价标准等内容。

第一节　网络育人的评价原则

网络育人评价，是考察网络育人工作的目的实现程度的一项评价性活动。网络育人评价，是根据一定标准对网络育人的实践效应或者价值作出判断的活动。确保网络育人的评价工作有据可依、有据必依，首先需要实施好评价工作的顶层设计。即是说，确立网络育人的评价原则，是确保网络育人评价科学化、合理化的关键。

一、政治性

1．政治性评价原则的确立逻辑

国家具有阶级性，阶级性是其本质属性。国家具有社会性，即其执行公共事务及履行社会职能。国家具有主权性，即独立自主管理国家及处理国家内外事务时所体现的管辖权、独立权、自卫权及平等权等。国家属性通过政治加以体现。用卡尔·施米特的话加以说明，则是“国家的概念以政治的概念为前提”②。关于国家的政治特性，我们可以通过其作用及目的加以说明。众所周知，国家的作用及其目的通过国家的对内职能与对外职能加以表现。国家的对内职能首先表现为政治职能，其次包括经济职能、文化职能以及社会公共服务职能等。国家的对外职能包括捍卫国家领土与主权完整、发展国际交流与合作、维护世界和平与促进共同发展等。显然，无论国家的对内职能或者对外职能，都存在政治属性。国家的政治属性，是确立网路育人的政治性评价原则的实践逻辑。因此，高校网络育人工作

---

① 广东高校新媒体联盟秘书处. 2016 年度广东高校新媒体发展白皮书［R］. 肇庆：广东高校新媒体联盟第三次全体理事大会，2018.

② 施米特. 施米特文集：政治的概念［M］. 刘宗坤，朱雁冰译. 上海：上海人民出版社，2015：13.

需要“牢记新媒体发展为意识形态工作和思政教育服务的宗旨”①。

2. 政治性评价原则的内涵

政治性评价原则的内涵的析解，首先关涉国家本质的认识问题。对国家本质的理解，主要包括马克思主义的国家本质论与非马克思主义的国家本质论。非马克思主义的国家本质论者认为，国家是一种政治社团，代表一国之全民利益。西方关于国家本质问题的主流观点认为：“国家是一种利益共同体，代表全体人民的利益，即所谓国家是全民国家。”② 在批判虚假性的全民国家观的基础上，马克思主义的国家本质论者认为，“国家是私有制出现后阶级矛盾不可调和的产物”，“国家的本质是统治阶级镇压被统治阶级的机器”。③ 马克思恩格斯共同创立的“马克思主义学说”从不讳言其阶级性。马克思主义强调，国家的本质是阶级统治的工具。无论怎样宣扬思想的多元化，事实上，当今世界上所有国家都存在主流意识形态，即为国家意识形态。作为国家意识形态，其必然存在政治性特性。马克思主义作为国家的意识形态及其行动指南，其所蕴含的政治性意涵是不言而喻的。显然，“现代思想政治教育技术的目的性、社会性及其载体的政治性决定了它的政治性”④。坚持高校网络育人工作的政治导向性，也就是要坚持高校网络育人工作在意识形态、政治导向上的正确性。高校网络育人工作要讲政治，并且讲的是马克思主义的政治。具体来说，就是必须具有高度的政治觉悟，在网络上所宣讲的观点在政治方向必须是正确的，不能与马克思主义基本立场及观点、四项基本原则、党和国家的大政方针背道而驰。

强化高校网络育人工作的政治功能，既要在思想上不动摇、不含糊、有立场，又要在具体行动中想办法、找路径、建平台。高校网络育人工作强调政治性，就是要始终站在党、国家、社会、民族及人民的利益上看问

① 广东高校新媒体联盟秘书处. 2016 年度广东高校新媒体发展白皮书［R］. 肇庆：广东高校新媒体联盟第三次全体理事大会，2018.

② 李博平. 领军之制：中西方军事领导体制比较研究［M］. 北京：国防大学出版社，2015：199.

③ 李博平. 领军之制：中西方军事领导体制比较研究［M］. 北京：国防大学出版社，2015：196.

④ 刘庆标. 现代思想政治教育技术论［M］. 武汉：湖北科学技术出版社，2013：93.

题、做事情，用政治眼光、政治立场分析解决网络育人问题。

（1）方向要明。用科学理论指导及武装高校网络育人工作，并由此促进网络育人工作的发展，既需要坚定政治信仰、信念及信心，同时需要增强对中国特色社会主义的政治认同及思想认同，以此提升社会主义的道路自信、理论自信、制度自信及文化自信。唯其如此，才能筑牢中国特色社会主义事业发展的政治基础，才能确保在政治上不迷失方向、坚守正确的政治立场。

（2）做事要实。高校网络育人工作要积极优化、改进相关工作的方式、方法，转变网络服务育人的工作作风。通过为师生排忧解难、做实事好事作为网络育人工作的切入点，将科学研究、人才培养、社会服务及文化传承等教育基本功能落到实处，善作善成。换言之，只有密切联系师生，拉近网络空间的人际心理距离，了解师生在想什么、盼什么、希望组织做什么，做到对“症”开方、对“症”抓药。只有这样，晓之以理、动之以情的网络言说才能发挥好教育的导引功能，以此才能获得网络受众的心理认同及行为趋同。

（3）阵地要强。高校网络育人工作要牢固树立阵地意识，强化网络空间的阵地建设，坚持守“土”有则、守“土”尽责。优化网络空间的育人环境，引导网络受众自觉抵制网络不良信息以及不良信息行为。并且，积极主动占领网络舆论高地，提升网上舆论引领的总效应。

3. 政治性评价原则的意义

为什么强调政治性？一般而言，政治作为重要的人类社会现象，反映上层建筑中权力主体维护自身利益的特定行为，以及由此结成的特定社会关系。即是说，政治与特定经济基础、社会关系存在密切联系。政治通过基于经济基础而形成的社会关系尤其是利益关系，揭示其内在的本质意涵。政治，或者表现为通过夺取或者运用公共权力而实现、维护或者协调特定社会利益要求；或者表现为实现、维护或者协调特定社会关系。政治对人的社会生活形式及内容构成重大影响及作用。社会成员参与政治生活的深度、广度随着社会的进步而发展。因此，讲政治就成为实现社会自组织建设目的的关键机制。重视政治性，就是强调社会行为需要以政治方向、政治立场、政治观点、政治纪律、政治鉴别力、政治敏锐性等加以检视。诸如特定社会行为的政治方向问题，反映其以什么为目的、以什么为核心、以什么为基础的问题。总而言之，因为高校是执行党和国家的教育方针、政策的高等教育机构；高校网络育人工作需要将党、国家、民族、社会及人民的要求，视为坚持政治评价意识的原则性要求；高校网络育人工作强调政治性，就是要始终站在党和国家、人民的利益上看问题、做事情，基于党和国家、人民的政治眼光、政治立场分析解决网络育人问题。

二、思想性

1. 思想性评价原则的确立逻辑

（1）高校网络育人工作的思想性和政治性相辅相成，缺一不可。高校网络育人工作在社会政治生活中的软权力地位或者化育功能决定其体现鲜明的政治性，这是其特性。无论是思想宣扬还是政治教化，高校网络育人工作的本质目的的实现，既需要社会强制力的支撑，同时需要依靠能够内化于民众内心且为灵魂共鸣的柔性力量，即通过思想力量加以引导及催化。只是强调政治性，而忽视思想性容易变成空洞的政治说教；反之，只是强调思想性，而忽视政治性容易导致自由主义泛滥。因此，只有二者兼顾才能实现高校网络育人工作的育人功能。简言之，政治要求的践履应寓于思想自在及其导引之中，思想的自在及其导引应以践履政治要求为前提。“现代思想政治教育技术的思想性即意识形态性。”①

（2）思想的个特性自在与社会导引的共在，要求高校网络育人工作要有思想。高校网络育人工作发挥网络信息所蕴含的思想影响，使受网民在接触特定信息时，接受一定思想观念的无意识熏陶。中国宋代周敦颐即已提出“文以载道”的思想。高校网络育人工作应张扬其教育性。思想性原则，属于教育的重要原则。践履思想性原则，应着重使学生真正领会网络育人工作所要传达的思想，而不是毫无意义的网络信息行为。

① 刘庆标. 现代思想政治教育技术论［M］. 武汉：湖北科学技术出版社，2013：94.

2. 思想性评价原则的内涵

什么是思想性？怎么才会有思想性？如何提高高校网络育人工作的思想性？所谓思想性，指事物所内蕴的不可抗拒的思想教育的力量。“教育作为培养人的活动，既源于社会需要也受社会制约，无不反映一定的社会性质和阶级要求。”[①] 教育作为精神生产活动，既体现社会性，也具有阶级性。我国是以中国共产党为领导核心、以马克思主义理论为行动指南的社会主义国家。这就决定教育的性质必然是社会主义性质，教育的方向必然是社会主义方向。因此，高校网络育人工作的思想性是马克思主义世界观、人生观、价值观等思想观念在这一工作中的反映和体现。对于高校网络育人工作而言，思想性是指其所表现出来的思想意义，包括其工作内容关于现实社会世界的科学反映能力，以及由此而表现出来的党和国家、民族乃至人民维度的社会历史意义。思想性，是高校网络育人工作必须具备的一种品质。一是高校网络育人工作格调要高，在政治需要贯彻坚持社会主义方向的积极导向意识；二是需要通过好的、易于接受的网络育人工作形式实现思想性要求的工作嵌入。不能只为强调思想性要求而降低网络育人工作的易接受性，甚至实效性。当然，也不能为了体现所谓的易接受性期待而降低思想性要求。简言之，思想性原则要求体现高校网络育人工作所固有的社会主义政治方向、道德精神以及人文意义。实际上，高校网络育人工作贯彻思想性要求，仅仅依靠所谓知识的网络化教育以及传播是不充分的。高校网络育人工作者的世界观、人生观、价值观及其把握、表现现实社会世界的能力，影响思想性要求的工作嵌入。高校网络育人工作者不仅应该具有广博的知识、丰富的网络工作经验，更需具有正确的思想方法、正确的政治立场，才能够将网络育人工作实践与网络育人工作理论相结合，实现思想育人的网络工作目的。

3. 思想性评价原则的意义

原则意指为人做事所依据的准则或标准。贯彻坚持思想性原则，需要在网络育人工作中张扬辩证唯物主义、历史唯物主义思想以及弘扬社会主

---

① 刘福军. 马克思主义宗教观教育初探［M］. 北京：宗教文化出版社，2014：239.

义社会的真善美。实现思想政治教育的目的，是高校网络育人工作的根本任务。从思想层面深度把握人、引导人、教化人，围绕新时代立德树人目标实现人的精神世界、思想空间的塑造与优化，既是贯穿新时代思想政治教育全过程的逻辑起点，同时又是其重要目标。即是说，思想性要求、政治性要求这两项要求属于从不同维度共同实现思想政治教育的核心功能，诸如顾此失彼或非此即彼的偏颇性做法，某种程度上都是对思想政治教育功能的曲解化实践。总之，唯有坚持思想性原则，社会主义意识形态教育的本质特色才能保持；才能以正确的政治方向协调、统一人的思想与行动；才能正确衡量教育目的的实现程度及其方向原则的贯彻程度。

三、科学性

1. 科学性评价原则的确立逻辑

评价标准的科学性，强调关于网络育人工作的评价必须是科学的、合理的，要实现网络育人工作评价科学性或合理性，必须坚持网络育人工作评价标准的科学性，网络育人工作评价信息的真实性，网络育人工作评价判断的严谨性，网络育人工作评价检验的可靠性。高校网络育人工作作为教育传播的一部分，尤其是其作为网络教育传播的重要组成部分，同样需要遵循新闻传播的相关原则性要求，“新闻媒体宣传典型的成败兴衰，新闻媒体宣传典型的优劣得失，不在典型本身，而在于领导干部借助新闻媒体宣传典型是否讲究科学性”①。高校网络育人工作是否符合社会及人的发展实际及其需要，是否反映教育的社会本质及其内在规律。强调网络育人工作的科学性，是明确网络育人工作目标的前提、理顺网络育人工作要素的基础、优化网络育人工作过程的关键、凸显网络育人工作成效的必然要求。概言之，科学性评价原则强调高校网络育人工作，需要以科学思想为指导，以事实为依据。

（1）所谓以科学思想为指导。即是说，使高校网络育人工作具有扎实的理论基础。高校网络育人工作不能与经过实践检验的马克思主义教育原

① 张宝贵，李正善．领导与新闻谋略［M］．西安：三秦出版社，2014：59.

理相违背，只有这样，才能保证其工作具有针对性、科学性。

（2）所谓以一定的事实为依据。即是说，确保高校网络育人工作实践基于社会现实并具有坚实的社会实践基础。

2. 科学性评价原则的内涵

高校网络育人工作是否符合客观事实的标准、是否富有科学依据，是判断及体现其工作科学性的关键。网络育人工作的科学性，指在网络育人领域应用科学方法，综合抽象并揭示网络育人过程的教育规律、原理所凸显的性质。高校网络育人工作的科学性尤其通过以下两个层面得以体现。

（1）网络育人工作指导思想及工作目标创建、内容定制、方法应用、实践过程、环境建设的科学性。例如，要求其关涉的内容必须正确、逻辑严谨、层次清晰，不存在知识性错误。又如要求其工作形式、内容及所使用的素材需要符合科学规律，而不能悖逆科学规律。

（2）网络育人工作体系及其蕴含的内涵、结构及系统的科学性。例如，从结构化维度科学厘析网络育人工作的目标、要素、过程及其成效问题，明晰目标的先导性、要素的核心性、过程的关键性、成效的重要性。着力解决高校网络育人的工作方向、工作要件、工作路径以及工作成效的科学协同问题，由此形成从确立目标经过要素建构、过程推进再到体现成效的网络育人工作实践逻辑。总而言之，遵循网络育人工作的科学性，需要在实践中坚持普遍性与特殊性、历史继承性与时代创新性、过程整体性与结构层次性、实践现实性与趋势前瞻性的相结合、相统一。

3. 科学性评价原则的意义

教育应该嵌入人的社会活动空间，才能体现环境育人的意义及其价值。信息时代，随着社会的网络化、信息化，网络空间作为社会空间的新形态已成为人的生活世界的重要组成部分。以此说来，高校网络育人工作是社会不可或缺的教育实践活动。回首人类教育实践及其理论的发展历程，人类随其社会的发展经历切近相应时代的教育实践活动，体验过数不胜数的成功与失败后，在其教育实践中发现、梳理、归纳并形成一系列反映时代教育规律的教育理论和教育方法，逐步形成体系化、系统化的教育理论。将这些基于历史经验而形成的教育理论应用到信息时代的网络教育实践，指导相应的网络教育实践活动，这一工作既需要坚持沿袭既有教育经验的历史传承，也需要与时俱进地根据信息时代的特性加以创新。据此，以相应的网络教育活动效果衡量沿袭既有教育理论及方法是否行之有效、是否正确，从而丰富信息时代的教育理论及方法。因此，推进高校网络育人工作，某种程度上属于一项摸着石头过河、探寻信息时代新教育规律的教育实践工作。也就是说，揭示网络育人过程的客观规律性，既属于信息时代具体网络育人任务使然，同时也是网络育人工作实践的必然结晶。简言之，坚持科学性评价原则，就是通过科学发挥客观教育规律、社会实践主导以及发展自主等的功能和作用，把握新时代的高校网络育人工作。

四、艺术性

（一）艺术性评价原则的确立逻辑

网络育人工作的艺术性评价原则的确立，源于动态环境、动态条件下实现网络育人目的的实践需要。以下若干实践诘问及其觉解即能说明重视网络育人工作艺术性的重要性。

（1）在动态环境、动态条件下网络育人工作者何以顺利实现网络育人工作目标？网络育人工作目标的实现与网络育人工作艺术是密不可分的。网络育人工作艺术运用得好，不仅可以缩短达成网络育人工作目标时间，而且还可以使网络育人工作目标超出预想的结果。

（2）在动态环境、动态条件下网络育人工作者实施正确网络育人行动的指南是什么？网络育人工作艺术作为一种高级的网络育人工作方法，它绝不是为了推进网络社会交往而故意拟设的社会交往方法或者手段，而是实施正确网络育人工作行动的具象化方式。例如，网络育人工作决策艺术运用好坏，直接关系到网络育人工作的推进方式。

（3）在动态环境、动态条件下何以实现最佳网络育人工作效能？网络育人活动所追求的是最佳网络育人工作效能，而网络育人工作艺术可以使网络育人活动取得事半功倍的效能，以及意想不到的成果。

（4）在动态环境、动态条件下网络育人工作者何以提高网络育人工作水平？因为“兵无常势，水无常形”。网络育人工作艺术的一次表现和一次运用，所解决的是某一特定的问题。当需要处理新的问题时，其网络育人工作艺术又将需要新的表现、新的运用。正是时时处处面临不拘一格的网络育人环境，需要应变而变，才能创造性地做好网络育人工作。换言之，动态环境、动态条件下网络育人工作者何以吸引乃至凝聚网民?《孙子兵法·始计篇》写道："道者，令民与上同意也，故可以与之死，可以与之生，而不畏危。"古人的智慧诠释这样一条道理：网络育人工作艺术可以产生难以估量的向心力和凝聚力。"政之所兴，在顺民心。政之所废，在逆民心。"网络育人工作作为社会关系再生产的重要路径，需要通过契合网民的社会发展需要而把握网络空间民心、民意的走向。简言之，需要基于动态环境、动态条件下的工作目标、工作指南、工作效能及工作水平等加以拟制具体的工作措施、手段及方法。

（二）艺术性评价原则的内涵

所谓网络育人工作艺术，是指网络育人工作者基于一定知识及经验基础之上，灵活运用各项网络育人工作原则、方法、策略以及资源的基本技能。网络育人工作的艺术性既体现在网络育人工作手法的多样性方面，也体现在其个特性、特殊性、独创性、经验性乃至精当性等方面。从认识论维度分析，网络育人工作艺术的特点包括以下几个方面。

（1）既不失经验性，又显科学性。网络育人工作艺术具有很强的实践性。这是因为网络育人工作艺术实际上源于网络育人工作者的阅历、知识和经验，是网络育人工作者实践中直接经验和间接经验的积累和升华。"青年思想政治教育艺术是在一定经验基础上形成的一种工作技巧，没有固定的统一的模式。它体现在善于把握事物的度，把握工作的时机、火候，随机应变地、巧妙地搞好青年思想政治教育。"① 应该说，网络育人工作艺术不可避免地带有经验的痕迹。不过，这种育人经验并不是玄妙莫测、高不可攀的东西。网络育人工作艺术或者属于经验知识体系的综合、灵活运用。换句话说，网络育人工作艺术源于感性经验的积累，属于基于感性经验知识而形成的、体现鲜明个特性风格的具体的网络育人工作方法。也就是说，

---

① 李美旭，金秀兰. 青年思想政治教育理论与方法［M］. 沈阳：辽宁民族出版社，2006：277－278.

网络育人工作艺术是基于感性直观的技巧、经验。网络育人工作艺术强调以网络育人工作者具身的感性经验为基础，短平快地临机即兴完成相关网络育人工作任务。又或者说，网络育人工作艺术以一定的科学知识为基础，再以网络育人工作者个人的经验总结、凝练、丰富并升华网络育人工作方式、方法。因此，网络育人工作艺术既不失经验性，又显科学性。

（2）不失原则性，又显灵活性。网络育人工作艺术离不开原则。如果网络育人工作艺术离开特定原则的制导，网络育人工作艺术就会偏离方向，网络育人工作目标就无法实现。因此，网络育人工作艺术将无法展现其应有的特性与本质。需要强调的是，网络育人工作艺术既不是特定原则的纯粹简单化演绎，更不是所谓的胡乱作为，而是源于网络育人的原则性与灵活性的高度统一。对于网络育人工作而言，其原则性需要着重强化网络育人工作总的方向。与之相对应的是，其灵活性强调需要重视达到总方向的具体措施。假设摒弃原则性，只讲灵活性，则如同弃大取小、弃整求零、去重求轻。唯有基于坚持特定原则的基础之上，根据网络育人情势的变化实施灵活多变的应对举措，唯其如此，才能视之为网络育人工作艺术。

（3）不失普遍性，又显多样性。网络育人实践的展开，需要应用到某些必要的知识及经验。基于社会遗传的逻辑，显然这些特定的知识及经验在很大程度上并不属于个人专有的，而是通过社会遗传方式在人群中获得传播。这些方法往往具有共同性、普遍性特点。但是，又因为网络育人工作往往需要应对或者处置各种非常规性事件。因此，其往往因人、因事、因时、因势而异。其不仅因为网络育人工作者工作对象、工作领域、范围等客观环境变化而变化，而且也因为网络育人工作者的经验、知识、阅历、认识能力的不同而不同，具有较强的随机性、个特性、多样性以及灵活性。换言之，网络育人工作艺术的形态体现为多样性、多变性。

（4）不失规范性，又显创造性。在网络育人实践过程中，网络育人工作者所遭遇到的如果不是常规事件，显然就是非常规事件。对于常规事件，网络育人工作者可以运用既有的模式化、程序化方法加以应对及处置。对于非常规事件，则需要网络育人工作者扬弃按部就班、墨守成规、因循守旧的工作模式，突破常规并施以独特的方法应对及处置相关工作。可以说，在复杂、多变、博弈、困难环境条件下，网络育人工作者需要发挥出主动性和创造性，需要因人制宜、因时制宜、因势利导，需要根据客观情况随机应变灵活地实施网络育人活动。因此，网络育人工作艺术不是机械、简单地套用已有工作方法，而是基于一般、规范的基础上创造性地应用老方法、发展新方法。简言之，网络育人工作艺术是网络育人工作方法的具体运用。但不是简单地再现，而是突破、创造。正是因为网络育人工作方法的创造性应用，才使得网络育人工作方法不断获得更新、丰富和发展。

(5) 宏观层面不失条理化、有序性，微观层面又显一定的模糊化、混沌性。无论模糊，还是混沌，指对网络育人工作中难以用定性方法做彻底的还原分析或者难以用定量方法精确描述的具体现象，以整体观方式对其整体施以整体的把握。需要注意的是，模糊并不等于糊涂，它看重的是从大处着手、不拘一格，追求向度的正确性、不苛求细节的精确性。但是，网络育人工作的理论道路、实践条理还是要明晰的、清楚的。

（三）艺术性评价原则的意义

高校网络育人工作之所以重视工作的艺术性，重点在于认识其工作是面向人的精神、思想、观念世界的，具有极强的挑战性。因此，网络育人工作其艺术性强调作为一项特殊的创造性教育活动，是灵活的应变技巧与全面掌控并整合运用事理、人理、物理机制的巧妙结合，属于非规范化、非模式化网络育人工作技能及技巧的艺术式体现。大学生网络思想政治教育方法的艺术化应用，“使具体方法和操作的具体方式更生动、更具体，也有利于大学生网络思想政治教育施行主体科学运用方法的创造性，有利于增强大学生网络思想政治教育的艺术性与感染力。在实践中，方法艺术应体现到具体实施方法中去”①。网络育人工作艺术之所以称之为“艺术”，就在于以下五个方面。

(1) 其建立在网络育人工作者已有知识及经验基础之上，反映网络育人工作者的知识、素质及能力，属于网络育人工作者学识、才能、智慧、胆略与经验的综合性应用。

---

① 黄明伟．大学生网络思想政治教育实施要素研究［M］．北京：新华出版社，2007：168.

（2）其遵循着网络育人实践所内蕴的本质的、必然的规律，但又是对规律的创造性运用。

（3）其属于网络育人工作方法灵活的、巧妙的运用。所谓灵活、巧妙，强调其既尊重客观规律、坚持从实际出发，同时又能够因时、因势、因人的不同而形成匠心独具的育人措施。

（4）其能够有效实现网络育人目标。即是说，其能够较好地把握时度效的辩证统一，提升网络育人效能，实现网络育人目标。

（5）其属于网络育人实践中感性经验与理性知识相融合而形成的实践样态。换言之，网络育人工作艺术是网络育人工作者基于经验的长期累积，并结合既有理论知识，通过感性与理性的交融而创造性地推动网络育人工作的发展，并以此展现“运用之妙，存乎一心”的网络育人工作境界。

五、实效性

（一）实效性评价原则的确立逻辑

高校网络育人工作需要从红色内容的网络生态战略高度重视实效性。“高校新媒体的发展必须两条腿走路，内容与形式并重。”① 高校网络育人工作的实效性，关涉网络育人工作所产生的实际效果、所发挥的实际功效，是网络育人工作价值的具体实现。确立实效性评价原则，源于以下几个方面的考虑。

（1）持续提高网络舆论引导水平以及传播效果的需要。信息时代，当代中国的经济体制处于深刻变革、社会结构处于深刻变动、利益结构处于深刻调整、思想观念处于深刻变化的进程中。在这种背景下，高校网络育人工作面对的是越加复杂、纷繁的新兴舆论场。直面门户网络媒体、专业网络媒体以及即时网络自媒体并驾齐驱条件下的信息新时代，“遇到舆情危机，利用微信、微博积极进行舆情回应已经成为广东高校首选的工作路径”②。主流意识形态需要在网络空间塑造积极、向上、健康、丰富、多彩而又灵动的网络舆论生态，据此才能“发挥新媒体舆情引导功能，营造良

①② 广东高校新媒体联盟秘书处. 2016 年度广东高校新媒体发展白皮书［R］. 肇庆：广东高校新媒体联盟第三次全体理事大会，2018.

好舆论环境”①。由此决定网络育人工作必须在增强网络舆论及教育传播的实效性层面上下功夫，摒弃止步于发声的惯性工作观念，切实把好人的思想脉搏，切实追求网络育人工作走心入脑的育人效应，以使网络育人工作做得更细、更实、更有效。“随着学校官方新媒体的建设完善，面对网络传播的汹涌态势，舆情应对从过去的被动应对，转变为主动、迅速、得力。”②

（2）适应新时代新媒体传播竞争的必然要求。相比于传统媒体，网络新媒介不仅基于后天发展优势，而且以自身能力为基础参与媒体竞争。关注网络新媒体的传播力，需要重点关注的即是其实现有效传播的能力。囿于高校网络媒体的发展及其管理存在客观的时延性、空控性，因此使其传播力竞争处于事实上的弱势位置。面对门户网站及网络自媒体的全空间、全时间及全维度竞争，高校网络育人工作需要积极地将更多的人力、物力乃至财力投放到红色信息的可达性上，追求有效的网络舆论传播效果，将提升网络传播效果作为检验新媒体传播竞争力的重要标准。

（3）应对自媒体即时在场传播的必然选择。高校网络育人工作囿于管理机制的需要，在网络传播的时效性上往往无法获得类似于网络自媒体的时效性竞争优势，质量为王、追求实效性必然是高校网络育人工作非此无二的必然要求。

（二）实效性评价原则的内涵

实效性原则，是高校网络育人工作追求切实效果的基本要求。高校网络育人工作的实效性强调育人措施的可行性以及育人目的可及性。育人措施的可行性是网络育人工作在包括措施理念、措施创意、措施拟设等层次使其具体措施具备可行性，而育人目的可及性则是目的实现程度。显然，高校应当围绕网络育人主体、对象、内容、方法及其环境等要素，形成并确立符合自身网络育人工作特点的竞争、博弈策略，努力成为教育传播的关键网络资源。据此展开分析，实效性内涵主要体现在以下几个方面。

---

①② 广东高校新媒体联盟秘书处. 2016 年度广东高校新媒体发展白皮书［R］. 肇庆：广东高校新媒体联盟第三次全体理事大会，2018.

（1）高校网络育人决策者及实际工作者应当充分认识网络育人的实体地位，全面认识网络育人工作的德育功能。

（2）网络育人工作目标的制定和层次划分要切合社会要求和学生思想、心理实际。“思想政治教育实效性不仅体现在对受教育者的吸引力与感染力方面，更体现在对受教育者未来发展的促进性、启发性和塑造性力方面。”①

（3）网络育人工作内容整体化、序列化、规范化，即具有明确的网络育人工作的顶层设计、实施执行和反馈校正校验等适切性措施。

（4）高校网络育人工作途径系统化、综合化和社会化，形成学校内部齐抓共管、学校与社会协同并进等的网络育人工作内外协同网络。不仅“成立校园新媒体联盟，促进新媒体有序发展”②，而且“通过社会媒体发声，引导舆论。积极主动向媒体提供线索和素材，借用媒体的辐射力，以及客观公正的报道，在负面事件中进行正向传播”③。

（5）建立、健全科学的高校网络育人评价模式、理论和操作模式。总的来说，高校网络育人工作的实效性是诸多网络教育传播要素相互作用所形成的整体性效应。这种整体性效应的实现取决于诸如传播时间、传播公信力、传播权威性、传播亲和力等要素的共同作用。

（三）实效性评价原则的意义

简言之，提升高校网络育人工作的实效性，在某种意义上说即是网络育人工作者依据网络育人工作目标，选择适切的网络育人内容并通过恰当的育人工作方式、方法使受众的思想与行为等合乎社会期望。其所具有的意义体现在以下五个层面。

（1）提升网络育人工作的实效性才能展现网络育人工作的价值。因此，应把网络育人工作能否满足党、国家、民族、社会以及受众的需要作为度量网络育人工作价值的依据。网络育人工作满足党、国家、民族、社会以

---

① 李兰. 思想政治教育实效性研究：基于个性发展的新视角［M］. 济南：山东人民出版社，2015：69.

②③ 广东高校新媒体联盟秘书处. 2016年度广东高校新媒体发展白皮书［R］. 肇庆：广东高校新媒体联盟第三次全体理事大会，2018.

及受众的需要，其体现就是网络育人工作能协同化育具有社会所需要的、符合社会主导性标准的思想、政治、品德、法纪和心理素质，达到社会所需求的德性的要求。例如，根据广东省教育厅2016年4月20日发布的《广东省教育厅关于举办首届广东高校网络媒体展示节的通知》，将首届广东高校网络媒体展示节的活动意义强调为："全面落实立德树人根本任务，推进高校网络文化建设，强化网络育人功能，创新网络思想政治教育，以社会主义核心价值观为引领，激发高校网络德育工作的创造力和活力，全方位、多视角展示广东高校网络文化建设成果。"① 由此可见，网络育人工作功能强调的是可以做点什么，能够产生什么样的结果；网络育人工作价值强调的是网络育人工作具备什么样的功用，可以满足什么样的需要。网络育人工作价值越大，其实效性就更加显著。

（2）提高网络育人工作的实效性基于完善网络育人工作过程的需要。根据思想政治教育学原理，网络育人过程是教育主体根据社会要求以及学习主体的思想、精神及心理等的形成与发展规律，对学习主体实施具有目的性、存在计划性、体现组织性的网络教育，促使学习主体产生内在的思想、精神及心理发展，以形成社会所期望的思想与行为的过程。网络育人工作过程是四维一体化的教育—接纳过程。首先，网络育人工作过程是网络育人活动的实施、掘进、发展的过程；其次，网络育人工作过程是网络育人工作者借由某些适切的网络教育传播方法、方式或者手段去实现网络育人工作目标的过程；再次，网络育人工作过程是由网络育人工作主体的谋划、组织、实施，与网络受众能动的认知、受纳及践行等形成双向互动的过程；最后，网络育人工作过程也是人的主体性生成的过程。网络育人工作的实效性主要取决于网络受众是否接纳以及如何接纳教育及外在的影响。《2016年度广东高校新媒体发展白皮书》的高校新媒体发展建议之一包

① 广东省教育厅. 广东省教育厅关于举办首届广东高校网络媒体展示节的通知[EB/OL].（2016-04-20）[2019-05-05]. http://www.gdhed.edu.cn/business/htmlfiles/gdjyt/tzgg/201604/497482.html.

括“转变宣传理念，建立以受众为中心的传播模式”[①]。显然，网络育人工作目标的实现是教育主体主导性与学习主体主动性相互耦合、共同发挥作用的结果。

（3）提高网络育人工作的实效性源于化解思想政治教育基本矛盾的需要。思想政治教育的基本矛盾体现为社会发展所需要的思想、精神与心理素质与受教育对象现有状况之间的矛盾。思想政治教育的基本矛盾始终贯穿思想政治教育全过程、全领域。并且，这一主要矛盾规定、制约思想政治教育的其他相关矛盾，包括教育者与受教育者之间的矛盾、受教育者自身知与行的矛盾等。高校网络育人工作作为思想政治教育的重要组成部分，其主旨在于解决这一基本矛盾，以便网络受众生发出社会发展所需要的政治意识、思想品德、精神结构以及心理素质。

（4）提高网络育人工作的实效性基于因应网络受众特点的需要。当今中国所寓身的世界环境，正处于政治多极化、经济全球化、社会信息化、文化多元化、生存数字化的发展状态，并且其变奏发展的趋势日渐加剧。同时，伴随国家改革开放的持续深入、社会转型发展的持续推进，因为经济成分和经济利益多样化、就业岗位和就业方式多样化等社会特征日趋明显。由此，导致网络育人工作面临诸多新形式、新情况和新问题。网络受众的世界观、人生观、价值观等趋于复杂、多元，倘若网络育人工作采取“一刀切”“一锅煮”的方式推进网络育人工作，只会适得其反，失去其应有的作用，无法产生相应的实效性。

（5）提高网络育人工作的实效性源于实现网络育人工作理论体系的实践回归及理论新发展的双重需要。网络社会空间的形成与发展，强烈地呼唤新的思想政治教育理念、新的思想政治教育理论、新的思想政治教育方法。网络育人工作理论作为思想政治教育理论体系中的重要组成部分，需要主动适应新背景、新形势以及新形式、新内容，不断充实、完善既有体系，并以此形成理论对实践的有效、科学回归。

---

① 广东高校新媒体联盟秘书处. 2016 年度广东高校新媒体发展白皮书［R］. 肇庆：广东高校新媒体联盟第三次全体理事大会，2018.

六、时效性

（一）时效性评价原则的确立逻辑

信息时代，诸如门户网站、移动网络、搜索引擎、虚拟社区、微博、微信、电子邮箱、网络游戏、手机短信、手机电视、网络电视、数字电视、网络杂志等社会交往或者传播媒介中，有的属于新的媒体形态，有的属于新的媒体软件、新的媒体硬件和新的媒体服务方式。新媒体时代，因为时效就是市场，就是效应、效益。网络自媒体的兴盛，使得网络信息传播的时效性竞争趋于极致化，崇尚无时延性的信息传播方式。时效性竞争是新媒体竞争的突出指征。如果不重视提升网络育人信息传播的时效性，网络育人信息传播将越来越受到全时传播、全域传播、全民传播、全速传播、全媒体传播、全渠道传播、全互动传播、去中心化传播、去议程设置传播、自净化传播等传播方式的挤压和影响。时效性竞争的时间尺度在网络自媒体加入教育传播竞争的情况下，基于传统时延性观念的教育传播所形成的教育竞争力及其博弈空间越来越小，所获得的教育边际效益也越来越小。因此，针对不同类型的网络育人信息，如何综合应用定时、即时、实时、全时等信息传播方式传播网络育人信息，是提升网络育人工作实效性的关键。

（二）时效性评价原则的内涵

时效性受到社会生活和信息传播技术的制约，网络信息引起网络受众应激反应并产生社会效应具有一定的时间限度。关于同一事件的事件性信息，其因不同传播时间而产生信息传播效应差异。这种基于传播时间差异而导致的信息传播效应差异即为传播时效性。网络传播时效性包含时间性以及时宜性两层重要意义。时间性突出网络育人工作信息的最佳网络传播时间；时宜性则突出提升网络育人工作实效性的最佳时机。对于网络空间的事件性信息而言，时新性是时效性的基础，时新性差的事件性信息，正常情况下也欠缺理想的时效性。事件性信息的时效性持续时间较短，相对而言，非事件性信息的时效性持续时间较长。

（三）时效性评价原则的意义

信息时代，网络信息传播“时效”的变化呈现新的特点。以天或者月乃至以年为单位所形成的教育传播实效性趋于息微。由此倒逼网络教育传播媒体调整其惯性的时延性观念。尤其在应对不实信息的即时干扰时，网络自媒体即时在场的信息传播方式，使网民养成信息时效即传播实效的信息心理及阅读行为，重塑信息的实效性与时效性之间传统的内涵逻辑。唯有以快制快，才能在一定程度上遏制网络舆论想象生发空间，扭转网络舆情局势，掌握网络舆论主动权。广东新媒体建设的经验借鉴之一，就是“回应迅速、及时”①。新媒体时代，瞬时传播效能的提升使得信息传播的即时更新成为可能，从而进一步改变人的信息时效观，受众在信息接收中对信息时效性的要求越来越高。“时效性不仅是新闻的价值也是新闻的质量。”② 实际上，新媒体时代的信息时效观已经被推向“全时化”。“时”的内涵更多地体现为“全时性”和“即时性”。以至于基于全天候、全过程、全方位的“全时”传播，基于对事件信息的无时延性、零距离的“即时”传播，逐渐迭代“及时”传播。显然，强调网络育人工作的时效性，既是时代要求，也是现实所需。唯其如此，方能利于网络育人工作者掌握信息传播的话语权、主导权、主动权。

第二节　网络育人的评价功能

高校网络育人工作的评价是根据某特定教育价值观或者教育目标，基于适切可行的方法、方式或者手段，通过系统的信息数据、资源材料的收集、整理、分析及综合，对网络育人活动、网络育人过程以及网络育人结果等价值目的实现加以鉴别判断。网络育人工作的评价功能，基于内容、目的、动力、诊断、管理等包括评鉴功能、导引功能、激励功能、诊断功能、调控功能、监督功能、管理功能等。

---

① 广东高校新媒体联盟秘书处. 2016 年度广东高校新媒体发展白皮书［R］. 肇庆：广东高校新媒体联盟第三次全体理事大会，2018.

② 张浩. 新编消息通讯写作大全［M］. 北京：北京工业大学出版社，2016：13.

一、评鉴功能

网络育人工作评价的评鉴功能，指通过网络育人工作评价机制所提取的信息或者数据，认定、判断网络育人工作优良优胜程度、水平高低等实际价值的功效和能力。网络育人工作评价的实质是对其目的的实现加以判断。这种判断属于价值判断，又或者说属于优劣判断，即对网络育人工作过程的成效优劣进行甄别，具有鉴别、分等之功效。“教育评价的鉴定功能主要是通过终结性评价，根据一定的评价标准，判断评价对象是否达到，在多大程度上达到以及在什么意义上达到所规定的标准，分别赋予成绩、排出名次、分出等级、评出优劣，判断评价对象合格或不合格。”① 换言之，通过对已掌握到的信息数据、资源材料等加以整理、分析及综合，以此析出受评价对象的优点、不足或者说存在的问题。借此方式，对网络育人工作过程的相关要素加以鉴定，以此确认其某些方面或各个方面所实际存在的实然状态，包括优良程度的确定、价值目的实现程度的衡量、应有要求及标准的达到程度，据此为其确定相应的等级。总而言之，就此判断其是否实现党、国家及社会所赋予的育人目标或者说完成相应的育人工作任务。网络育人工作评价的鉴定作用是与网络育人工作评价活动同时出现并始终伴随着网络育人工作评价存在的。鉴定功能是网络育人工作评价的基本功能，以下其他功能的实现与否是在科学鉴定的基础上形成的。

二、导引功能

网络育人工作评价的导引功能，指网络育人工作评价作为价值或者优劣判断方法所具有的导引评价对象趋向预期工作目标的功用或者说效用。网络育人工作的评价以网络育人工作目标作为价值判断的基石拟设育人评价指标。其相关工作目标及评价指标则为高校的网络育人工作确立坐标系。由此，通过评价确认育人成果及发现问题，以此校正工作偏差，进而使网络育人工作始终按相关目标的要求正常运行。即是说，网络育人工作评价

---

① 陶西平. 教育评价辞典［M］. 北京：北京师范大学出版社，1998：75.

对衡量网络育人工作过程或成果优劣提供用于评鉴的评价标准，对网络育人活动具有导向或者指引作用。例如，《2016 年度广东高校新媒体发展白皮书》指出："广东地处改革开放和意识形态斗争'两个前沿'，必须不断巩固壮大主流思想舆论，增强主流媒体的传播力、公信力、影响力。"① 这样的评鉴内容必然对当前网络育人工作行动形成先导性、指引性的评鉴影响。客观意义上起到以评促建的作用，这是由评价标准的方向性所决定的。

三、激励功能

网络育人工作评价的激励功能，指通过合理、有效的网络育人工作评价机制，能够触发或者维持网络育人工作者及其工作对象的内在动力，激发被评价者的内部潜力，提高其网络育人工作的积极性、创造性，提升其网络育人工作对象对网络育人内容的积极接纳，进而实现网络育人工作的目的。网络育人工作评价作为广义教育评价的有关组成部分，具有"激发评价对象情感、鼓舞斗志、振作上进的功效或能力。……教育评价内在固有的激励功能，对评价对象激发情感，促使振作的功能的客观显示，需要具备一定的外部环境条件"②。从人的心理和行为过程分析，激励主要指通过一定的刺激条件引起人的心理应激进而引发特定行为动机，以此激发趋向预期目标的意向心理及外化行为。正常情况下，被诱发的行为动机越强烈，其实际形成的激励水平则越高，被激励对象趋向预期目标的努力程度则越高。这样，实现预期目的的可能性则越大，相对应地其可能取得的工作实效也越大。反之，则相反。此外，"评价要素的内涵价值取向是否符合教育规律、人的发展和社会发展规律等，以及评价要素组合方式的合理、评价过程操作程序、技术的科学，主持评价的人员的心理、道德、品质等，都会直接或间接地影响激励功能的发挥"③。简言之，通过设置评价目标，网络育人工作评价者利用适切的评价机制，合理而又无形地将受评价对象融入一种正式或非正式的竞争环境，由此而提升受评价对象间的竞争意识，

---

① 广东高校新媒体联盟秘书处. 2016 年度广东高校新媒体发展白皮书［R］. 肇庆：广东高校新媒体联盟第三次全体理事大会，2018.

②③ 陶西平. 教育评价辞典［M］. 北京：北京师范大学出版社，1998：75.

实质地利用了刺激—反应机制激发评价对象的内部动力，客观上起到激励先进、鞭策后进以及提高网络育人工作实效的作用。

四、诊断功能

网络育人工作评价的诊断功能，指通过适切的网络育人工作评价机制，对网络育人工作的现状、成效、质量、水平、缺失或者问题等做出合理、准确或者精当判断的能力。网络育人工作评价作为反馈—矫正系统，能够帮助网络育人工作者发现网络育人工作过程中所存在的缺陷与问题，为其改进网络育人工作提供依据。评价胜任力突出的网络育人工作机制，围绕网络育人工作主体、对象、内容、方法及环境等要素通过其有关评价过程给出适切的评价结果，可以为高校的网络育人工作决策提供诊断性的决策咨询服务，同时为进一步提升网络育人工作质量指明方向。

五、调控功能

网络育人工作评价的调控功能，指通过适切的网络育人工作评价机制，对合理推动网络育人工作的发展、改进或者优化等起到导调、导控的作用。其导调、导控作用着重体现在以下两个方面：其一，网络育人工作评价者指引被评价者调节网络育人工作的预期目标及其进程。其二，被评价者通过网络育人工作评价了解自身工作的优劣、长短、功过，明确努力方向及改进措施，以实现自身网络育人工作的自我调节。借助网络育人工作评价给出的适切评价结果，既可以调动或者强化受评价对象的积极作为倾向，同时也可以抑制受评价对象的消极应对倾向。简言之，通过对既有的网络育人工作展开精当的评价，可以对评价对象未来的网络育人活动的价值取向、努力方向或目标定位，构成规范性、指引性乃至强制性等调整作用。

六、监督功能

网络育人工作评价的监督作用，指通过适切的网络育人工作评价机制，对网络育人工作起到诸如日常督导、常态监管、临机督查、以评促建等的作用。总体而言，其一，其检查作用主要表现在：通过网络育人工作评价，将被评价对象与评价目标相比对以确定其是否达致相关工作目标，以及相关工作目标的实现程度。其二，其借监督而实现的促进作用主要体现在：通过网络育人工作评价，以此发现被评价对象与预期工作目标之间的差距，使其明确将后的努力方向或者提升路径。换句话说，借此督导受评价对象通过积极的自主建设进一步趋向预期的工作目标。

七、管理功能

网络育人工作评价的管理功能，指通过网络育人工作评价机制，促使相关主体围绕网络育人工作预期任务及目标，有序、有机以及合理推动相关工作的落实，进而达致预期工作目的或者实现预期工作目标的约束性作用。网络育人工作评价作为广义教育评价的组成部分，“教育评价管理功能显示的效度和力度，一般取决于教育评价管理系统及其教育行政性权威的大小”①。随着党和国家对网络育人工作的重视，网络育人工作评价逐渐成为党和国家推动高校网络育人工作取得新发展的重要手段。在网络育人工作过程中，适切、合理的网络育人工作评价可为其提供真实反映相关工作状态的各种数据或者信息。据此，可为网络育人决策者、工作者等改进、完善或者优化网络育人工作提供可资借鉴的问题觉解路径。例如，根据以下相关信息，即“广东高校新媒体归属的管理部门也各有不同。其中，归党委宣传部管理的广东高校官方新媒体平台有 64 个，归团委管理的有 98 个，归学生部（学生工作处）管理的有 22 个，归学校各学院管理的有 24 个；除此之外，还有归属新闻公关处、校办、综合信息管理中心、学校办公室、工会进行管理。此外，各高校的自媒体公众号也按照官方新媒体归口管理部门一并管理”②。可为广东省相关职能部门的网络育人具体决策者或者工作者，针对现有各高校网络育人工作的优势条件以及不足之处，对如何进一步提升广东省高校网络育人工作水平提供可资借鉴的正面经验或者负面信息。

---

① 陶西平. 教育评价辞典［M］. 北京：北京师范大学出版社，1998：76.

② 广东高校新媒体联盟秘书处. 2016 年度广东高校新媒体发展白皮书［R］. 肇庆：广东高校新媒体联盟第三次全体理事大会，2018.

第三节　网络育人的评价主体

一、评价主体多维化的客观基础

网络育人工作评价主体的多维构成特性源于其工作在多个层面所具有的多维化特性。倡导评价主体的多维化，源于网络育人工作的多主体、多环节、多流程、多内容。换句话说，网络育人工作存在多主体等特性，这一客观事实以及基于评价的客观性、整体性、全面性考虑，要求评价主体的构成体现代表性。网络育人工作是一项系统工程，不同主体参与其中，从系统结构—功能体系角度分析谁也离不开谁。

1. 网络教育生产决定网络教育消费

根据马克思主义的有关理论，围绕社会生产与社会消费之间的辩证逻辑分析，网络教育生产与网络教育消费之间的关系主要体现在以下几个方面。

（1）网络教育生产决定网络教育消费的对象。

（2）网络教育生产决定网络教育消费的方式。

（3）网络教育生产决定网络教育消费的质量和水平。

（4）网络教育生产为网络教育消费创造动力。网民的网络教育消费，从根本上说是由客观的网络信息生产状况决定的。网络信息的生产是网民社会赖以消费和共享的基础。

2. 网络教育消费促进网络教育生产

网络教育消费对网络教育生产具有重要的反作用，网络教育消费的发展促进网络教育生产的发展。这主要体现在以下几个方面。

（1）网络教育消费是网络教育生产的目的。

（2）网络教育消费调节网络教育生产。网络教育消费所形成的新的网络教育需要，对网络教育生产的调整和升级构成导引作用。

（3）网络教育消费是网络教育生产的动力。一个新的网络教育消费热点的出现，往往能带动网络教育生产环节形成新的信息产品的生产和促进新的成长。

（4）网络教育消费为网络教育生产促进生产要素的优化、培育新的生产力，能提高网络教育生产主体的教育生产积极性，以及提高教育生产的质量。

3. 网络教育生产基本环节

网络教育生产内蕴五个基本环节，包括网络教育生产、教育管理、教育传播、教育服务和教育消费，它们之间存在动态的耦合关系。

（1）网络教育生产过程是起决定作用的环节。

（2）网络教育管理和教育传播是连接网络教育生产与教育消费的桥梁和纽带，对网络教育生产和教育消费构成重要的影响。

（3）网络教育消费是社会的网络精神生产总过程的最终目的和动力。

4. 社会的网络精神生产的发展逻辑

网络自媒体的发展倒逼社会的网络精神生产力必须自觉适应网络精神生产与消费之间新的耦合关系。网络教育产品的生产者与其潜在的消费者之间，并不绝对地存在一一对应关系，甚至于网络教育消费对于网络教育生产构成严重的反制压力。

因此，网络教育消费为精神产品提供精神消费出路和形成社会效益的可能性，拉动网络教育资源形成聚集效应并进而化为产能，在这个意义上说，网络教育消费拉动教育生产的发展。网络育人工作是由网络教育生产、教育消费、教育传播、教育管理、教育服务等主体共同参与完成的，不同主体之间的交互过程是顺利推进网络育人工作的关键。因此，关于其的评价由上述主体共同评价，则是基于网络教育生产决定网络教育消费、网络教育消费对网络教育生产具有重要的反作用、网络教育生产所内蕴五个基本环节之间的动态耦合关系等共同起作用机制决定评价主体多维化的合理性。

二、评价主体多维化的结构逻辑

一项评价活动的构成要素，必然包括评价主体以及被评价对象等。网络育人工作的评价主体至少体现三种评价职责：一是全面收拢并集中呈现与评价客体有关的客观的信息、数据或者资料；二是汇聚、整理各种主观价值判断意见；三是评价主体对特定网络育人工作做出综合性的价值判断。在网络育人评价中，将评价者称为评价主体，相应地评价对象则称之为评价客体。网络育人的评价主体，或者是指主导评价活动的具体个人，又或者是相关的团体。网络育人工作所关涉的主体不单只包括网络育人工作的教育生产主体，同时也包括其他主体类型。作为主体，其因工作的自觉实现而体现主体性，同时也因关于自我工作的评鉴以及对他者工作的评鉴而表现主体性。评价职责的多维化以及由网络育人工作主体多维化所导致的自我评鉴多维化，决定评价主体在客观意义上是多维的。因此，可以说，网络育人工作评价的主体是多维的。

确立评价机制开展建制性评价时，针对评价机制的合理化问题，需要基于评价主体多维化的结构逻辑，构建整体、全面、客观、有效的评价机制。何以需要突出或者强调评价主体的多维化、评价方式的多维化？这是因为“思想政治教育的价值评价不是单个人、单方面的行为，而是一种社会行为”①。评价主体的多维构成客观地保障评价的整体性、全面性。就高校网络育人工作而言，确立多维的评价主体观念首先源于客观意义上多维性主体的存在，网络教育生产主体、网络教育消费主体、网络教育传播主体、网络教育管理主体、网络教育服务主体。对应于三种评价职责而言，一是常态下网络教育生产主体、教育消费主体、教育传播主体、教育管理主体及其教育服务主体所应对和接触的均主要属于其专门领域内的功能性信息、数据或者相关客观资料。二是上述主体在其专门领域内关于各种主观价值判断意见的汇聚、整理，体现更强的专业属性。三是上述主体关于评价主体自己对网络育人工作做出价值判断的在场而不是缺席，共同建构并形成完整的评价体系。可以说，倡导启用多维化的评价主体，旨在减少或者降低因评价主体的单一化、以偏概全所导致的系统性评价偏差，以此通过主体性之间的相互制衡以及主体间性的相互建构，客观意义上通过评价主体的全面性起到保证网络育人工作评价结果的全面性、平衡性乃至中

① 刘钊．伦理视域下高校思想政治教育体系［M］．北京：社会科学文献出版社，2015：221．

立性作用。简言之，在确认评价主体时，坚持评价主体的多维化，即将网络育人的教育生产主体、教育消费主体、教育传播主体、教育管理主体、教育服务主体等纳入其中，也是应然之举。

三、评价合意与共识难题

评价主体都具有自身专属的职能领域。所谓位置决定思维的向度，在网络育人工作方面多维主体间网络信息行为必然存在一定的竞合，由此导致关于网络育人工作的评价行为存在合意与歧见并存现象。“代表不同利益的多元评价主体必然会形成多元的思想政治教育评价格局，但是这不意味着坏的一面，问题的关键在于如何构建一种一元主导的多元评价格局，这就需要在多元评价主体的利益冲突和矛盾中不断地磨合、调整。”① 评价合意与共识难题现象的发生，源于不同评价主体之间评价视角、方位乃至立场等的客观异同及评价意图的主观差异。网络教育生产主体更强调和重视的是其教育生产的目的以及功能的实现。与之存在差别的是，一是网络教育消费主体更强调和重视的是其自身教育消费需要的满足及实现，因此其对于内容的认知及教育消费需要的满足具有强烈的向己性而不是社会性；二是教育传播主体更强调和重视的是其关于流通过程、流通结果、靶向传播等的传通通道建设问题；三是网络教育管理主体更强调和重视的是传播和流通所造成的社会效益、流通结果的正负效应问题；四是网络教育服务主体更强调和重视的是第三方意识、第三方评价的正负效应问题。显然，上述主客观因素均属于导致评价合意与共识难题现象发生的重要原因。

对于网络育人工作而言，为保证网络育人工作评价的全面性、整体性、平衡性和中立性而需要倡导评价主体的多维化。但是，由此也带来或者说造成评价主体之间难以完全形成评价合意与共识。评价合意与共识难题源于评价主体之间网络教育实践环节、内容、立场等存在客观意义上的差异化。评价合意与共识是评价主体在交往过程中通过主体与主体之间的共同努力而形成的，表现在不同评价主体的自我意识以及评价语言、评价思想、

---

① 刘钊．伦理视域下高校思想政治教育体系［M］．北京：社会科学文献出版社，2015：221.

评价行为等层面的互动过程及其结果。评价合意与共识的产生类似于所谓的主体间性的哲学意涵。“主体间性（Intersubjectex Luality）又译作交互主体性，是指主体之间的关系或联系。”① 基于哲学的意义分析，“主体间性从本体论上确证了自我主体与对象主体间的平等共存、和谐交流的关系，它将主客二元论的‘我他’关系转换为‘我你’关系，使主客分立成为主体间本真的共在，成为自我主体与对象主体间的交往、对话和相互依存”②。之所以在多维评价主体之间中可能发生评价合意与共识难题，这是因为关于网络育人工作的评价受到不同评价主体的不同背景信息影响。如：①评价主体的思想逻辑体系、价值观念体系、知识系统、社会规范意识、生理特质、潜意识领域、个性等背景因素及其功能与运作机制；②确立评价目的与评价参照系统、获取评价信息、形成价值判断等的心理运作过程；③评价情境、情感在评价中的作用、意志在评价中的作用及评价中的联想、想象与体验等的心理运作机制；④影响主体评价的评价、评价表达等的社会运作均这样或者那样地影响多维评价主体之间评价合意与共识的形成。

第四节　网络育人的评价对象

从一般意义上说，网络育人工作的评价对象与网络育人工作的对象是相对应的。狭义的教育评价对象指的是教育对象即学生，主要针对其知识累积水平、素质发展状态、能力结构及其形态以及由上述要素所展现的潜在社会价值进行判断。因此，从狭义的教育评价出发，高校网络育人工作的对象是学生，网络育人工作评价的对象也应该是学生。不过，为了保证网络育人工作质量，需要对网络育人工作的全过程以及影响网络育人工作质量的其他因素进行调控。即是说，也需要对网络育人工作的全过程以及影响网络育人工作质量的其他因素加以了解和掌握。陶西平认为，“广义的

① 欧阳友权．网络文学词典［M］．2版．广州：世界图书出版广东有限公司，2013：39.

② 欧阳友权．网络文学词典［M］．2版．广州：世界图书出版广东有限公司，2013：40.

教育评价涵盖了整个教育领域的各种教育因素和教育现象。例如：教育思想、教育体系、教育制度、教育目标、教育规划、教育机构、教育内容、课程结构、教育管理、教育队伍、教育方法与手段……”① 借鉴教育评价的客体分析，网络育人评价的客体应该是多维的。从高校网路育人工作体系的建设及其发展分析，网络育人的评价对象必然包括网络育人主体、网络育人对象、网络育人内容、网络育人方法、网络育人平台、网络育人环境、网络育人效果等。简言之，关于网络育人工作的评价应该从广义的教育评价维度加以认识及施行。

一、合于状态数据的过程比对评价

对于高校的网络育人工作而言，“评价对象也可以称为评价客体，是评价主体所指向和把握的对象。……‘评价对象’是由‘评价’与‘对象’共同组成的，并且，‘评价’规定‘对象’”②。对这些评价对象的认识，可从网络育人行动前实然状态的诊断性了解、网络育人行动中的过程性解读、网络育人行动后应然状态的形成性判定等三个维度加以分析。诊断性了解，需要掌握网络育人行动前，所有主体、网络育人对象关于自我发展需要及其满足程度、网络育人方法应用、网络育人平台建设、网络育人环境、既有网络育人成效等的实然状态。过程性解读，需要掌握网络育人行动中，所有主体的育人行为、网络育人对象关于自我发展需要及其满足程度、网络育人内容呈现情况、网络育人方法应用情况、网络育人平台建设情况、网络育人环境建设情况、网络育人成效的可能增量等的实际状态。形成性判定，需要掌握网络育人行动后，所有主体所达致的应然状态的实现程度；网络育人对象的应然状态的实现程度，包括关于自我发展需要及其满足程度等；网络育人内容呈现的应然状态的实现程度；网络育人方法应用的合理程度、科学程度以及有效程度等；网络育人平台建设的完成程度、全面程度及其育人功能的完善程度；网络育人环境建设及其优化程度；网络育

---

① 陶西平．教育评价辞典［M］．北京：北京师范大学出版社，1998：120.

② 陈少雷．文化价值观的哲学省思［M］．北京：社会科学文献出版社，2015：102.

人成效的实际增量情况。例如，以评促建是推动广东高校网络育人工作发展的重要推手。“艾媒舆情”在其发布的《2018广东省高校网络影响力排行榜》[①] 榜单上，将广东高校网媒的网络热度、网络美誉度、网络活跃度以及社会影响力等评价结果公之于众，既肯定了中山大学、华南理工大学、暨南大学、华南师范大学等高校的网媒影响力，同时也促进了其他高校的跟进建设。换言之，根据网络育人工作的评价需求，以网络育人行动前、网络育人行动中及网络育人行动后的状态数据为基准，所展开的过程比对评价，可以从历时性的历史纵向发展及共时性的横向实践创新两个维度，较为全面地衡量高校的网络育人工作实效。此法即为合于评价对象的状态数据的过程比对评价。

1. 网络育人行动前实然状态的诊断性了解

诊断性了解，主要需要了解网络育人主体、网络育人对象、网络育人内容、网络育人方法、网络育人平台、网络育人环境、网络育人效果等方面所存在的正向以及负向状态。借助收集到的评价性信息、数据或者材料，帮助网络育人工作者了解或者诊断当前网络育人工作的实际情况，发现相关工作所存在的问题及其性质、范围，进而规划、设计并实施新的网络育人工作，以求满足网络育人工作中狭义层面的各种教育要求或者广义层面的诸多社会需要。诊断性了解属于准备性评价，即关于网络育人工作的诊断性了解一般是在网络育人工作开始之前施行，其目的是了解既有网络育人工作及其对象是否具有达到新的网络育人工作及其对象所必需的基础性条件，以便确定新的网络育人工作内容、方法及推进程度、强度、进度及方式等。诊断性评价不是给网络育人工作贴上诸如“优”“良”“中”“可”“差”，又或者是“好”与“不好”等各式评价标签，而是根据诊断结果规划、设计并实施能促进网络育人工作发展的建设性措施，以求补救或克服其既有网络育人工作的不足。即是说，在了解既有网络育人工作情况的基础上，承接既有网络育人工作并拓展性地开展新的相关工作，以求新的网络育人工作取得新的突破和进步。

---

① 艾媒舆情. 2018广东省高校网络影响力排行榜［EB/OL］.（2018－07－06）［2019－05－05］. https://www.iimedia.cn/c810/61785.html.

2. 网络育人行动中的过程性解读

过程性解读属于过程性评价，其评价内容包括反思网络育人工作方式、反映网络育人工作发展的过程性成果、与网络育人工作密切相关的其他因素的发展等。过程性解读可通过：①明确过程性评价的内涵及标准；②设计过程性评价方案或工具；③解释及利用反映网络育人工作发展的数据；④反思及改进过程性评价方案等环节加以落实。

3. 形成性判定属于质性评价

其主要借鉴并综合应用认知心理学、人本主义学习心理学、建构主义心理学等理论流派的相关研究成果，从而设计并发展为一种质性评价方式。形成性判定这种评价方式能够为网络育人工作者提供促进发展的信息，其目标在于改进网络育人工作，促进网络育人工作的发展及提供关于网络育人工作的决策依据。形成性判定比较重视网络育人工作评价的形式、内容以及方法的多维化。形成性判定属于形成性评价，其不单纯从网络育人工作主体的工作任务、工作目的、工作需要等维度出发，同时需要注重从网络育人工作对象的需要出发，重视网络育人过程，包括重视网络育人工作对象在网络育人工作过程中的体验。不仅强调网络育人工作主体与网络育人工作对象之间的相互作用，而且强调评价中多种因素的交互作用，同时重视网络育人工作主体之间、网络育人工作主体与其工作对象之间的有效交流。在形成性判定中，网络育人工作主体的职责是确定工作任务、规划、设计并实施相关工作，在网络育人工作过程中主导、但与网络育人工作对象形成有效的评价互动，据此形成有效的网络育人工作实践并借此实现网络育人目的。简言之，注重形成性判定，强调建设契合于网络育人工作对象的网络教育，进而促使相关工作成为促进网络育人工作对象发展的重要契机。

二、基于系统结构及功能的对象评价

从网络育人工作系统的结构及其功能分析，基于网络育人工作状态数据的过程比对评价，其所涉及的评价对象包括网络育人主体、对象、内容、方法、平台、环境、效果等。

1. 关于网络育人主体的评价

因为评价主体客观上是多维的。因此，网络育人工作需要足够重视评价的多维化问题，谨慎防控因为网络育人工作评价方式的专擅性而导致评价偏差。即是说，为促进网络育人工作的发展，有必要及有理由重视或者认可不同主体的评价资格及其能力，以此肯定及发挥不同主体的评价作用。针对网络育人工作实施前、实施中及实施后的状态数据，围绕主体问题做出包括关于网络教育生产主体、网络教育消费主体、网络教育传播主体、网络教育管理主体、网络教育服务主体等的诊断性了解、过程性解读及形成性判定。

2. 关于网络育人对象的评价

针对网络育人工作实施前、实施中及实施后的状态数据，围绕网络育人对象问题做出包括关于网络育人对象自我发展需要、网络育人对象自我发展需要的满足等的诊断性了解、过程性解读及形成性判定。例如，“据调研，13.4%广东高校新媒体发布的全部为原创内容，80.6%发布的大部分是原创的，只有6%高校新媒体大部分内容非原创。可见，绝大部分高校都注重新媒体平台内容生产的原创性”①。根据《2016年度广东高校新媒体发展白皮书》上述有关报告数据，由此形成这样一个质性的形成性判定：“广东大部分高校都能主动策划紧扣校本特色和青年人需求的内容，在新媒体平台上以更加接地气的方式传播，扩大学校知名度和影响力。”②

3. 关于网络育人内容的评价

对于网络育人内容，需要注重内容的全面性，强调网络育人内容对于社会建设功能、个体发展功能及文化传承创新功能等的全面性。例如，广东省教育厅为实现首届（2016年）广东高校网络媒体展示节“唱响网络主旋律，传递青春正能量”的活动主题目的，将展示内容确定为“网文作品、微视频作品、动画作品、网络音乐、软件设计、新媒体平台”③，以此总结、

---

①② 广东高校新媒体联盟秘书处. 2016年度广东高校新媒体发展白皮书［R］. 肇庆：广东高校新媒体联盟第三次全体理事大会，2018.

③ 艾媒舆情. 2018广东省高校网络影响力排行榜［EB/OL］.（2018-07-06）［2019-05-05］. https://www.iimedia.cn/c810/61785.html.

宣传和推广广东高校网络德育工作及内容建设等经验。合于此意，华南师范大学于2016年成立的网络思想政治教育辅导员工作室基于“把握网络思政本质，针对网络影响，围绕思想观念、政治观点、道德规范、网络心理建设和信息素养教育等善用网络功能。善做善行，推动网络思想政治教育专用平台建设及实践应用。善研善为，发展网络思想政治教育理论研究”的工作理念，围绕网络思想与行为、网络心理与行为、网络与人的发展、网络教育、网络学习、网络政治、网络意识形态、网络伦理、网络舆情、网络媒介建设、网络文化、网络认知、基于网络的女性成长、网络消费行为等课题展开研究，以此推动网络思政理论研究的发展及应用。同时，《2016年度广东高校新媒体发展白皮书》关于网络育人的内容建设问题，给出的建设性评价意见包括“注重内容原创，官方新媒体更加接地气”①。关于网络育人问题，内容建设工作不能仅仅强调特定知识及某类操作技能的习得，需要进一步从改造、提升或者优化工作对象的认知能力、情感、态度、价值观等角度加以思虑。同时，根据以下评价性信息，即：“注重新媒体原创内容是高校宣传工作最主要的任务，目前全部为原创内容的广东高校有9所，大部分为原创内容的有56所，大部分为非原创内容的有6所。”② 关于广东高校官方新媒体内容的近年建设情况，我们多少可以看出一些端倪。

针对网络育人工作实施前、实施中及实施后的状态数据，围绕网络育人内容呈现情况做出包括关于网络育人内容的社会建设功能、网络育人内容的个体发展功能、网络育人内容的文化传承创新功能等的诊断性了解、过程性解读及形成性判定。例如，“在选题上，都能植根校园，面向师生和校友，发布的内容主要包括校园新闻、师生故事、校园文化活动和校园风光等。在新媒体比较受欢迎的内容，86.6%的广东高校选择校内生活、服务类信息，77.6%选择学校重大新闻，58.2%选择学生组织、社团等开展的校内文体活动，68.7%选择校园人物，73.1%选择结合热点的轻松话题”③。以上即为近年广东高校官方新媒体内容建设情况的诊断性了解。

---

①②③　广东高校新媒体联盟秘书处. 2016年度广东高校新媒体发展白皮书［R］. 肇庆：广东高校新媒体联盟第三次全体理事大会，2018.

梳理汇总广东网络育人工作的具体进展情况，既已取得的成绩是可喜的。例如，2017 年 9 月精心策划“党的十九大精神进校园”视频专栏，广泛推动青少年深入学习贯彻党的十九大精神。又如，2017 年 9 月，新华社推出《新华·南粤时政学堂》时事新闻视频节目，广东省教育厅向全省中小学校进行推广。《新华·南粤时政学堂》创建“互联网 + 时事教育、德育”的全媒体平台，以视频节目为基础，建立起网站、手机终端（微信）、线下活动平台等全媒体体系，以权威高度讲好新时代故事，成为开展中小学时事教育与德育宣传工作的创新抓手。2017 年年底，该项目被教育部评为“全国中小学德育工作优秀案例”。不过，面对喜人的育人效果。我们仍需保持清醒的认知，根据跟踪研究，“广东高校官方新媒体平台内容以原创为主，推送内容较为广泛，但阅读量并不突出，传播影响力有待加强，大多高校没有固定的新媒体品牌活动，粉丝增长速度较慢”[①]。也就是说，无论从诊断性了解、过程性解读或者形成性判定维度分析当前广东高校网路育人的内容建设问题，需要加强或者突破的工作任务依然任重而道远。

4. 关于网络育人方法的评价

关于网络育人方法的认知，比较合理的做法就是要注意定量评价与定性评价的适切结合。为了真正促进人的发展，必要时可以基于某种程度上辩证地扬弃评价的精确性与严谨性，适当强调评价的弹性及适用性，以及适当突出定性评价的作用。针对网络育人工作实施前、实施中及实施后的状态数据，围绕网络育人方法应用情况做出包括关于网络育人的哲学方法、网络育人的原则方法、网络育人的一般方法、网络育人的具体方法、网络育人的方法艺术等的诊断性了解、过程性解读及形成性判定。

5. 关于网络育人平台的评价

针对网络育人工作实施前、实施中及实施后的状态数据，围绕网络育人平台建设问题做出包括关于网络育人平台建设、网络育人平台的功能等的诊断性了解、过程性解读及形成性判定。统计数据表明，当前广东省高等学校（含独立学院）总数约为 140 所。其中，本科高校（含独立学院）

---

① 广东高校新媒体联盟秘书处. 2016 年度广东高校新媒体发展白皮书［R］. 肇庆：广东高校新媒体联盟第三次全体理事大会，2018.

近60所，高职高专约为80所。“根据调查数据显示，各高校的学校官方新媒体平台（此处主要是指以学校命名代表学校的官方新媒体）主要集中于微信公众平台、微博及新闻网站。其中，有69所高校使用微信公众平台，有53所高校使用微博平台，有64所高校建设了学校新闻网站，有12所高校在今日头条等手机客户端开设了账号。此外，还有少数高校使用QQ校园、贴吧等作为新媒体平台的宣传途径。”① 根据《2016年度广东高校新媒体发展白皮书》提供的上述有关数据，近年广东高校官方新媒体平台建设方面，取得了较为喜人的突破性进展。

（1）成立全国首家省级高校新媒体联盟。2016年广东省成立全国首家省级高校新媒体联盟——广东高校新媒体联盟，聚合全省高校官网官微力量，建立高校官方新媒体矩阵。华南师范大学为理事长单位，中山大学、华南农业大学、深圳大学等19所高校为副理事长单位。自联盟成立以来，已举办了广东高校新媒体成果展示节，发布省内高校新媒体白皮书，推出国内唯一的省级高校官微排行榜。联盟目前已拥有97家高校会员单位。

（2）举办广东高校网络媒体展示节。广东高校网络媒体展示节自2016年创设，坚持每年举办一届，全面展示有筋骨、有道德、有深度的优秀大学生网络原创文化作品，唱响网络主旋律，传递青春正能量，成为广东高校文化建设的一道亮丽风景线。

（3）打造富有广东特色的“粤易班”学生教育管理服务网络平台。省教育厅依托佛山科学技术学院成立广东易班发展中心，牵头建设“粤易班”网络平台，全省高校分批有序进驻。目前共计四批次、75所高校、43万师生进驻，第五批54所高校正陆续进驻。“粤易班”平台融思想教育、教育教学、学习交流、共享互助等功能于一体，通过全口径集成校园生活的网络服务内容，将高校师生牢牢吸引在平台上，又通过设置思政园地、粤易文化、微课专区、青春在线、品牌活动等板块，用喜闻乐见的教育形式吸引学生、感染学生，实现对师生的有效教育。

根据《新华每日电讯》2016年12月8日《广东高校网络思政课堂受青

---

① 广东高校新媒体联盟秘书处. 2016年度广东高校新媒体发展白皮书［R］. 肇庆：广东高校新媒体联盟第三次全体理事大会，2018.

眯》的报道，以华南师范大学2015年成立的网络思政工作平台——“青网计划”工作坊以及“华南师大紫荆青年”微信平台等为代表的网络思政课堂，带动广东高校网络思政教育实现新发展。同时，根据《2016年度广东高校新媒体发展白皮书》，“广东大部分高校也注重学校的新媒体平台品牌建设，如广东海洋大学开展海大梦海洋梦摄影比赛，鼓励学生拍摄‘海大梦’为主题的关于校园文化活动、校风、学风、教风、好人好事、爱心活动、教学实验、学生实践等反映学校学术氛围和师生道德风范以及海大校园风光的照片，拍摄以‘海洋梦’为主题的关于海洋生态、渔村、渔业、渔民生活、海洋环境与开发等与海洋密切相关的照片。又如华南师范大学开展‘木铎金声’华师传媒论坛、广东医科大学开展公众号设计大赛、阳江职业技术学院开展大学生新媒体作品（微电影）网络大赛、广东工程职业技术学院开展微视频采访《高职说》、广州工商学院开展新媒体文化节（其中包括微视频、摄影、H5比赛、微情书等）、北京理工大学珠海学院开展珠海新媒体论坛等，发挥新媒体在学校品牌传播、典型宣传的最大作用，实现宣传的‘蝴蝶效应’”①。同时，也有统计数据说明，虽然“广东高校新媒体工作总体情况良好，在舆论引导、权威发布、贴近师生方面都做了积极工作，新媒体呈现蓬勃发展的势头。同时，广东高校新媒体也存在着定位不清晰、功能多样化不足、内容生产同质化的问题”②。针对上述存在问题，《2016年度广东高校新媒体发展白皮书》为此特地郑重“建议重新思考新媒体在当下宣传工作中的定位，打造出既能有效传播学校权威信息，又能贴近反映师生需求，具有高校文化特色的新媒体平台③”。也就是说，广东高校网络育人的平台建设方面既在某些领域取得了突破性进展，也依然在特定领域存在较大的建设短板。

6. 关于网络育人环境的评价

针对网络育人工作实施前、实施中及实施后的状态数据，围绕网络育人环境问题做出包括关于网络育人环境、网络育人环境的优化等的诊断性了解、过程性解读及形成性判定。

---

①②③ 广东高校新媒体联盟秘书处. 2016年度广东高校新媒体发展白皮书［R］. 肇庆：广东高校新媒体联盟第三次全体理事大会，2018.

7. 关于网络育人效果的评价

关于网络育人效果的认知，需要注重网络育人效果评价的适切性。相关评价理应强调主体之间的相互尊重，正视不同层次对象之间实际存在的客观差异。针对不同层次的受评价对象，需辩证认识网络育人效果。同时，需要注重育人效果评价的公正性、公平性。从推动网络育人工作的深入发展及促进网络育人工作对象的有效进步出发，育人效果评价观点的提出需要体现以人为本的精神，对事不对人，观点体现精当性、谨慎性、全面性以及建设性。针对网络育人工作实施前、实施中及实施后的状态数据，围绕网络育人效果问题做出包括关于网络育人的效果、网络育人的效能、网络育人的效益、网络育人的效率等的诊断性了解、过程性解读及形成性判定。

总的来说，网络育人行动后应然状态的形成性判定，需要由关注习得能力转向关注学习能力；又关注同一性、统一性认知转向关注辩证性、规范性认知；由关注过去、现在转向关注现在、未来；由关注认知转向关注认知、情感并重；由关注单一维度转向关注多维度、跨维度、综合维度等形成复合、集成、系统的评定。

第五节　网络育人的评价方法

一、评价方法的确立

网络育人工作评价方法的确立，一般步骤包括五个方面。前四个方面为基本步骤，第五方面为综合评价方法的扩展。

1. 选取网络育人工作评价指标以及建立相应的评价指标体系

网络育人工作的评价是否客观、准确，很大程度上取决于评价指标的选取是否准确、合理、全面。因此，评价指标的选取是网络育人工作评价中一项重要的基础性工作。基于评价指标的选取方法分类，包括定性选取和定量选取两种方法。定性选取法也称经验选取法、专家咨询选取法，其一般根据具体的实际经验或者专家的判断意见选取评价相关的评价指标。

基于定性选取方法确定评价指标时常常需要明确综合评价的目的和目标。无规则不成方圆，评价的目的及目标作为设定评价标准的边界性条件，是制定相应评价指标体系的前提及基础。

2. 围绕评价目标实施定性分析，廓清影响评价目标的各层次因素，以此为基础建立评价指标体系

评价目标在常态情况下可以三个层次加以分割。其中，育人工作评价的上层总目标，需要明确其最终所要实现的育人工作目标；育人工作评价的中间目标层，属于对其上层总目标的组成要素的结构化分解，指其具体指标的类综合；育人工作评价的具体指标层，由反映网络育人工作评价目标的各项计量性、定性性指标所构成。

3. 基于特定原则的贯彻建立相应的评价指标体系

一般情况下，建立网络育人工作评价体系时，理应兼顾诸如如下几项原则。

（1）目的性原则。作为网络育人工作的评价指标体系，需要体现评价的目的性、满足评价的具体要求。

（2）系统性原则。网络育人工作评价指标体系的建立，需要充分考虑各项指标之间的有机联系，以此强调被评价对象的各个方面与作为不可分割整体之间的有机联系。

（3）独立性原则。削减评价指标在概念、外延上的语义交叉、重复，或者说避免重叠统计。需要尽量选取具有较强独立性、代表性的评价指标群。

（4）同向性原则。评价指标在反映评价对象的特征或者程度、其数值的大小与其特征或者程度的优劣时，包括各项正指标、逆指标或者中性指标在同一问题的评价应用，需要极力避免因评价方向的不同而引发评价冲突，导致评价混乱。

（5）全面性原则。为保证网络育人工作评价结果客观、准确，需要尽可能多地遴选可以概括反映被评价对象的基本特征的评价指标。以此，以求最终确定评价指标体系时，候选指标具备冗余性筛选条件。

（6）可比性原则。遴选网络育人工作评价指标时，需要注意指标的口

径范围以及核算方法的纵向可比和横向可比的原则。即是说，针对不同时期的网络育人工作的评价，需要具备较强的纵向可比性。而对同一时期的不同网络育人工作的评价，需要具备较强的横向可比性。

（7）可操作性原则。遴选网络育人工作评价指标时，针对相关评价指标的数据获取需要具备易得性特征，否则无法实现相关评价的目的，从而无助于实际工作。

4. 遴选网络育人工作评价指标时，需要注意与所采用的相关评价方法相协调

在实际应用中所使用的各种具体评价方法，对于指标的特征和选择要求是不同的。例如，有些评价方法本身能够消除指标之间的相互干扰或者重叠，使用这类方法时应注意指标选取的全面性。而有的评价方法则需要更加注意指标选取的代表性。

5. 遴选网络育人工作的相关评价指标时，适宜采用基于横向评价方式的相对指标与纵向评价方式的总量指标相结合方式

由于相对指标属于内涵性指标，存在较强的相对稳定性；总量指标属于外延性指标，随评价范围的扩大而增大。使用总量指标评价网络育人工作的发展状况，可以反映网络育人工作发展的实际状态。不过，如果被评价的网络育人工作具有明显的长期趋势，则在评价不同时期网络育人工作的发展状况时，则会导致较大的评价偏差。此时，用相对指标评价网络育人工作的发展状况，则可以技术性地避免仅仅采纳总量指标方式的局限性。因此，采纳纵向评价方式评价网络育人工作的发展状况时，既要选取合适的总量指标，也需要选取适当的相对评价指标。总而言之，单纯使用总量指标或者相对指标评价具体的网络育人工作，可能产生以偏概全的评价结果。因此，为了客观地评价网络育人工作的发展状况，需要将总量指标与相对指标合理地纳入评价指标体系。

二、评价方法的体系

针对网络育人工作的具体评价方法，可以是多种多样的。例如，针对网络育人工作目标的实现等问题可定制目标评价法；针对网络育人工作的

内容建设等问题可定制内容评价法；针对网络育人工作方法的应用合理性等问题可定制方法评价法；针对网络育人工作的平台建设等问题可定制平台评价法；针对网络育人工作的过程合理性等问题可定制过程评价法；针对网络育人工作的效果界定等问题可定制效果评价法。

（一）目标评价法

衡量网络育人工作成效是否显著，“必须明确‘如何传播是手段，传播什么才是根本’，因为新媒体只是思想传播、价值引导的工具和载体”①。目标管理评价法，属于针对网络育人工作目标的实现与否做出相关评价的具体方法。网络育人工作目标属于一定时期内关于网络育人工作的期望成果，是网络育人工作使命在一定时期内的具体化。由于网络育人工作既依赖于成建制的组织，又同时依赖于个体的具身努力，因此只有实现网络育人工作者的组织协同及个体协同，才能有效实现网络育人工作的目的。目标评价法的实施需要注意以下几个问题：一是定制网络育人目的正确性、辩证性；二是实现网络育人目的全面性、深刻性及其程度；三是优化网络育人目的科学性、合理性。

换言之，目标管理方法的依据在于：现在所做的，即为更贴近目标。其包括以下几个方面的内容。

（1）制定网络育人工作目标。

（2）制定网络育人工作的长远规划或者短期具体计划。

（3）按轻重缓急划分网络育人工作的内容及其层次。例如，重要又紧急的、重要但不紧急的、紧急但不重要的、既不紧急也不重要的、单位时间内低价值的。

（4）按照巴莱多定律（80/20 法则）执行处理网络育人工作内容。

（5）设定网络育人工作实施期限。

（6）实施网络育人工作进展的跟进质询制度。

（二）内容评价法

内容评价法，属于针对网络育人工作的内容建设问题而做出相关评价

---

① 广东高校新媒体联盟秘书处. 2016 年度广东高校新媒体发展白皮书［R］. 肇庆：广东高校新媒体联盟第三次全体理事大会，2018.

的具体方法。内容评价属于围绕网络传播内容进行客观、系统、定性或者定量描述的评价方法。内容评价法可根据推理模式或者比较模式做出相应的判断，具有客观、便宜、直观等优点。例如，《2016 年度广东高校新媒体发展白皮书》关于高校新媒体的建设性意见就包括“加强创意宣传，建立具有大学文化特色的传播风格”①。内容评价法的实施需要注意以下几个问题：一是网络内容的正确性，二是网络内容的科学性，三是网络内容的健康性，四是网络内容的黏合性，五是网络内容的吸睛性。根据《2016 年度广东高校新媒体发展白皮书》的有关数据，“新媒体受欢迎的内容既具有广泛性，也体现了一定的信息时代的特色。52 所高校认为校内重大新闻比较受欢迎，58 所高校则选择了校内生活、服务类信息，39 所高校选择了学生组织、社团等开展的校内文体活动，46 所高校选择了校园人物，也有 49 所高校选择了结合热点的轻松话题。另外，还有高校认为校园情怀、社会热点话题、正反两方面的内容较受欢迎”②。显然，“内容为王”是高校网络育人平台建设的关键，“在新媒体内容生产上，要发掘学校鲜活具有现实意义的事件，在此基础上提炼出有价值意义的思想观点，只有这样才能真正吸引读者，使读者产生共鸣”③。简言之，“尽力贴近受众需求的新闻报道方式，能够有力地吸引学生对相关的新闻报道进行阅读”④。

内容评价法的适用范围比较宽泛。就网络育人工作评价内容的属性而言，其既可适用于文字形态的，又可以适用于非文字形态的信息数据、资源材料；就其评价分析的侧重点而言，其既可以着重于信息数据、资源材料所蕴含的内容，也可以着重于信息数据、资源材料所具有的结构，或者对两者都予以适切的评价分析。应用内容评价法，可以对网络育人工作趋势做出相应的预测性评价；也可以针对网络育人内容及其结构的合理性做出定量、定性的分析；还可以据此针对网络受众的网络信息行为，做出定性或者定量的描述分析；同样可以据此针对不同网络育人工作等的组织或者个体的风格、特点，做出适当的分析、判断。内容评价法，一般适用于具有便于重复评价、便于被人感性直观、便于直接理解以及意义外显等特

①②③④　广东高校新媒体联盟秘书处. 2016 年度广东高校新媒体发展白皮书［R］. 肇庆：广东高校新媒体联盟第三次全体理事大会，2018.

征的内容。换言之，对不具备上述特点的，并且是潜在的深层次内容，则不太适宜采用内容评价法加以分析。否则，难以确保评价结果的准确性、客观性。

（三）方法评价法

网络育人工作方法，指的是网络育人工作在推进网络育人工作过程中，为实现网络育人工作目的、完成相关任务而具体展开相关活动方式的总称。与之相对应的是，方法评价法是关于网络育人工作方法的具体评价方法。因此，方法评价法属于针对网络育人工做方法的应用合理性等问题而做出相关评价的具体方法。方法评价法的实施需要注意以下几个问题：一是方法应用的合理性，二是方法应用的针对性，三是方法应用的协同性。例如，“在呈现方式上，主动迎合当下碎片化阅读和轻阅读的阅读习惯，以其图文并茂、活泼而有亲和力的网络语言、生动的叙事风格，深受青年人的欢迎。有如广东财经大学的《大广财今天的朋友圈是这样的》阅读量 78 000 +，广东创新科技职业学院的《猛料！创新毕业照惊现求婚，浪漫爆棚!》阅读量 34 000 +”①。即是说，根据《2016 年度广东高校新媒体发展白皮书》的有关建议，需要有针对性地考量网民的具体特点、特性而选取适当的网络育人工作方法。

评价网络育人工作方法的适用性问题，主要评价网络育人工作方式、手段是否恰当，是否符合认知规律，是否灵活且有实效；是否吸引并激发网络受众的兴趣，是否启迪网络受众的思维；是否注重引导、指导及培育网络受众提升其网络信息行为的价值意识；是否正确、有效地使用各种新媒体技术作为契合网络受众特点的工作手段。《2016 年度广东高校新媒体发展白皮书》的报告内容直接指出：“在整个新媒体传播的大趋势下，无视年轻人信息接受方式的做法，肯定会丧失大批青年学生读者，对高校开展宣传思想工作也将产生非常不利的影响。”② 也就是说，网络育人工作方法的合理应用需要关注各种潜在的问题，包括网络育人工作者的教育、引导方式，以及网络受众在网络育人工作者的指导下发生的网络信息行为方式，

---

①② 广东高校新媒体联盟秘书处. 2016 年度广东高校新媒体发展白皮书［R］. 肇庆：广东高校新媒体联盟第三次全体理事大会，2018.

是“推”与“纳”的统一。例如，“建立以受众为中心的传播模式，首先在话题选择上要坚持宣传学校中心工作和关注学生欢迎的话题并重”[①]。总之，评析网络育人工作方式、方法与手段的应用合理性，包括以下几个主要内容：一是判断育人方法是否量体裁衣、灵活运用。即强调育人有法，但无定法，贵在得法。二是判断育人方法是否多样化。即网络育人活动的复杂性决定网络育人工作方法的多样性。三是判断网络育人工作方法是否具备改革与创新意识。即既要从常规维度判断育人方法的合理性，还要从改革与创新维度分析网络育人方法的科学性。四是判断网络育人工作方法是否合理运用现代化新媒体技术。即现代化新媒体技术的运用，是否从网络育人工作的实际需要出发，做到适用、适时、适当，而不是喧宾夺主。

（四）平台评价法

平台评价法，属于针对网络育人的平台建设问题等而做出相关评价的具体方法。随着网络平台的成熟与发展，网络业已成为新的育人工作平台。网络育人工作平台在数量、体量、信息内容覆盖等维度上的规模不断扩大。《2016年度广东高校新媒体发展白皮书》的相关数据显示，“大量标题、内容的同质性，特别是对社会流行事物的不当利用，既容易影响社会对学校水平的质疑，也会降低用户黏度，甚至掉粉”[②]。上述问题的出现，点醒高校网络育人工作从业者，关于网络育人工作的平台建设需要着重从以下几个方面入手：一是积极发展特色性的网络育人工作平台，提升平台的吸附黏性。二是优化网络育人工作平台的使用生态，进而发展平台的集聚效应。三是提升网络育人工作平台常态化的管理、维护能力。四是加速网络育人工作平台育人信息、知识等的沉淀、传播、复用与价值创造。五是强化网络育人工作平台之间的联动、协同能力，推动平台间信息、数据与服务等的互联互通。对于上述的建设性策略，《2016年度广东高校新媒体发展白皮书》给出的“调整宣传结构，建立以新媒体为重心的宣传格局”[③]以及“整合各类新媒体平台，搭建全媒体宣传格局”[④]等建议也是异曲同工。同时，基于整体的网络育人现状而言，因为“各高校根据媒体的不同特点，

①②③④　广东高校新媒体联盟秘书处. 2016年度广东高校新媒体发展白皮书［R］. 肇庆：广东高校新媒体联盟第三次全体理事大会，2018.

不同平台的侧重点也有所不同，比如校报、期刊侧重以文字为主的深度报道，广播则以声音呈现为主，电视突出视频和画面感，校园网以消息和快讯报道为主。而微博、微信、手机客户端等以资讯的快速传播见长，但也各有特色，其中微博侧重新闻报道和互动，微信深耕话题，视频和直播则更鲜活生动。不同媒体不同平台之间相互补充，形成合力"①。因此，广东高校需要进一步重视新媒体的融合式发展，"推进传统媒体与新媒体融合，融媒体发展态势明显"②。也就是说，探索高校网络育人平台的融合式建设刻不容缓。

相应地，对应于高校网络育人的平台建设问题，如何认识及确定关于网络育人工作平台的可量化、可操作化、体系化评价，将会影响到高校网络育人工作的实施和贯彻。关于网络育人平台建设的评价，一是判断平台是否具备网络育人的基础共性能力，包括平台资源管理能力、平台应用服务能力、平台基础技术能力、平台投入产出能力，即平台育人的核心竞争能力。换言之，通过关于平台建设的评价，导引平台建设工作"紧跟新技术的发展，提升信息服务能力"③。二是判断平台是否具备满足特定领域、特定受众、特定需求等的能力，即领域性的优势能力。三是判断平台是否具备跨领域、超黏性的能力，即数据链接、协同育人能力。总体而言，平台评价法的实施需要注意以下几个问题：一是平台建设的合理性，二是平台功能的合目的性，三是平台内容的吸附黏性。

（五）过程评价法

过程评价法，属于针对网络育人过程的合理性问题等而做出相关评价的具体方法。过程评价法的形成，源于对将既定目标与育人效果进行机械性比照的检测方法加以反思，进而强调在育人过程中重视育人工作的动态调整和动态推进。过程性评价法具有两个重要特征：一是关注网络育人过程。过程性评价与其他评价方法或者评价工具不太一样，其不是通过强调结果的显著性而证明过程的合理性。相反，其旨在通过关注过程的合理性而确保结果的合目的性。即是说，过程评价法更加关注网络受众的网络行

①②③ 广东高校新媒体联盟秘书处. 2016 年度广东高校新媒体发展白皮书［R］. 肇庆：广东高校新媒体联盟第三次全体理事大会，2018.

为过程及其相关方式。其通过关于受众的网络行为过程及其相关方式的评价，彰显过程育人的重要性。二是重视非预期效应。网络受众的网络行为是丰富多样的，其因为具有不同的网络行为经历，从而产生不同的网络行为效应。仅仅围绕预设育人目标的实现与否展开评价，某种程度上可能使得很多有价值的网络育人工作效应被忽视。同时，评价的积极导向作用由此也可能被削弱。过程性评价将评价的视野投向网络受众的网络经验领域，主张凡是有价值的网络行为效应都应当得到评价的肯定，而不是过于关注这些网络行为效应是否在预设目标的范围内。围绕高校网络育人工作而实施的过程评价法，在应用过程中需要注意以下几个问题：一是网络育人过程的合理性，二是网络育人过程的要素协同，三是网络育人过程的动态优化，四是网络育人过程的目标契合特度。过程性评价作为过程性解读，可分为程序式评价与随机式评价两种模式。程序式的过程性评价强调评价在时间、空间、程序完成程度的规范性，相反，随机式的过程性评价重视评价在时间、空间、程序完成程度上的灵活性。

（六）增量效果评价法

增量效果评价法，属于针对网络育人的增量效果而定制的具体方法。增量效果评价法是根据网络育人工作的增量收益和增量成本，然后据以计算增量效果。增量效果评价的核心意涵，即是重视网络育人效果的发展性增量评价。

科学客观地评价网络育人工作的持续发展、进步情况，可以对网络育人工作的质量实施发展性增量评价，概括为从起点看变化、以入口定出口。网络育人工作的增量评价机制，不看存量看增量，不看基础看进步。包括在量化维度计量网络育人主体、网络育人对象、网络育人内容、网络育人方法、网络育人平台、网络育人环境、网络育人效果的发展性增量，以及在质性维度分析、评估网络育人主体、网络育人对象、网络育人内容、网络育人方法、网络育人平台、网络育人环境、网络育人效果等的发展性突破。增量效果评价法的有效实施，需要重视评价前后数据、信息及材料的系统收集、分析及整理。

三、评价方法的优化

高校网络育人工作需要依据人的思想品德形成发展规律以及服从和服务社会发展规律，开展网络育人活动。因此，与之相对应的工作评价需要坚持针对性、前瞻性、引领性。基于涵养化育的理念引导下，可以围绕评价原则具象化、评价内容具体化、评价方式科学化等优化评价标准。

1. 评价原则具象化

评价原则具象化，即是根据一定的理论—实践逻辑，将评价原则条目化、细节化。根据网络育人的评价原则所确立的评价操作逻辑，围绕网络育人的评价功能、网络育人的评价主体、网络育人的评价对象、网络育人的评价方法、网络育人的评价标准等具体项目内容，将相关评价原则的要义具象化、条目化。

2. 评价内容具体化

其一，围绕网络育人工作目标的贯彻、落实以及核心价值的追求，凝练出简略、敏感、涵盖力强的关键指标，既突出重点，又聚焦特色。其二，缓和评价指标的刚性要求，适当增强评价指标的柔性度，合理配置定量与定性指标，实行分层、分级、分类及分域的施评策略。

3. 评价方式科学化

其一，贯彻网络育人的评价原则的主导性。其二，坚持网络育人的评价功能的全面性。其三，坚持网络育人的评价主体的多维化。其四，科学、辩证认识网络育人工作的评价对象。其五，坚持网络育人的评价方法的多维化。其六，坚持网络育人的评价标准的合理化。

第六节　网络育人的评价标准

一、评价标准的确立

如果缺乏网络育人工作评价这一环节，网络育人工作的效果、利弊得失难以获得科学、准确的数据加以佐证，继而影响后续的网络育人工作。

因此，确立网络育人工作评价标准，对网络育人工作的实施状况及其效果进行科学、合理的价值判断及综合评价，对促进网络育人工作的深入开展，具有重大的现实意义。网络育人工作评价，属于对网络育人活动在促进社会发展及人的全面发展的意义与效用等方面做出相关评价。可以说，网络育人工作评价是按照社会发展对网络育人工作的要求，依据网络育人活动过程所处的客观条件及所具有的主观条件，采取科学、合理的评价方法，对网络育人效果做出价值判断的实践活动。

高校网络育人工作评价作为网络育人工作的有机组成部分，指的是以网络育人工作的目标为依据，根据党、国家及社会对网络育人工作的要求及教育客体的客观实际，应用有效的评价方法、技术及手段等对网络育人效果实施测量、分析、比对，继而给予价值判断的过程。在高校网络育人工作活动中，网络育人工作评价是对网络育人工作决策及实施所取得的效果，以及存在利弊的直接反应，既起到对以往网络育人工作实施分析评估作用，同时也对今后网络育人工作起到校正和指导的作用。确立科学的网络育人工作评价标准，则是完成上述任务的根本保证。

二、评价标准的体系

（一）“对”的标准

高校网络育人工作的“对”的标准，主要体现在评价标准的正确性、针对性、有效性及可操作性等若干方面。

（1）评价标准的正确性的核心意涵，强调网络育人工作评价标准必须符合党和国家“为谁培养人？培养什么样的人？如何培养人”的基本要求。网络育人必须教育引导学生确立为人民服务、为中国共产党治国理政服务、为巩固和发展中国特色社会主义制度服务、为改革开放和社会主义现代化建设服务的“四个服务”思想意识及行动方向。网络育人必须教育引导学生坚持正确的政治方向，培养德智体美全面发展的社会主义事业建设者和接班人。网络育人必须坚持以马克思主义为指导，全面贯彻党的教育方针，遵循思想政治工作规律，遵循教书育人规律，遵循学生的成长发展规律，做到因事而化、因时而进、因势而新。

（2）网络育人工作评价标准确立的针对性，需要根据党和国家的网络育人工作目标及要求，从高校主观、客观条件出发，设计科学的评价体系、应用科学的评价方法，对网络育人效果做出价值判断。其实质就是强调评价标准需要符合高校网络育人工作的实际，以及理清学生个体全面发展需要的脉络。

（3）网络育人工作评价标准确立的有效性，其核心意涵的就是再现网络育人的主体性活动的实现程度，体现基于网络育人事实判断基础上的价值判断活动，明确意识到主体需要为其评价的基本出发点。换言之，即是强调：①评价标准完备性与针对性的统一；②非同级指标间评价标准的一贯性与同级评价标准的互斥性的统一；③评价标准的可操作性与可接受性的统一；④评价内容的具体清晰性与评价标准的相对性等的辩证统一。

（4）网络育人工作评价标准确立的可操作性，其所强调的是评价标准有助于评价主体做出相关评价，以及评价标准有助于导引评价客体实施后续的整改或者优化。网络育人工作评价标准要有助于评价主体做出相关评价，换句话说，即是评价标准便于评价主体客观、准确地测量变量，以此预防不必要的歧义和争论。其要求在制定评价指标体系时，评价指标不繁杂、不抽象、不虚无、不缥缈，可捉摸。换言之，评价指标的设定力求简明具体、易行实用。以此有助于评价主体抓得住、摸得准。同时，有助于评价指标易为受评价对象所理解及接受。总之，评价标准确立的可操作性的核心意涵，主要体现在以下几个方面：一是评价标准的指标体系应该是易观测的、可重复的、能直接操作的；二是评价指标体系所关涉的测量或者操作当须可行；三是评价指标体系有助于把评价变量转化为数据或者数字性信息等直观性较强的形式。以此，确保评价标准对后续的网络育人工作整改及提高具备较强的导引作用。

（二）“时”的标准

“时”的内涵是什么？网络育人工作意义上的“时”，从语义学、方法论维度将“时”的内涵界定为“时代”“时期”“时候”“时刻”“及时”“准时”“即时”“实时”等，这样的内涵界说属于量的概念界定。例如，“在推送时间上，注重契合青年的阅读和作息习惯，大多在上午 8：30—

9：00，傍晚7点左右，以及晚上9：00—10：00。这些时段是青年人玩手机的碎片化时段，高校新媒体在这些空隙推送，将微文化嵌入青年的微时间"[①]。这里的时间概念体现量的时间内涵。同时，网络育人工作的"时"，在质性维度具有"时机""时势""时局""时效""适时""时代性""时效性"等重要意涵。

为什么需要把握"时"的标准？粗略看，"时"有时代、时期、时刻之分。网络育人工作的"时"，可以分宏观、中观和微观三个层面。宏观上，"时"意指时代，其内在要义在于体现网络育人与历史趋势、时代特征相契合的关系。时代在政治、经济、文化等方面具有鲜明的社会时间意义，如改革开放时代、信息网络时代。网络育人工作受到时代大局的影响，参与时代发展，反映时代特征。究其根底，网络育人工作是时代的产物。中观上，"时"意指时期，其内在要义在于诠释网络育人工作与某特定时段社会实践重点、焦点、热点的关系。网络育人工作需要依据特定时期的特点、重大任务、主要矛盾推进自身的工作。可以说，网络育人工作或由其而生，或环其而行，或缘其而伸，以此方能体现或者展现"时"的意义或者内涵。微观上，"时"意指时刻，其内在要义在于体现网络育人工作与即时发生的社会事实之间的即时竞合。这种竞合是有压力的。

网络空间的时间属性，既具有社会意义上的社会性，又具有物理时空意义上的即时性、实时性。由此，网络育人的时间意义既具有社会属性，又具有物理时空的即时性、实时性。网络育人需要坚持并贯彻育人的正确性、针对性、有效性和可操作性等基本要求，需要在社会时间及物理时间维度上实现社会教育时间意义上党和国家的社会教育目的，以及个体的具身受教育目的。

如何贯彻"时"的标准？网络育人工作上的"时"，需要解决的是网络育人工作的时代主题及其工作的针对性等问题。"时"的质性与量化内涵的契合，就是强调网络育人工作需要注意时间节点、与时俱进、因时制宜，重视"时间观""时局意识"。把握好"时"，网络育人工作者首先需要具

---

① 广东高校新媒体联盟秘书处. 2016年度广东高校新媒体发展白皮书［R］. 肇庆：广东高校新媒体联盟第三次全体理事大会，2018.

备时代使命意识，胸怀大局，把握大势，因势而谋、应势而动、顺势而为，增强网络育人工作的时代性。网络育人工作需要从社会大势、时代大局审视自身的工作向度，唯其如此方能顺应时代大势，切中时代脉搏，反映时代心声，把握时代契机。某种意义上也可以说，把握好“时”，即是注重网络育人工作的时效。时效性是网络育人工作的重要标尺。对重大事件迅速发声，突发事件及时做出反应，关键时刻不失语，重大问题不缺位，这是高校网络育人工作响应社会教育时间的必然体现。通过《2016 年度广东高校新媒体发展白皮书》的有关统计数据发现，“广东高校充分利用互联网和新媒体的即时性，及时准确掌握广大师生的兴趣点和关注点，建立与网民之间的良性互动，越来越多的信息通过微博或微信等新媒体平台第一时间传递给观众。据调研，100% 的广东高校已开通官方微信公众号，79% 的开通官方微博，96% 的建设了新闻网站，还有部分高校开通今日头条号、南方 +、网易号等手机客户端”①。也就是说，强调时效性，方能为广东高校网络育人工作带来更加良好的网络育人效益。

（三）“度”的标准

“度”的内涵是什么？网络育人工作意义上的“度”，从语义学、方法论维度将“度”的内涵界定为“高度”“适度”“程度”“尺度”“热度”“温度”等，取其高屋建瓴、适宜有度、综合平衡、宽严相济、恰到好处、温情有爱之意，强调力求掌握适宜的火候、切准社会的脉搏、达致精准的状态。

为什么需要把握“度”的标准？通常情况下，做任何事都要讲求关于行为的节制性要求，即行为的度衡量。网络育人工作意义上的“度”有数量、质地及层次之别。诸如分寸、尺度、火候均属于网络育人工作意义上所追求的“度”。网络育人工作意义上的“度”需要从科学性维度加以把握，如网络育人信息的准确度、逻辑的严密度。同时，也需要从艺术性维度加以把握，如网络育人信息伦理的宽严度、网络育人信息传播手法的精准度。

---

① 广东高校新媒体联盟秘书处. 2016 年度广东高校新媒体发展白皮书［R］. 肇庆：广东高校新媒体联盟第三次全体理事大会，2018.

如何贯彻“度”的标准？网络育人工作的“度”，需要从多维角度加以理解，解决网络育人工作的科学性、艺术性等问题。

（1）从量化维度分析，“度”包括网络育人信息的多寡等。

（2）从质性维度分析，“度”包括网络育人信息的关注热度、重要程度以及能量强度等所形成的正负影响。相应地，可基于或适当反映，或强化突出，或淡化处理等方式推进网络育人工作。

（3）从层次维度分析，“度”包括网络育人工作站位的政治、思想、精神及道德高度，所达到或者触及的深度、宽度、广度等。

网络育人工作的高度既体现政治的、思想的、精神的、道德的及社会的等高度，也要展现学理的、历史的、时空的、人文的、人性的等高度。深度、宽度、广度就是要揭示网络育人工作的深层次、宽口径、全方位问题，展现网络育人工作的深层机理。把握好“度”，即是需要把握好网络育人工作的尺度，以正确的舆论引导人，保证舆论引导适度而不过度。

（四）“效”的标准

“效”的内涵是什么？网络育人工作意义上的“效”，从语义学、方法论维度将“效”的内涵界定为“效果”“效益”“效率”“效用”“效应”“实效”，属于质的概念。“效”作为质性概念，指称工作的质量、品质和水平，强调求真务实、实干真效。网络育人工作意义上的“效”，从大小层次分析“效”的程度包括有效（包括高效、低效）、无效、反效（包括强反效、弱反效）；从时间维度分析“效”的作用时间长度包括短期效果、中短期效果、中长期效果及长期效果；从实现意图维度分析“效”的心理现象包括预期效果、非预期效果。效的产生，往往受到网络育人工作主体、对象、内容、方法、环境等多种因素的影响。

为什么需要把握“效”的标准？在网络育人工作意义上，“效”的内涵体现在人的认知、心理、态度与行动等层面。其核心意涵就是强调教育需要解决好“入眼”“入耳”问题，做到让网络育人工作对象乐于接受，解决好“入脑”“入心”问题，提升网络育人工作的效果、效能、效益、效率、效应。

如何贯彻“效”的标准？把握好“效”，就是强化网络育人工作的有用性，增强网络育人工作的影响力、引导力、传播力、吸引力、感染力，保证网络育人工作产生好的教育效应。2018 年，广东省教育厅副厅长邢锋在“汇聚网络正能量，唱响育人主旋律——第二届广东高校网络媒体展示节暨广东高校易班建设推进会”上强调：广东省委教育工委、省教育厅历来高度重视高校网络文化建设，易班建设作为广东高校网络思想政治工作的重中之重。邢锋强调易班发展工作要“一是立足新时代，充分认识网络思想政治工作的重要意义。二是顺应新期待，不断提升高校易班建设工作水平。三是干出新作为，确保高校易班建设见到实效”①。网络育人工作贴近实际、贴近生活、贴近受众是贯彻“效”的标准的实践路径。换言之，贯彻或者掌握好“效”的教育效应，需要重视网络育人工作对象的意识，需要重视网络育人工作对象的反馈，需要加强与网络育人工作对象的互动，需要精准、及时把脉网络育人工作对象的信息需求。真正契合人的需要的育人内容，才能真正实现网络育人工作目的。也就是说，确保网络育人内容对网络育人工作对象真正起作用、有价值，才能真正入得了网络育人工作对象的眼、脑、心。这样，网络育人工作的有效性才能得以确保。

（五）“全”的标准

“全”的内涵是什么？“网络育人是‘全方位育人’‘全过程育人’理念在信息化背景下的新体现，我们既不能将它狭义理解为‘借助网络平台开展育人工作’，也不能将它片面曲解为‘传授与网络相关的知识技能’。”② 网络业已成为人的日常生活世界的一部分，其丰富的政治、经济、文化及社会意义促使我们必须超越网络的工具性层面，着眼其深刻的政治、社会、文化、教育价值，立足网络社会观审视网络育人工作的丰富内涵。在网络育人工作意义上，“全”的内涵就是从全社会、全体制、全机制、全主体、全过程、全时间、全空间、全方位育人等维度提升网络育人工作的

---

① 汇聚网络正能量，唱响育人主旋律：第二届广东高校网络媒体展示节暨广东高校易班建设推进会在佛山科学技术学院举行［EB/OL］.（2018－01－11）［2019－05－05］. https://web.fosu.edu.cn/focus-news/17200.html.

② 喻嘉乐. 新时代研究生群体社会主义核心价值观教育研究［M］. 杭州：浙江大学出版社，2015：200－201.

系统教育力、系统管理力、系统传播力、系统引导力。

为什么需要把握“全”的标准？育人，是所有时代、所有国家的教育始终不变的社会教化目标，差异在于培养什么人、怎样培养人以及为谁培养人。育人，在社会维度上面临的挑战在于正负因素之间的教育冲抵。《2016年度广东高校新媒体发展白皮书》点出当前存在的问题之一包括“网络舆论引导与化解能力有待提高”①。育人，在体制维度上面临的挑战在于中心、重心、核心工作战略上的选择性难题。《2016年度广东高校新媒体发展白皮书》点出当前存在的问题还包括“重视程度有待提升”② 以及“管理运行机制有待进一步理顺”③ 等。育人，在机制维度上面临的挑战在于系统机制的建构自觉性与生成的自发性之间耦合性难题。如此，“管理运行机制有待进一步理顺”④ 成为加强及优化高校网络育人工作的优先解决问题也就不足为奇了。育人，在主体维度上面临的挑战在于主体的教育功能的发挥问题。“高校新媒体功能多样化不足。”⑤ 育人，在过程维度上面临的挑战在于教育过程效应的认知合理性难题。育人，在时间维度上面临的挑战在于教育生活时间及其内容与社会生活时间及其内容之间的价值失衡。育人，在空间维度上面临的挑战在于网络社会空间及其内容的育人功能滞后于现实社会空间。“新媒体内容创新能力有待增强。”⑥ 育人，在方位维度上面临的挑战在于过于重视教育主体、内容的教育属性，相对而言，教育方法、环境等的教育影响有待重视。“缺乏有效的新媒体建设人才培养机制。”⑦《2016年度广东高校新媒体发展白皮书》所揭示的上述种种问题，全面、深刻地警示网络育人工作的从业者：探索建基于全社会、全体制、全机制、全主体、全过程、全时间、全空间、全方位的“系统育人”模式，是新时代网络育人工作的应有之义。

如何贯彻“全”的标准？在社会维度上亟须解决的问题，包括优化社会环境，这里涵盖网络环境。唯其如此，方能化解社会负面因素对于育人工作的教育冲抵。在体制维度上亟须解决的问题，包括形成并实施育人中心、重心、核心工作战略。在机制维度上亟须解决的问题，包括形成并实

①②③④⑤⑥⑦ 广东高校新媒体联盟秘书处. 2016年度广东高校新媒体发展白皮书[R]. 肇庆：广东高校新媒体联盟第三次全体理事大会，2018.

施系统的育人机制。在主体维度上亟须解决的问题，包括发挥教育生产、教育传播、教育管理、教育服务等全主体的育人功能。在过程维度上亟须解决的问题，包括提升关于教育过程的育人效应的合理性认识，构建合理的教育过程评价体系，并以此导引教育的创新性发展。在时间维度上亟须解决的问题，包括培育全时间育人的社会形态，防控教育生活时间及其内容与社会生活时间及其内容之间的价值失衡。在空间维度上亟须解决的问题，包括强化网络社会空间及其内容的育人功能。在方位维度上亟须解决的问题，包括全面、系统强化教育主体、内容、方法、环境等的教育影响，重视所有教育要素的教育属性，提升教育要素的教育功能。简言之，社会全维度地共同遵循既定的教育尺度，实施建基于全社会、全体制、全机制、全主体、全过程、全时间、全空间、全方位的网络育人新模式，有助于促进高校网络育人工作的新发展。

参考文献

一、图书

[1] 陈少雷. 文化价值观的哲学省思 [M]. 北京：社会科学文献出版社，2015.

[2] 陈志勇. 新媒体时代的大学生思想政治教育 [M]. 北京：中国文史出版社，2014.

[3] 方文，黄荣华. 网络环境下高校思想政治教育研究 [M]. 北京：中国水利水电出版社，2013.

[4] 冯刚. 改革开放以来高校思想政治教育发展史 [M]. 北京：人民出版社，2018.

[5] 关于培育和践行社会主义核心价值观的意见 [M]. 北京：人民出版社，2013.

[6] 黄明伟. 大学生网络思想政治教育实施要素研究 [M]. 北京：新华出版社，2007.

[7] 季海菊. 新媒体时代高校思想政治教育的解构与重塑 [M]. 南京：东南大学出版社，2014.

[8] 李博平. 领军之制：中西方军事领导体制比较研究 [M]. 北京：国防大学出版社，2015.

[9] 李兰. 思想政治教育实效性研究：基于个性发展的新视角 [M]. 济南：山东人民出版社，2015.

[10] 李美旭，金秀兰. 青年思想政治教育理论与方法 [M]. 沈阳：辽宁民族出版社，2006.

[11] 刘福军. 马克思主义宗教观教育初探 [M]. 北京：宗教文化出版社，2014.

[12] 刘庆标. 现代思想政治教育技术论［M］. 武汉：湖北科学技术出版社，2013.
[13] 刘钊. 伦理视域下高校思想政治教育体系［M］. 北京：社会科学文献出版社，2015.
[14] 毛泽东. 毛泽东选集：第三卷［M］. 2版. 北京：人民出版社，1991.
[15] 欧阳友权. 网络文学词典［M］. 2版. 广州：世界图书出版广东有限公司，2014.
[16] 施米特. 政治的概念［M］. 刘宗坤，朱雁冰，等译. 上海：上海人民出版社，2015.
[17] 陶西平. 教育评价辞典［M］. 北京：北京师范大学出版社，1998.
[18] 王爽. 新媒体时代大学生思想政治教育的挑战与创新［M］. 北京：中国言实出版社，2014.
[19] 魏则胜. 高校辅导员工作目标、任务与方法［M］. 广州：广东高等教育出版社，2018.
[20] 谢海光. 互联网与思想政治工作概论［M］. 上海：复旦大学出版社，2000.
[21] 喻嘉乐. 新时代研究生群体社会主义核心价值观教育研究［M］. 杭州：浙江大学出版社，2015.
[22] 翟中杰. 大学生网络思想政治教育过程导论［M］. 北京：人民日报出版社，2017.
[23] 张宝贵，李正善. 领导与新闻谋略［M］. 西安：三秦出版社，2014.
[24] 张浩. 新编消息通讯写作大全［M］. 北京：北京工业大学出版社，2016.
[25] 张鸿燕. 网络环境与高校德育发展［M］. 北京：首都师范大学出版社，2009.
[26] 中共中央文献研究室. 十七大以来重要文献选编：上［M］. 北京：中央文献出版社，2009.
[27] 中共中央宣传部. 习近平新时代中国特色社会主义思想三十讲［M］. 北京：学习出版社，2018.

[28] 中共中央宣传部宣传教育局.《公民道德建设实施纲要》学习读本 [M]. 北京: 学习出版社, 2001.
[29] 中共中央政策研究室. 江泽民论社会主义精神文明建设 [M]. 北京: 中央文献出版, 1999.
[30] 中国社会科学院语言研究所词典编辑室. 现代汉语词典 [M]. 6 版. 北京: 商务印书馆, 2012.
[31] 周长春. 新形势下大学生思想政治教育探索 [M]. 北京: 北京工业大学出版社, 2005.
[32] WEAVER R L. Understanding interpersonal communication [M]. 7th ed. New York: Harper Collins Publishers, 1997.

二、期刊

[1] 曹彦波. 新时期大学生网络安全教育问题及策略探析 [J]. 现代职业教育, 2018 (9): 124 - 125.
[2] 曾凡旭, 史春薇, 孙丽娇. 新媒体环境下面向农村大学生的党建培养贡献度研究 [J]. 新农业, 2018 (1): 47 - 49.
[3] 曾令辉. 网络思想政治教育方法研究: 论网络思想政治教育方法内涵及其体系构建 [J]. 广西师范学院学报 (哲学社会科学版), 2011 (2): 85 - 88.
[4] 陈爱梅, 薛翔宇. 高校意识形态工作必须掌握网络空间话语权 [J]. 红旗文稿, 2015 (15): 31 - 32.
[5] 陈勇, 陈蕾, 陈旻. 立德树人: 当代大学生思想政治教育的根本任务 [J]. 思想理论教育导刊, 2013 (4): 9 - 14.
[6] 池锐宏. 广东地区高校辅导员微博服务的调查与分析 [J]. 湖南大众传媒职业技术学院学报, 2013 (4): 84 - 87.
[7] 戴育滨, 周艳华. 网络对大学生全面发展的影响 [J]. 教育评论, 2010 (6): 76 - 79.
[8] 冯刚, 成黎明. 改革开放以来高校思想政治工作的实践与理论发展 [J]. 思想理论教育, 2018 (10): 13 - 20.
[9] 傅宇凡. 高校信息化网络基础设施建设状况对比 [J]. 中国教育网络,

2015（2）：29－32.

［10］广东思想政治工作研究会. 新媒体时代广东高校创新思想政治工作调研报告［J］. 思想政治工作研究，2018（9）：37－39.

［11］国家安全生产监督管理局. 中华人民共和国计算机信息系统安全保护条例［J］. 微机发展，1994（3）：7－9.

［12］韩宪洲. 高校思想政治工作要准确把握“三大规律”的内涵与逻辑［J］. 思想理论教育导刊，2018（4）：128－133.

［13］郝风平，方志伟，陈璐. 基于“互联网＋”的大学生创新创业意识培育研究［J］. 无线互联科技，2018（17）：83－85.

［14］洪伟. 网络民族舆情与网络民族关系刍议［J］. 广西民族研究，2017（6）：32－38.

［15］胡珏. 如何利用 BBS 开展高校思想教育［J］. 思想理论教育导刊，2002（7）：36－41.

［16］扈中平.“人的全面发展”内涵新析［J］. 教育研究，2005（5）：3－8.

［17］黄瑶. 高校校园网络舆论的形成、监测与引导机制研究［J］. 新媒体研究，2018（11）：68－70.

［18］蒋广学，张勇，徐鹏. 高校网络育人工作的系统思考与实践探索［J］. 思想理论教育导刊，2014（3）：119－123.

［19］蒋银健. 新媒体对教育传播模式的影响分析［J］. 广东技术师范学院学报，2012（6）：129－132.

［20］金家新，王云兰. 自媒体时代高校德育危机及其整体性引导［J］. 长江师范学院学报，2018，34（4）：109－113.

［21］李文华. 教师远程培训过程中在线交流的方法与管理［J］. 软件导刊（教育技术），2012（6）：72－74.

［22］李晓娟. 新时代高校思想政治教育网络育人的现实思考［J］. 长江师范学院学报，2018（2）：118－123.

［23］李忠军. 大学生社会主义核心价值体系教育的接受机制探析［J］. 东北师大学报（哲学社会科学版），2009（5）：11－15.

［24］廖顺金，陈义吉. 教育信息化的发展转型：从“数字校园”到“智慧校园”［J］. 新教育时代电子杂志（教师版），2016（40）：56.

［25］刘丹. “互联网 +”与高校校园建设［J］. 现代信息科技，2018（9）：154 – 155.

［26］刘建军. 论高校思想政治工作的育人格局［J］. 思想理论教育，2017（3）：15 – 20.

［27］卢秀峰. 微博对高校辅导员工作的影响及对策研究：基于广东地区部分高校的实践［J］. 广西教育学院学报，2014（2）：81 – 87.

［28］闵辉. 贯彻落实全国高校思想政治工作会议精神全面提升大学生思想政治工作质量［J］. 思想教育研究，2017（4）：5 – 8.

［29］祁承勇. 高校辅导员网络思政工作架构研究［J］. 湖南税务高等专科学校学报，2012（3）：56 – 59.

［30］苏国红，李卫华，吴超. 习近平“立德树人”教育思想的主要内涵及其实践要求［J］. 思想理论教育导刊，2018（3）：39 – 43.

［31］孙鸿飞，季瑞芳，齐坤. 远程教育院校学生网络互动社区设计与运行机制研究：以国家开放大学为例［J］. 广播电视大学学报（哲学社会科学版），2018（1）：119 – 125.

［32］谭伟. 网络舆论概念及特征［J］. 湖南社会科学，2003（5）：188 – 190.

［33］探索“三条路径”强化“三个特色”：广东“青年之声”建设取得阶段性成果［J］. 中国共青团，2017（9）：59 – 61.

［34］唐盛昌. 数字校园引发教学重构［J］. 中国电化教育，2013（5）：91 – 98.

［35］陶珊，刘凯. “三因理念”在主题教育活动中的应用：以环保主题教育活动“净心”为例［J］. 文教资料，2018（18）：147 – 148.

［36］仝泽民，陈烨琳，魏金婷. 新形势下加强和改进高校网络文化建设的路径［J］. 中国石油大学学报（社会科学版），2017（5）：97 – 101.

［37］汪淼，汪先平. 高校辅导员生活化思想政治教育工作探析［J］. 湖北经济学院学报（人文社会科学版），2015（6）：145 – 146.

[38] 王国华，戴雨露. 网络传播中的“反沉默螺旋”现象研究 [J]. 北京理工大学学报（社会科学版），2010，12（6）：116－120.

[39] 王静静. 美国网络立法的现状及特点 [J]. 传媒，2006（7）：71－73.

[40] 王明生，王叶菲. 发挥高校网络文化育人功能 [J]. 中国高等教育，2017（13）：10－12.

[41] 王鹏. 论思想政治教育新常态：基于五对基本矛盾的分析 [J]. 思想教育研究，2015（10）：21－25.

[42] 王彤. 微博舆论的形成及其管理分析 [J]. 学理论，2011（25）：100－101.

[43] 王星懿. 高校微媒体思想政治教育话语权的提升路径 [J]. 散文百家（新语文活页），2018（7）.

[44] 王珠珠，张伟远. 我国普通高校网上教学平台及网站建设的现状分析 [J]. 中国远程教育，2005（3）：40－44.

[45] 魏胜强. 论新形势下的大学生法制教育创新 [J]. 行政与法，2013（2）：36－43.

[46] 项炳池. 我国高校职业生涯教育的发展基础及当代转向 [J]. 高校教育管理，2017（3）：105－111.

[47] 邢鹏飞，程乐森，王建立. 关于高校思想政治教育内容创新的几点思考 [J]. 中国成人教育，2009（17）：57－58.

[48] 徐弘飞，孙婷，鲁一思. 图书馆助推青少年矫正价值观探索研究：唐图努力打造青少年社会主义核心价值观法治建设主阵地 [J]. 传播力研究，2018（17）：253－254.

[49] 杨妍艳. 基于易班开展大学生学风建设策略研究 [J]. 中国教育信息化，2018（7）：59－62.

[50] 姚志海，刘磊. 高校网络思想政治教育绩效评估体系刍议 [J]. 思想理论教育导刊，2010（3）：84－87.

[51] 尹建国. 我国网络有害信息的范围判定 [J]. 政治与法律，2015（1）：102－113.

[52] 余彪. 网络教育资源管理的知识管理模式 [J]. 中国电子教育，2011（1）：40－43.

[53] 张光慧. 创新高校网络思想政治教育的监控管理机制 [J]. 全国流通经济, 2010 (13): 66 - 67.

[54] 张光慧. 大学生网络思想政治教育机制创新研究 [J]. 教育与职业, 2008 (33): 91 - 92.

[55] 张建明. 从战略高度认识高校意识形态工作 [J]. 求是, 2015 (21): 52 - 53.

[56] 张九波. 高校意识形态工作框架体系研究 [J]. 邢台学院学报, 2018, 33 (4): 152 - 153.

[57] 张秋山, 李维意. 高校社会主义核心价值体系教育的网络传播机制 [J]. 河北大学学报 (哲学社会科学版), 2014 (4): 67 - 71.

[58] 张文斌. 网络育人: 着力构建网络育人质量提升体系 [J]. 中国高等教育, 2017 (13): 4 - 6.

[59] 张亿. 网络平台下高校创新性班级管理模式研究: 以“易班”网络平台为例 [J]. 高校辅导员学刊, 2012 (5): 50 - 54.

[60] 张瑜. 试析高校网络思想政治教育工作模式的演变 [J]. 思想理论教育导刊, 2007 (12): 63 - 66.

[61] 张再兴. 我国高校网络思想教育的十年历程与发展教育部哲学社会科学研究重大课题攻关项目 [J]. 思想教育研究, 2005 (7): 2 - 6.

[62] 邹立莉, 罗维有. 多重视阈下大学生思想政治教育的策略分析 [J]. 昭通学院学报, 2016 (2): 97 - 104.

[63] 钟言. 加强和改进新形势下高校宣传思想工作 [J]. 教育文汇, 2015 (5): 3.

三、报纸

[1] 把思想政治工作贯穿教育教学全过程 开创我国高等教育事业发展新局面 [N]. 人民日报, 2016 - 12 - 09 (1).

[2] 广东“青年之声”倒逼共青团改革落地 [N]. 中国青年报, 2017 - 01 - 09 (5).

[3] 韩强. 创新大学生职业生涯规划教育 [N]. 中国教育报, 2016 - 08 - 04 (3).

[4] 胡锦涛. 坚定不移沿着中国特色社会主义道路前进　为全面建成小康社会而奋斗：在中国共产党第十八次全国代表大会上的报告 [N]. 人民日报，2012－11－18（1）.

[5] 教育部部长陈宝生：把安全工作摆在教育强国建设更突出位置 [N]. 中国青年报，2018－03－02（3）.

四、论文

[1] 蔡莹. 高校网络德育资源的开发与利用研究 [D]. 重庆：西南大学，2015.

[2] 冯景欢. 高校网络舆情与大学生思想政治教育 [D]. 石家庄：河北科技大学，2012.

[3] 郭蜀燕. 高校网络思想政治教育环境研究 [D]. 成都：电子科技大学，2006.

[4] 季海菊. 新媒体时代高校思想政治教育研究 [D]. 南京：南京师范大学，2013.

[5] 明义敬. 论高校网络舆情视阈下的大学生思想政治教育 [D]. 苏州：苏州大学，2010.

[6] 任莉莉. 网络社会的伦理问题及其对策研究 [D]. 成都：西南财经大学，2006.

[7] 王亚奇. 高校网络育人方法研究 [D]. 武汉：武汉大学，2018.

[8] 吴翔. 新媒体环境下增强高校德育实效性研究 [D]. 石家庄：河北科技大学，2017.

[9] 叶新东. 未来课堂环境下的可视化教学研究 [D]. 上海：华东师范大学，2014.

[10] 张风华. 高校德育网络环境研究 [D]. 武汉：武汉大学，2005.

五、电子文献

[1] 17 年经济年报 11 省份破 3 万亿　广东 GDP 占全国 10.5% [EB/OL].（2018－01－29）[2019－05－05]. https://sz.focus.cn/zixun/686399cd4845b23b.html.

[2] 中华人民共和国工业信息部网. 2018年中国互联网企业百强榜单揭晓[EB/OL].(2018-07-27)[2019-05-05]. http://www.miit.gov.cn/n1146290/n1146402/n1146455/c6279591/content.html.

[3] 把思想政治工作贯穿教育教学全过程，开创我国高等教育事业发展新局面[EB/OL].(2016-12-08)[2019-05-05]. http://www.moe.gov.cn/jyb_xwfb/s6052/moe_838/201612/t20161208_291306.html.

[4] 关于加强高等学校思想政治教育进网络工作的若干意见[EB/OL].(2012-07-24)[2019-05-05]. http://www.moe.gov.cn/s78/A12/szs_lef/moe_1427/s6636/201207/t20120724_139888.html.

[5] 广东省统计局，国家统计局广东调查总队. 2017年广东国民经济和社会发展统计公报[EB/OL].(2018-03-02)[2019-05-05]. http://www.gdstats.gov.cn/tjzl/tjgb/201803/t20180302_381919.html.

[6] 国家统计局. 中华人民共和国2017年国民经济和社会发展统计公报[EB/OL].(2018-02-28)[2019-05-05]. http://www.stats.gov.cn/tjsj/zxfb/201802/t20180228_1585631.html.

[7] 华南师范大学抢占互联网新阵地　探索大学生思想政治教育新路径[EB/OL].(2016-12-09)[2019-05-05]. http://www.moe.gov.cn/jyb_xwfb/s3165/201612/t20161209_291425.html.

[8] 黄一玲. 以优秀传统文化教育推进高校核心价值观认同[EB/OL].(2017-08-22)[2019-05-05]. http://theory.people.com.cn/n1/2017/0822/c40531-29486364.html.

[9] 教育部办公厅　国家互联网信息办公室秘书局关于印发《"易班"推广行动计划和中国大学生在线引领工程实施方案》的通知[EB/OL].(2015-02-09)[2019-05-05]. http://www.moe.gov.cn/jyb_xxgk/moe_1777/moe_1779/201502/t20150209_185743.html.

[10] 李博. 坚定文化自信是高等教育的重要任务[EB/OL].(2016-11-18)[2019-05-05]. http://theory.people.com.cn/n1/2016/1118/c40531-28877904.html.

[11] 历次全国高校党的建设工作会议[EB/OL].(2008-12-22)[2019-

05－05］. http://www.jyb.cn/high/xwbj/200812/t20081222_230700.html.

［12］罗佳. 以高度的理论自觉推动广东意识形态工作创新［EB/OL］.（2017－11－12）［2019－05－05］. http://sp.ycwb.com/2017－11/22/content_25706557.htm.

［13］汕头大学互助学习中心服务项目［EB/OL］.（2018－10－30）［2019－05－05］. https://slc.stu.edu.cn/Info.aspx?InfoID=1501281130.

［14］探索"互联网＋思政教育"新路径［EB/OL］.（2016－12－08）［2019－05－05］. http://www.gd.gov.cn/ywdt/bmdt/201612/t20161208_244261.htm.

［15］探索"互联网＋思政教育"新路径［EB/OL］.（2016－12－21）［2019－05－05］. http://www.jyb.cn/zggdjy/bqgz/201612/t20161221_690417.html.

［16］我校研究生支教团儿童节特别活动：筑梦悦读　童书同行［EB/OL］.（2018－06－07）［2019－05－05］. http://news.scnu.edu.cn/18798.

［17］习近平：把思想政治工作贯穿教育教学全过程［EB/OL］.（2016－12－08）［2019－05－05］. http://www.xinhuanet.com/politics/2016－12/08/c_1120082577.htm.

［18］习近平：高校立身之本在于立德树人［EB/OL］.（2016－12－09）［2019－05－05］. http://www.xinhuanet.com/mrdx/2016－12/09/c_135892530.htm.

［19］习近平：决胜全面建成小康社会 夺取新时代中国特色社会主义伟大胜利——在中国共产党第十九次全国代表大会上的报告［EB/OL］.（2017－10－27）［2019－05－05］. http://www.xinhuanet.com/politics/19cpcnc/2017－10/27/c_1121867529.htm.

［20］习近平出席第二届世界互联网大会开幕式并发表主旨演讲［EB/OL］.（2015－12－16）［2019－05－05］. http://www.xinhuanet.com/world/2015－12/16/c_1117480771.htm.

［21］学者探讨网络思想政治教育新路径新方法［EB/OL］.（2017－11－17）

[2019 - 05 - 05]. http://theory. people. com. cn/n1/2017/1117/c40534 - 29653308. html.

[22] 意识形态工作是党的一项极端重要的工作 [EB/OL]. (2018 - 08 - 18) [2019 - 05 - 05]. http://www. wenming. cn/xj _ pd/xsxj/201808/t20180818_ 4799382. shtml.

[23] 引领大学生找到人生“灯塔” [EB/OL]. (2016 - 05 - 21) [2019 - 05 - 05]. http://www. sohu. com/a/76491293_ 161794.

[24] 政治局第 38 次学习 胡锦涛：以创新的精神加强网络文化建设和管理 [EB/OL]. (2007 - 01 - 24) [2019 - 05 - 05]. http://politics. people. com. cn/GB/1024/5324153. html.

[25] 中共十九大开幕，习近平代表十八届中央委员会作报告（直播全文）[EB/OL]. (2017 - 10 - 18) [2019 - 05 - 05]. http://www. china. com. cn/cppcc/2017 - 10/18/content_ 41752399. htm.

[26] 中共中央、国务院印发《关于加强和改进新形势下高校思想政治工作的意见》[EB/OL]. (2017 - 02 - 27) [2019 - 05 - 05]. http://www. gov. cn/xinwen/2017 - 02/27/content_ 5182502. htm.

[27] 中国互联网络信息中心. 国家信息化发展评价报告（2016）[EB/OL]. (2016 - 11 - 18) [2019 - 05 - 05]. http://www. cnnic. net. cn/hlwfzyj/hlwxzbg/hlwtjbg/201611/P020161118599094936045. pdf.

[28] 中国互联网信息中心. 第 41 次《中国互联网络发展状况统计报告》[EB/OL]. (2018 - 01 - 31) [2019 - 05 - 05]. http://www. cac. gov. cn/2018 - 01/31/c_ 1122347026. htm.

[29] 感受中医，感知中国 [NB/OL]. 中国中医药报，2018 - 11 - 09 [2019 - 05 - 05]. http://www. gzucm. edu. cn/info/1173/12884. htm.

[30] 中共中央、国务院发出《关于进一步加强和改进大学生思想政治教育的意见》[EB/OL]. (2004 - 10 - 14) [2019 - 05 - 05]. http://www. moe. gov. cn/s78/A12/szs_ lef/moe_ 1407/moe_ 1408/tnull_ 20566. html.

[31] 广东省教育厅. 广东省教育厅关于举办首届广东高校网络媒体展示节的通知 [EB/OL]. (2016 - 04 - 20) [2019 - 05 - 05]. http://www.

gdhed. edu. cn/business/htmlfiles/gdjyt/tzgg/201604/497482. html.
[32] 艾媒舆情. 2018 广东省高校网络影响力排行榜 [EB/OL]. (2018 - 07 - 06) [2019 - 05 - 05]. https://www. iimedia. cn/c810/61785. html.
[33] 汇聚网络正能量，唱响育人主旋律：第二届广东高校网络媒体展示节暨广东高校易班建设推进会在佛山科学技术学院举行 [EB/OL]. (2018 - 01 - 11) [2019 - 05 - 05]. https://web. fosu. edu. cn/focus-news/17200. html.

六、其他

[1] 广东高校新媒体联盟秘书处. 2016 年度广东高校新媒体发展白皮书 [R]. 肇庆：广东高校新媒体联盟第三次全体理事大会，2018.

后　记

习近平总书记在全国高校思想政治工作会议上明确指出："做好高校思想政治工作，要因事而化、因时而进、因势而新。"随着互联网的快速发展与信息技术的广泛应用，高校思想政治工作的方式和方法正发生着翻天覆地的变化，互联网已经成为高校育人不可忽视的载体和重要阵地，网络育人工作已经成为高校思想政治工作的新范式。近年来，广东高校坚持贯彻落实党中央、国务院以及省委、省政府的决策部署，紧紧围绕立德树人根本任务，改进和创新思想政治工作，积极探索网络育人新模式，多途径发挥网络育人功能，网络思想政治工作成效显著，走出了一条具有广东特色的网络育人新路。

为进一步总结和推广广东高校网络育人工作的创新实践和经验，为新时代广东高校落实立德树人根本任务、提升思想政治工作品质提供动力，在广东省教育厅和华南师范大学的关心支持下，"广东高校网络育人工作研究"课题组对广东高校网络育人工作进行了深入研究。课题组成员由团学工作一线的骨干教师及相关学科专业人才组成，经过一年多的研究，形成了《广东高校网络育人工作研究》。本书围绕如何做好新时代广东高校网络育人工作，对新时代高校网络育人工作的目标、内容、资源、方法、平台、保障和评价等各方面进行了系统论述，系统总结了广东高校网络育人工作的创新实践和经验，创新提出了广东高校网络育人工作的新思路、新方法、新形式、新路径，以期为高校网络育人相关研究和实践的创新发展提供借鉴和参考。

本书由华南师范大学生命科学学院党委书记林伟涛担任主编，负责统筹策划、框架设计、修改和统稿。王鹏撰写第一章，张震撰写第二章，何雪梅撰写第三章，黄平江撰写第四章，向娟撰写第五章，万宗节撰写第六章，李喆慧撰写第七章，陈相光撰写第八章，连泽纯参与修改与统稿。

由于编撰时间紧促，调研和梳理全省各高校网络思想政治教育工作量大，本书难免有疏漏或不当之处，敬请各位专家、学者和广大读者批评指正。

编　者

2019 年 9 月